CISG und internationale Handelsklauseln

Beiträge zum UN-Kaufrecht

Herausgegeben von Ulrich Magnus

Band 7

PETER LANG

Frankfurt am Main · Berlin · Bern · Bruxelles · New York · Oxford · Wien

Martin P. Lögering

CISG und internationale Handelsklauseln

PETER LANG
Internationaler Verlag der Wissenschaften

Bibliografische Information der Deutschen Nationalbibliothek
Die Deutsche Nationalbibliothek verzeichnet diese Publikation in der Deutschen Nationalbibliografie; detaillierte bibliografische Daten sind im Internet über <http://www.d-nb.de> abrufbar.

Zugl.: Hamburg, Univ., Diss., 2007

D 18
ISSN 1613-995X
ISBN 978-3-631-57758-5

www.peterlang.de

Vorwort

Diese Arbeit wurde vom Fachbereich Rechtswissenschaft der Universität Hamburg als Dissertation angenommen. Literatur und Rechtsprechung konnten bis Januar 2006 berücksichtigt werden.
Mein besonderer Dank gilt meinem Doktorvater Herrn Prof. Dr. Ulrich Magnus, der diese Arbeit anregte und betreute sowie die Aufnahme in diese Schriftenreihe ermöglichte. Herrn Prof. Dr. Robert Freitag danke ich für die Erstellung des Zweitgutachtens. Dem Max-Planck-Institut für ausländisches und internationales Privatrecht in Hamburg danke ich für die Möglichkeit, die Bibliothek zu nutzen.

Hamburg, im November 2007 Martin P. Lögering

Inhaltsverzeichnis

Abkürzungsverzeichnis

A.	Atlantic Reporter
A.2d	Atlantic Reporter Second Series
All E.R.	All England Law Reports
Cal.	California Reports
Cal.App.	California Appelate Reports
Ch.	Law Reports, Chancery Division
F.	Federal Reporter
F.Supp.	Federal Supplement
F.Supp.2d	Federal Supplement Second Series
IRLR	Industrial Relations Law Reports
J. Chinese L.	Journal of Chinese Law
J.L. & Com	Journal of Law and Commerce
K.B.	Law Reports King's Bench Division
L.T.	Law Times Reports
Lloyd's Rep.	Lloyd's Law Reports
Mont.	Montana Reports
N.E.2d	North Eastern Reports Second Series
N.Y.S.	New York Supplement
N.Y.S.2d	New York Supplement Second Series
P.3d	Pacific Reports Third Series
Pa.	Pennsylvania Reports
Pa.Super.	Pennsylvania Superior Court Reports
Q.B.	Law Reports Queen's Bench Division
S.E.2d	South Eastern Reporter Second Series
S.W.	South Western Reports
S.W.2d	South Western Reports Second Series
S.W.3d	South Western Reports Third Series
U.S.	United States Reports
VJ	Vindobona Journal of International Commercial Law & Arbitration
Wash.	Washington Reports
Wis.	Wisconsin Reports

Bezüglich der verwendeten Abkürzungen wird im Übrigen verwiesen auf:

Kirchner, Hildebert / Butz, Cornelie	Abkürzungsverzeichnis der Rechtssprache, 5. Auflage, Berlin 2003.
Duden, Konrad	Die deutsche Rechtschreibung, 24. Auflage, Mannheim 2006.

Einleitung

Internationale Handelsklauseln sind ein fester Bestandteil nahezu eines jeden internationalen Kaufvertrags. Im Jahre 1980 wurde in Wien die *United Nations Convention on Contracts for the International Sale of Goods* (CISG) unterzeichnet, mit der ein Einheitsrecht auf dem Gebiet des internationalen Kaufrechts geschaffen wurde. Rund zwei Drittel aller im internationalen Warenhandel geschlossenen Kaufverträge fallen in den Anwendungsbereich dieses Übereinkommens. Bei einer großen Zahl der im internationalen Handelsverkehr geschlossenen Kaufverträge trifft daher das CISG als das auf den Vertrag anwendbare Recht mit internationalen Handelsklauseln zusammen.
Ziel der vorliegenden Untersuchung ist es, die Auswirkungen der Vereinbarung internationaler Handelsklauseln in einem den Bestimmungen des CISG unterliegenden Vertragsverhältnis zu ermitteln.

Der Gang der Untersuchung gliedert sich dabei wie folgt: Zunächst wird in Teil 1 ein Überblick über das CISG gegeben, seine Entstehungsgeschichte, seinen Anwendungsbereich sowie seine Bedeutung in der Rechtspraxis. Teil 2 beschreibt die Funktion und die verschiedenen Arten internationaler Handelsklauseln. Daran anschließend widmet sich Teil 3 dem rechtlichen Verhältnis von internationalen Handelsklauseln und dem CISG. Dabei wird zuerst untersucht, welche Rechtsnatur internationale Handelsklauseln aufweisen und wie sie in ein Vertragsverhältnis einbezogen werden können. Anschließend wird der Frage nachgegangen, in welchem rechtlichen Rangverhältnis die Regelungen des CISG zu internationalen Handelsklauseln stehen. In Teil 4 wird ermittelt, auf welche Art und Weise die Auslegung internationaler Handelsklauseln bei Geltung des CISG erfolgt. In Teil 5 wird durch die Auswertung nationaler und internationaler Rechtsprechung sowie nationaler und internationaler Literatur der konkrete Regelungsinhalt der im internationalen Handelsverkehr gebräuchlichsten Liefer-, Zahlungs- und Befreiungsklauseln ermittelt. Teil 6 widmet sich schließlich den konkreten Folgen des Zusammentreffens der zuvor beschriebenen internationalen Handelsklauseln mit den Bestimmungen des CISG. Aufgegliedert nach den verschiedenen rechtlichen Fragestellungen eines Vertrages wird dabei zunächst die jeweilige Regelung des CISG dargestellt und daran anschließend untersucht, welche Auswirkungen diesbezüglich die Vereinbarung ausgewählter Handelsklauseln hat.

Teil 1: United Nations Convention on Contracts for the International Sale of Goods

A. Entstehungsgeschichte

Die stetig zunehmende Zahl internationaler Kaufverträge mit Berührungspunkten zu mehreren Rechtsordnungen und die daraus resultierenden Hemmnisse und Schwierigkeiten für den internationalen Warenverkehr führten zu Beginn des 20. Jahrhunderts zu Bestrebungen, auf dem Gebiet des Kaufrechts ein Einheitsrecht zu schaffen. Im Jahre 1928 begann das Internationale Institut für die Vereinheitlichung des Privatrechts in Rom (UNIDROIT[1]) – initiiert durch Ernst Rabel – mit der Erörterung und Auswertung von Möglichkeiten einer Kaufrechtsvereinheitlichung.[2] Der im Dezember 1929 vom Institut für Ausländisches und Internationales Privatrecht der Universität Berlin vorgelegte so genannte „Blaue Bericht“[3] zeigte erneut die Vorzüge eines vereinheitlichten internationalen Kaufrechts auf und führte im April 1930 zur Einsetzung eines Komitees zur Erarbeitung eines einheitlichen Kaufgesetzes.[4] Nach fünfjähriger Arbeit wurde im Jahre 1935 ein erster Entwurf[5] vorgelegt, der in den folgenden Jahren auf zahlreichen Konferenzen überarbeitet und modifiziert wurde[6].

Im Jahre 1964 verabschiedeten die Teilnehmerstaaten der Haager Konferenz die so genannten Haager Kaufgesetze, bestehend aus dem „Einheitlichen Gesetz über den internationalen Kauf beweglicher Sachen“ (EKG)[7] und dem „Einheitlichen Gesetz über den Abschluss von internationalen Kaufverträgen über bewegliche Sachen“ (EAG)[8]. Diesen Haager Kaufrechtsübereinkommen blieb jedoch der er-

---

1 L'institut international pour l'unification du droit privé, gegründet am 3.9.1926 durch ein Abkommen zwischen dem Völkerbund und Italien. Ein Abdruck der Satzung der UNIDROIT findet sich in RabelsZ 1 (1927), S. 498 ff.

2 Schlechtriem, Geschichte, S. 27; Trnka, UN-Kaufrecht, S. 331.

3 Rapport sur le droit comparé en matière de vente par l'«Institut für Ausländisches und Internationales Privatrecht» de Berlin; abgedruckt bei Rabel, Rapport, S. 1 ff.

4 Schlechtriem, Geschichte, S. 27. Ein Überblick über die Beratungen im Rahmen der Arbeit des Komitees und die erstellten Gutachten findet sich in RabelsZ 9 (1935), S. 1 ff.

5 Der Entwurfstext ist abgedruckt in RabelsZ 9 (1935), S. 8 ff.

6 Ein Überblick über die einzelnen Konferenzen und Ausschusstagungen findet sich bei: Riese, Haager Konferenz, S. 1 ff.; Schlechtriem, Geschichte, S. 27 f.

7 BGBl. 1973 I S. 856.

8 BGBl. 1973 I S. 868.

hoffte große Erfolg in der Praxis verwehrt. Nur neun der an der Konferenz beteiligten Staaten – darunter auch die Bundesrepublik Deutschland[9] – ratifizierten die Abkommen.[10] Insbesondere die Entwicklungsländer und die Sowjetunion hielten den Haager Kaufgesetzen entgegen, sie würden vorrangig die Interessen der westlichen Industrienationen berücksichtigen.[11] Aber auch die USA, Frankreich und die skandinavischen Länder lehnten eine Ratifikation der Haager Kaufgesetze ab, da sie deren Regelungen als nicht ausgereift ansahen und Konflikte mit nationalen Rechtsvorschriften befürchteten.[12]

Im Jahre 1968 fasste daher die „*United Nations Commission on International Trade Law*" (UNCITRAL)[13] den Beschluss, ein neues Einheitskaufrecht zu entwerfen.[14] Als Ausgangspunkt für die Arbeitsgruppe dienten die Haager Kaufgesetze.[15] Ziel der UNCITRAL-Arbeitsgruppe war es, die Schwachstellen und Kritikpunkte der Haager Kaufgesetze zu beheben, um so die für den praktischen Erfolg eines Einheitskaufrechts notwendige Akzeptanz in der internationalen Staatengemeinschaft zu schaffen. In den folgenden Jahren wurden auf zahlreichen Konferenzen und Tagungen Konventionsentwürfe erarbeitet.[16] Nachdem sich die ersten Überarbeitungen weiterhin an der Zweiteilung der Haager Kaufgesetze in Regelungen zum materiellen Kaufrecht und zum Vertragsabschluss orientierten, vereinte der so genannte „New Yorker Entwurf" von 1978 diese beiden Regelungsbereiche in einem Konventionsentwurf und wurde zur Grundlage der abschließenden Beratungen auf der UNO-Konferenz 1980 in Wien.[17] In der Schlussabstimmung entschieden sich 42 der 62 Teilnehmerstaaten für eine Annahme der vorgelegten „*Convention on Contracts for the International Sale of Goods*".[18]

---

9 BGBl. 1974 I 358.

10 Belgien (18.8.1972), Bundesrepublik Deutschland (16.4.1974), England (18.8.1972), Gambia (5.9.1974), Israel (18.8.1972 (EKG) / 30.11.1980 (EAG)), Italien (23.8.1972), Luxemburg (6.8.1979), Niederlande (18.8.1972), San Marino (18.8.1972).

11 Schlechtriem, Geschichte, S. 31; Trnka, UN-Kaufrecht, S. 331; Witz/Salger/Lorenz-*Lorenz*, Einleitung, Rdnr. 2.

12 UNCITRAL-Yearbook, S. 162 f.

13 Die UNCITRAL wurde 1966 auf Antrag Ungarns als ständiger UN-Ausschuss eingesetzt (Resolution Nr. 2205 (XXI) vom 17.12.1966).

14 Schlechtriem, Einheitliches UN-Kaufrecht, S. 1037; Witz/Salger/Lorenz-*Lorenz*, Einleitung, Rdnr. 3.

15 Piltz, Int. KaufR, S. 617; Schlechtriem, Geschichte, S. 31.

16 Zu den Ergebnissen der einzelnen Tagungen vgl. Herber, UNCITRAL, S. 577 ff.

17 Schlechtriem, Einheitliches UN-Kaufrecht, S. 1037; Schlechtriem, Geschichte, S. 32; Witz/Salger/Lorenz-*Lorenz*, Einleitung, Rdnr. 3.

18 Herber, CISG, S. 601; Piltz, Int. KaufR, S. 617; Schlechtriem, Geschichte, S. 33.

Der Erfolg des CISG schien in der Folgezeit aufgrund nur schleppender Ratifikation ungewiss. Bis zum Jahre 1986 waren erst 8 der nach Art. 99 CISG für das Inkrafttreten der Konvention erforderlichen Anzahl von 10 Ratifikationsurkunden hinterlegt.[19] Erst nachdem auch die USA, China und Italien im Dezember 1986 Ratifikationsurkunden hinterlegten, konnte das CISG am 1. Januar 1988 in Kraft treten.[20] Das CISG hat derzeit 68 Vertragsstaaten.[21]

B. Anwendungsbereich

Der Anwendungsbereich des CISG wird im ersten Kapitel des Abkommens (Art. 1 – 6 CISG) festgelegt.

I. Sachlicher Anwendungsbereich

Das CISG findet gemäß Art. 1 Abs. 1 CISG auf Kaufverträge über Waren Anwendung. Die Begriffe „Kaufvertrag" und „Waren" werden vom CISG nicht ausdrücklich definiert, sie sind daher durch eine abkommensautonome Auslegung näher zu bestimmen.[22] Unter Kaufverträgen im Sinne des Art. 1 Abs. 1 CISG sind demnach Verträge zu verstehen, in denen ein Austausch von Waren gegen Geld vereinbart wird.[23] Aber auch Sonderformen dieses klassischen Kaufvertrages, wie z.B. Sukzessivlieferungsverträge[24], wechselseitige Kaufverträge[25] oder ein Kauf nach Probe[26] sind vom sachlichen Anwendungsbereich des CISG erfasst, nicht jedoch reine Tauschgeschäfte („Ware gegen Ware")[27]. Verpflichtet

---

19 Ratifikationsurkunden hinterlegten bis dahin Ägypten, Argentinien, Frankreich, Jugoslawien, Lesotho, Sambia, Syrien und Ungarn.

20 Schlechtriem, Geschichte, S. 32.

21 Der aktuelle Stand ist abrufbar unter: www.uncitral.org/uncitral/en/uncitral_texts/sale_goods /1980CISG_status.html. Für die Vertragsstaaten Armenien und Paraguay tritt das CISG am 1.2.2007 in Kraft.

22 Bamberger-*Saenger*, Art. 1, Rdnr. 2; MünchKomm-HGB-*Benicke*, Art. 1, Rdnr. 16; Schlechtriem/Schwenzer-*Ferrari*, Art. 1, Rdnr. 34.

23 Schlechtriem, Int. UN-KaufR, Rdnr. 24; Staudinger-*Magnus*, Art. 1, Rdnr. 13; Westermann, UN-KaufR, S. 3.

24 Bamberger-*Saenger*, Art. 1, Rdnr. 3; Gaus, UN-Kaufrecht, S. 274; Schlechtriem/Schwenzer-*Ferrari*, Art. 1, Rdnr. 15; Staudinger-*Magnus*, Art. 1, Rdnr. 15.

25 Bamberger-*Saenger*, Art. 1, Rdnr. 3; Staudinger-*Magnus*, Art. 1, Rdnr. 30.

26 Schlechtriem/Schwenzer-*Ferrari*, Art. 1, Rdnr. 16; Staudinger-*Magnus*, Art. 1, Rdnr. 17.

27 MünchKomm-BGB-*Westermann*, Art. 1, Rdnr. 6; Piltz, Vertragsgestaltung, Rdnr. 67; Schlechtriem, Int. UN-KaufR, Rdnr. 24; Staudinger-*Magnus*, Art. 1, Rdnr. 29.

sich der Schuldner neben der Lieferung der Ware auch zu deren Herstellung aus eigenem Material, ist der sachliche Anwendungsbereich des CISG gemäß Art. 3 Abs. 1 CISG ebenfalls eröffnet; überwiegen hingegen kauffremde Vertragsinhalte, so fällt der betreffende Vertrag gemäß Art. 3 Abs. 2 CISG nicht in den sachlichen Anwendungsbereich des CISG.
Unter dem Begriff „Ware" im Sinne des Art. 1 Abs. 1 CISG sind zunächst alle körperlichen Gegenstände zu verstehen.[28] Neben einzelnen Gegenständen sind auch Sachgesamtheiten als Waren im Sinne des Art. 1 Abs. 1 CISG zu begreifen.[29] Das CISG fordert nicht ausdrücklich, dass es sich um einen beweglichen Gegenstand handelt, jedoch sind die materiellen Regelungen des CISG, wie z.B. die Vorschriften bezüglich der Übergabe des Vertragsgegenstandes oder seiner Beförderung, augenscheinlich auf bewegliche Sachen ausgerichtet.[30] Als ausreichend ist dabei anzusehen, dass der betreffende Gegenstand – wenn auch nicht im Zeitpunkt des Vertragschlusses, so jedoch zum Lieferzeitpunkt – beweglich ist.[31]
Zunehmend wird eine Ausweitung des sachlichen Anwendungsbereichs des CISG auf bestimmte nicht körperliche Gegenstände vertreten, insbesondere bezüglich des Verkaufs von auf Datenträgern gespeicherter Standardsoftware[32], eine generelle Anwendung des CISG auf Immaterialgüterrechte wird hingegen bisher weitgehend abgelehnt.[33]

Ausdrücklich dem sachlichen Anwendungsbereich des CISG entzogen sind durch Art. 2 lit. a CISG Verträge über Waren, die einem privaten Verwendungszweck zugeführt werden sollen, so genannte Konsumentenkäufe. Vorraussetzung für das Eingreifen des Ausschlusstatbestandes ist jedoch, dass der rechtliche Charakter des Vertrages als Konsumentenkauf für den Verkäufer objektiv erkennbar war.[34] Durch diese Einschränkung der Anwendbarkeit des CISG soll eine Kollision mit

---

28 Bamberger-*Saenger*, Art. 1, Rdnr. 6; Schlechtriem, Int. UN-KaufR, Rdnr. 31; Staudinger-*Magnus*, Art. 1, Rdnr. 42 f.

29 Bamberger-*Saenger*, Art. 1, Rdnr. 6; Schlechtriem/Schwenzer-*Ferrari*, Art. 1, Rdnr. 34; Staudinger-*Magnus*, Art. 1, Rdnr. 51.

30 Schlechtriem, Int. UN-KaufR, Rdnr. 32a; Staudinger-*Magnus*, Art. 1, Rdnr. 50.

31 Bamberger-*Saenger*, Art. 1, Rdnr. 6; MünchKomm-HGB-*Benicke*, Art. 1, Rdnr. 16; Schlechtriem, Einheitliches UN-Kaufrecht, S. 1039.

32 OLG Koblenz, RIW 1993, 934 (936); OLG Köln, RIW 1994, 970 (971); Magnus, Stand und Entwicklung, S. 206; Schlechtriem, Int. UN-KaufR, Rdnr. 32.

33 Goecke, Internationaler Warenkauf, S. 64; MünchKomm-BGB-*Westermann*, Art. 1, Rdnr. 6; Schlechtriem, Einheitliches UN-Kaufrecht, S. 1039.

34 Schlechtriem, Int. UN-KaufR, Rdnr. 29; Schlechtriem/Schwenzer-*Ferrari*, Art. 2, Rdnr. 15 f.

nationalen Verbraucherschutzvorschriften vermieden werden.[35] Unerheblich für die Anwendbarkeit des CISG ist jedoch – wie Art. 1 Abs. 3 CISG ausdrücklich klarstellt – ob die Vertragsparteien Kaufleute oder Privatleute sind.
Art. 2 lit. b und c CISG nehmen zudem jene Verträge vom Anwendungsbereich des CISG aus, die auf bestimmte Art – insbesondere anlässlich von Versteigerungen oder im Rahmen der Zwangsvollstreckung – zustande gekommen sind. Weitere Einschränkungen der Anwendbarkeit des CISG finden sich in Art. 2 lit. d – f CISG hinsichtlich einzelner Arten von Gegenständen. Diese Sonderregelungen beruhen zum einen auf rein rechtspolitischen Erwägungen, zum anderen auf dem Bestreben, Kollisionen mit speziellen nationalen Rechtsvorschriften insbesondere im Bereich des Effekten- und Devisenhandels zu vermeiden.[36]

II. Räumlich-persönlicher Anwendungsbereich

Entsprechend dem Zweck des CISG, einheitliche Regelungen für den transnationalen Warenverkehr bereitzustellen, erfordert die Eröffnung seines räumlich-persönlichen Anwendungsbereichs ein internationales Element.[37] Ein solcher Auslandsbezug ist nach Art. 1 Abs. 1 lit. a CISG gegeben, wenn die Vertragsparteien ihre Niederlassungen in verschiedenen Vertragsstaaten haben.
Der Begriff „Niederlassung" wird im CISG nicht ausdrücklich definiert.[38] In Art. 10 CISG findet sich lediglich eine Auslegungshilfe zur Bestimmung der maßgeblichen Niederlassung, sofern eine Partei an mehreren Orten Niederlassungen unterhält, und des Weiteren die Festlegung, dass der gewöhnliche Aufenthaltsort maßgeblich ist, sofern eine Vertragspartei keine Niederlassung hat. Eine Konkretisierung und Ausfüllung des Begriffs „Niederlassung" muss daher durch abkommensautonome Auslegung erfolgen.[39] Danach ist der Begriff „Niederlassung" zu verstehen als der Ort, von dem aus eine Person für eine gewisse Dauer

---

35 Czerwenka, S. 149; Schlechtriem, Int. UN-KaufR, Rdnr. 29; Schlechtriem/Schwenzer-*Ferrari*, Art. 2, Rdnr. 7; Staudinger-*Magnus*, Art. 2, Rdnr. 10.

36 MünchKomm-BGB-*Westermann*, Art. 2, Rdnr. 8; MünchKomm-HGB-*Benicke*, Art. 2, Rdnr. 14; Schlechtriem, Int. UN-KaufR, Rdnr. 30; Staudinger-*Magnus*, Art. 2, Rdnr. 39.

37 Kropholler, § 52 IV 2 a; Piltz, Int. KaufR, S. 618; Schlechtriem/Schwenzer-*Ferrari*, Art. 1, Rdnr. 40.

38 MünchKomm-HGB-*Benicke*, Art. 1, Rdnr. 22; Schlechtriem/Schwenzer-*Ferrari*, Art. 1, Rdnr. 44; Staudinger-*Magnus*, Art. 1, Rdnr. 62.

39 Bamberger-*Saenger*, Art. 1, Rdnr. 10; Schlechtriem/Schwenzer-*Ferrari*, Art. 1, Rdnr. 45.

und mit hinreichender Selbständigkeit nach außen gerichtet am Rechtsverkehr teilnimmt.[40]

Der räumlich-persönliche Anwendungsbereich des CISG ist gemäß Art. 1 Abs. 1 lit. b CISG auch dann eröffnet, wenn eine oder sogar beide Vertragsparteien keine Niederlassung in einem Vertragsstaat haben, aber das Internationale Privatrecht des Staates, in dem sich das angerufene Gericht befindet, auf das Recht eines Vertragsstaates verweist, so genannte „kollisionsrechtliche Vorschaltlösung". Die weite Ausdehnung des räumlich-persönlichen Anwendungsbereichs des CISG entstammt der Überlegung, dass seine Anwendung eben auch dann gerechtfertigt ist, wenn der kollisionsrechtliche Schwerpunkt des betreffenden Vertrages in einem Vertragsstaat des CISG zu verorten ist.[41] Art. 95 CISG eröffnet jedoch die Möglichkeit, bei der Ratifizierung des Abkommens einen Vorbehalt gegen die Anwendung des Art. 1 Abs. 1 lit. b CISG zu erklären.[42]

III. Zeitlicher Anwendungsbereich

Der zeitliche Anwendungsbereich des CISG wird in Art. 100 des Übereinkommens geregelt. Ausschlaggebend für die Anwendung des CISG ist der Zeitpunkt des Inkrafttretens für den bzw. die maßgeblichen Vertragsstaat(en). Diese Staaten sind im Falle des Art. 1 Abs. 1 lit. a CISG die beiden Niederlassungsstaaten der Vertragsparteien und im Falle des Art. 1 Abs. 1 lit. b CISG der Staat, auf den das Kollisionsrecht des Forumstaates verweist. Während die Regelungen über die Vertragsdurchführung (Art. 25 – 88 CISG) gemäß Art. 100 Abs. 2 CISG zur Anwendung kommen, wenn der betreffende Vertrag nach dem maßgeblichen Zeitpunkt abgeschlossen wurde, finden die Regelungen hinsichtlich des Vertragsabschlusses (Art. 14 – 24 CISG) Anwendung, wenn das Vertragsangebot nach dem maßgeblichen Zeitpunkt abgegeben wurde, vgl. Art. 100 Abs. 1 CISG.

---

40 OGH, CISG-online Nr. 117; Bamberger-*Saenger*, Art. 1, Rdnr, 10; MünchKomm-BGB-*Westermann*, Art. 1, Rdnr. 9; Schlechtriem/Schwenzer-*Ferrari*, Art. 1, Rdnr. 46; Staudinger-*Magnus*, Art. 1, Rdnr. 63.

41 Kropholler, § 52 IV 2 b; Schlechtriem, Int. UN-KaufR, S. 16.

42 Einen solchen Vorbehalt nach Art. 95 CISG haben erklärt: China, St. Vincent und die Grenadinen, Singapur, Slowakei, Tschechische Republik, USA.

C. Regelungsinhalt

Die vom CISG erfasste Regelungsmaterie wird in Art. 4 CISG eingegrenzt. Ausdrücklich von der Regelungsmaterie des CISG erfasst sind nach Art. 4 S. 1 CISG das Zustandekommen eines Kaufvertrages sowie die aus einem geschlossenen Kaufvertrag erwachsenden Rechte und Pflichten der Vertragsparteien. Nicht vom CISG geregelt wird gemäß Art. 4 S. 2 lit. a CISG hingegen die Frage der Gültigkeit eines Vertrages oder einzelner Vertragsklauseln, sofern es sich dabei nicht um Fragen des in den Art. 14 ff. CISG geregelten Zustandekommens eines Vertragsschlusses handelt. Gültigkeitsfragen im Sinne des Art. 4 S. 2 lit. a CISG betreffen demnach insbesondere Fragen der Rechts- und Geschäftsfähigkeit der kontrahierenden Parteien sowie das Vorliegen und die Folgen von Willensmängeln (z.B. die Anfechtung einer Willenserklärung).[43]
Ebenfalls ausdrücklich vom CISG nicht geregelt wird gemäß Art. 4 Abs. 2 lit. b CISG die Übereignung der veräußerten Ware. Durch diese Einschränkung des Regelungsbereichs wird den Unterschieden hinsichtlich der Anerkennung der Abstraktheit des Verfügungs- und des Verpflichtungsgeschäfts in den verschiedenen Rechtsordnungen der Welt Rechnung getragen sowie dem im Internationalen Sachenrecht nahezu weltweit anerkannten Prinzip der *lex rei sitae*.[44]
Als weitere Begrenzung des Regelungsbereichs des CISG nennt Art. 5 CISG vertragliche Haftungsansprüche wegen der Herbeiführung des Todes oder der Verletzung des Körpers einer Person durch den Kaufgegenstand. Durch diese Einschränkung werden Konkurrenzprobleme mit nationalen Produkthaftungsvorschriften vermieden.[45]

Lücken im vom CISG erfassten Regelungsbereich sind gemäß Art. 7 Abs. 2 CISG primär nach den „allgemeinen Grundsätzen" des Übereinkommens zu füllen, d.h. abkommensautonom.[46] Erst in Bezug auf noch verbleibende Restfragen soll gemäß Art. 7 Abs. 2 CISG ein Rückgriff auf das nach den „Regeln des internationalen Privatrechts" einschlägige Recht erfolgen. Das insoweit maßgebliche

43 Koch/Magnus/Winkler v. Mohrenfels, S. 143; MünchKomm-HGB-*Benicke*, Art. 4, Rdnr. 8; Schlechtriem, Int. UN-KaufR, Rdnr. 34; Staudinger-*Magnus*, Art. 4, Rdnr. 36 ff.

44 MünchKomm-HGB-*Benicke*, Art. 4, Rdnr. 12; Piltz, Vertragsgestaltung, Rdnr. 127; Schlechtriem/Schwenzer-*Ferrari*, Art. 4, Rdnr. 29.

45 MünchKomm-BGB-*Westermann*, Art. 5, Rdnr. 1; Schlechtriem, Int. UN-KaufR, Rdnr. 39; Schlechtriem/Schwenzer-*Ferrari*, Art. 5, Rdnr. 2; Staudinger-*Magnus*, Art. 5, Rdnr. 2.

46 Vgl. zu den allgemeinen Grundsätzen des CISG die Darstellung bei Magnus, allgem. Grundsätze, S. 469 ff.

Vertragsstatut ist nach dem Internationalen Privatrecht des Forumstaates zu bestimmen.[47] Zu den durch die Bestimmungen des CISG nicht geregelten Restfragen gehören beispielsweise die Fragen der Verjährung[48], der Stellvertretung[49] sowie der Abtretung.[50]

D. Bedeutung des CISG in der Praxis

Mit seiner hohen Zahl von Vertragsstaaten, darunter nahezu alle führenden Industrie- und Handelsnationen, zählt das CISG zu den erfolgreichsten internationalen Übereinkommen.[51] Aus diesem Grunde fallen etwa zwei Drittel aller Verträge im internationalen Warenhandel in den Anwendungsbereich des CISG.[52] Allerdings wird die tatsächliche Zahl der durch das CISG geregelten Verträge aufgrund der Möglichkeit, das CISG mittels Parteivereinbarung auszuschließen (vgl. Art. 6 CISG), in der Praxis geschmälert. Nach anfänglichen Vorbehalten gegen das neue Einheitskaufrecht und nahezu routinemäßigem Ausschluss nimmt das Vertrauen des internationalen Handelsverkehrs in das CISG stetig zu[53], wie insbesondere auch eine aktuelle Untersuchung von Meyer[54] zeigt. Mit der immer stärker werdenden Bedeutung des CISG geht auch ein deutliches Ansteigen der Zahl der Gerichtsentscheidungen zum CISG einher.[55]

---

47 Kropholler, § 52 IV. 2. d); MünchKomm-BGB-*Westermann*, Art. 7, Rdnr. 12; Schlechtriem, Int. UN-KaufR, Rdnr. 45; Schlechtriem/Schwenzer-*Ferrari*, Art. 7, Rdnr. 57; a.A. – für eine Lückenfüllung durch eine selbständige Anknüpfung der Restfragen unter stärkerer Beachtung des unvereinheitlichten Sachrechts – Stoll, Internationalprivatrechtliche Fragen S. 506 ff.; Stoll, Regelungslücken, S. 75.

48 Vgl. hierzu: United Nations Convention on the Limitation Period in the International Sale of Goods (New York, 13.6.1974).

49 Vgl. hierzu: UNIDROIT Convention on Agency in the International Sale of Goods (Genf, 17.2.1983).

50 Koch/Magnus/Winkler v. Mohrenfels, S. 143; Schlechtriem/Schwenzer-*Ferrari*, Art. 4, Rdnr. 38; Staudinger-*Magnus*, Art. 4, Rdnr. 37 f., 57; Westermann, UN-KaufR, S. 7.

51 Huber/Kröll, UN-Kaufrecht, S. 309; Westermann, UN-KaufR, S. 2.

52 Piltz, UN-KaufR, Rdnr. 26; Schlechtriem, Einleitung.

53 Vgl. die diesbezügliche Empfehlung der Deutschen Industrie- und Handelskammer (DIHK) eine Anwendung des CISG in Exportverträgen nicht mehr generell auszuschließen, so in Zwernemann/Sutorius, S. 24.

54 Meyer, UN-Kaufrecht, S. 457 ff.

55 Eine der umfassendsten Entscheidungssammlungen stellt die Datenbank „Case Law on UNCITRAL Texts“ (CLOUT) der UNCITRAL dar.

Neben der praktischen Bedeutung als Einheitsrecht im internationalen Handelsverkehr kommt dem CISG auch ein erheblicher Modellcharakter für nationale Gesetzesreformen in zahlreichen Staaten zu. So wurden dem CISG bei der Reform des russischen Zivilrechts im Jahre 1994 die Regelungen betreffend den Abschluss schuldrechtlicher Verträge weitgehend ohne Änderungen entnommen.[56] Auch die Europäische Verbrauchsgüterkaufrichtlinie[57] aus dem Jahre 1999 ist insbesondere in Bezug auf die Regelungen betreffs der Anforderungen an die Beschaffenheit des Kaufgegenstandes maßgeblich beeinflusst durch die diesbezüglichen Regelungen des CISG.[58] Von erheblichem Einfluss war das CISG auch für die deutsche Schuldrechtsmodernisierung im Jahre 2002.[59]

Neben dem starken Einfluss auf nationale Gesetzgebungsprozesse diente das CISG auch als Vorbild für weitere internationale Projekte der Kaufrechtsvereinheitlichung. So basiert beispielsweise der von der *„L'Organisation pour l'Harmonisation en Afrique du Droit des Affaires“* (OHADA)[60] erarbeitete *„Uniform Act Relating to General Commercial Law“*[61] auf den Grundstrukturen des CISG.[62] Das CISG hatte des Weiteren starken Einfluss auf die Ausgestaltung der *„Principles of European Contract Law“* (PECL)[63], den so genannten *„Lando Principles“*, sowie auf die in der Schiedsgerichtsbarkeit oft angewandten *„UNIDROIT Principles of International Commercial Contracts“*[64].[65]

---

56 Mindach, Neues Russisches Zivilrecht, S. 160.

57 Richtlinie 1999/44/EG des Europäischen Parlaments und des Rates vom 25. Mai 1999 zu bestimmten Aspekten des Verbrauchsgüterkaufs und der Garantien für Verbrauchsgüter (Abl. EGL 171/12).

58 Hondius, S. 134; Koch/Magnus/Winkler v. Mohrenfels, S. 144; Magnus, UN-Kaufrecht 2002, 523; Schlechtriem, Int. UN-KaufR, Rdnr. 3; Schlechtriem, Verbraucherkaufverträge, S. 444.

59 Koch/Magnus/Winkler v. Mohrenfels, S. 144; Schlechtriem, Neues Schuldrecht, S. 71 ff.; Stadie/Nietzer, Int. Vertragsrecht, S. 743.

60 Organisation für die Rechtsangleichung des Wirtschaftsrechts in Afrika, gegründet am 17.10.1992 auf Mauritius (www.ohada.com).

61 Der Uniform Act Relating to General Commercial Law ist am 1. Januar 1998 in Kraft getreten und gilt für die 16 Mitgliedsstaaten der OHADA.

62 Magnus, Wesentliche Fragen, S. 642; Schlechtriem, Int. UN-KaufR, Rdnr. 3.

63 Lando, Ole / Beale, Hugh, The Principles of European Contract Law, Den Haag 2000.

64 UNIDROIT (Hrsg.), Principles of International Commercial Contracts, Rom 1996.

65 Koch/Magnus/Winkler v. Mohrenfels, S. 144.

Teil 2: Internationale Handelsklauseln

A. Begriff und Funktion internationaler Handelsklauseln

Der Handelsverkehr ist geprägt durch die schnelle Abwicklung einer großen Zahl von Geschäften. Es besteht daher bei den beteiligten Personen ein besonderes Bedürfnis, die Bedingungen eines Vertrages schnell und zugleich rechtssicher festzulegen. So entstanden kurze Formulierungen bzw. Abkürzungen, die einem Kodewort vergleichbar jeweils für ein bestimmtes Pflichtenprogramm der Vertragspartner stehen, so genannte Handelsklauseln.[1] Werden Handelsklauseln im internationalen Warenhandel verwendet, so spricht man von „internationalen Handelsklauseln".[2]

Schwierigkeiten ergeben sich aus dem Umstand, dass Handelsklauseln nur dann ihren Zweck erfüllen, wenn sichergestellt ist, dass alle am Vertrag beteiligten Personen dieselbe Interpretation einer Klausel vornehmen, d.h. die Kodewörter nach demselben Schlüssel auflösen. Da einzelne Handelsklauseln in den verschieden Rechtsordnungen der Welt nicht immer einheitlich verstanden werden, kommt der richtigen Auslegungsmethode und Entwicklung vereinheitlichter Klauselwerke in der Praxis besondere Bedeutung zu.

B. Arten internationaler Handelsklauseln

Grundsätzlich sind Handelsklauseln für alle Regelungsbereiche eines Vertragsverhältnisses denkbar. In der Praxis des internationalen Warenverkehrs werden Handelsklauseln jedoch primär für drei Aspekte eines Vertrages verwandt: die Kaufpreiszahlung, die vertragliche Ausgestaltung der Lieferpflicht sowie die Be-

---

1 Finke, S. 79; Heidelberger-*Ruß*, § 346, Rdnr. 14; Heuzé, Droit uniforme, Anm. 251; Pfeiffer-*Schinkels*, § 5, Rdnr. 37; Pottschmidt/Rohr, Rdnr. 143; Röhricht/Graf v. Westphalen-*Wagner*, § 346, Rdnr. 52; Wörlen/Metzler-Müller, Handelsklauseln, S. 11.

2 Finke, S. 79; Pottschmidt/Rohr, Rdnr. 144.

freiung von der Leistungspflicht.[3] Im Folgenden soll ein Überblick über diese Arten internationaler Handelsklauseln gegeben werden.

I. Internationale Lieferklauseln

Bei den im internationalen Handelsverkehr abgeschlossenen Verträgen handelt es sich in der Regel um so genannte Distanzgeschäfte, d.h. die veräußerten Güter müssen über lange Strecken zu ihrem Bestimmungsort transportiert werden. Der Transport der Waren ist nicht nur mit erheblichen Kosten, insbesondere für Beförderung und Versicherung, verbunden, sondern birgt auch die Gefahr einer Verschlechterung oder sogar eines Untergangs der Ware in sich. Bei einem Seetransport kann beispielsweise das Schiff sinken oder die beförderte Ware durch Einwirkung von Seewasser Schaden nehmen. Aus diesem Grunde kommt der vertraglichen Regelung der Lieferpflicht eine erhebliche Bedeutung zu. Dabei spielen neben der Bestimmung des Lieferortes und der Festlegung des Lieferzeitpunkts auch die genaue Ausgestaltung eines gegebenenfalls geschuldeten Transportes der Ware eine große Rolle, etwa hinsichtlich spezieller Anforderungen an die Verpackung der Ware oder die Auswahl des Transporteurs.
Neben der Ausgestaltung der vom Verkäufer geschuldeten Lieferhandlung können Lieferklauseln auch den Lieferumfang, d.h. die Frage, welche Warenmenge der Verkäufer zu liefern hat, und spezielle Vorgaben bezüglich der Qualität der veräußerten Waren betreffen. Durch die Wahl entsprechender Lieferklauseln lässt sich so das Pflichtenprogramm des Verkäufers im Einzelnen detailliert festlegen.

II. Internationale Zahlungsklauseln

Anders als bei Bargeschäften des täglichen Lebens werden im internationalen Handelsverkehr – bedingt durch große räumliche Entfernungen der Vertragsparteien und die besonderen Eigenarten des internationalen Warenverkehrs – die Leistungen typischerweise nicht gleichzeitig ausgetauscht. Der Verkäufer will die Verfügungsmacht über die Ware so spät wie möglich verlieren, um sicherzugehen, dass er den Kaufpreis erhält, während dem Käufer daran gelegen ist, die Zahlung erst zu leisten, wenn er die Ware entgegengenommen und auf ihre Mangelfreiheit untersucht hat. In diesem Feld widerstreitender Interessen findet sich

---

3 Kolter, Handelsklauseln, S. 31; Liesecke, Int. Handelsklauseln, S. 4; Schmidt, Handelsrecht, S. 837 f.; Wörlen/Metzler-Müller, Handelsrecht, Rdnr. 254.

der Anwendungsbereich internationaler Zahlungsklauseln, die die Zahlungsmodalitäten verbindlich regeln.
Die einzelnen im internationalen Handelsverkehr gebräuchlichen Zahlungsklauseln berücksichtigen dabei die Sicherungsbedürfnisse der Parteien in unterschiedlicher Ausprägung. Während einige Zahlungsklauseln die Interessen des Käufers in den Vordergrund stellen, tragen andere in unterschiedlicher Intensität dem Sicherungsbedürfnis des Verkäufers Rechnung, indem sie ihm Instrumente der Zahlungssicherung einräumen. Dabei regeln internationale Zahlungsklauseln insbesondere die Fälligkeit der Zahlung, den Zahlungsort und einen etwaigen Ausschluss des Rechts zur Aufrechnung oder des Rechts zur Untersuchung der Ware vor Zahlung. Welche Vertragspartei sich bei der Wahl der Zahlungsklausel mit ihren Interessen durchsetzt, hängt in der Praxis entscheidend von der Intensität der Geschäftsbeziehung, den Gepflogenheiten der jeweiligen Branche und der Marktposition der Vertragspartner ab.

III. Internationale Befreiungsklauseln

Wie bereits im Rahmen der Lieferklauseln aufgezeigt, besteht aufgrund der Besonderheiten des internationalen Handelsverkehrs ein hohes Risiko unvorhersehbarer Leistungsstörungen. Der Ausbruch eines Krieges, der Eintritt einer Naturkatastrophe oder ein Wechsel der politischen Lage in einem Staat kann durch die enge Vernetzung des internationalen Handelsverkehrs schnell auch Auswirkungen außerhalb des direkt betroffenen Landes haben. So kann es beispielsweise sein, dass der Zulieferer des Verkäufers aufgrund der Verhängung eines Ausfuhrverbots plötzlich nicht mehr liefern kann. Aber auch während des Transports kann die Ware durch ein unvorhersehbares Ereignis in einem der Transitländer, durch welche sie auf ihrem Weg zum Käufer reist, aufgehalten oder sogar zerstört werden. Beispielsweise führte die plötzliche Sperrung des Suez-Kanals im Jahre 1956 dazu, dass zahlreiche Seeschiffe den sehr viel weiteren und gefährlicheren Weg um die Südspitze Afrikas wählen mussten.[4]
Fragen der Haftung und der Risikoverteilung sind indes aufgrund des Zusammentreffens vieler unterschiedlicher Rechtsordnungen für die im internationalen Warenverkehr tätigen Personen im Voraus nur mit großem Aufwand überschaubar. Aus diesem Grunde enthalten viele internationale Kaufverträge Befreiungsklauseln, die die Haftung des Verkäufers im Falle des Eintritts unvorhersehbarer und von keiner der Parteien zu vertretender Ereignisse mildern oder ausschließen.[5]

4 Wörlen/Metzler-Müller, Handelsrecht, Rdnr. 279.
5 Kolter, Handelsklauseln, S. 33; Wörlen/Metzler-Müller, Handelsrecht, Rdnr. 280.

Teil 3: Rechtliches Verhältnis von CISG und internationalen Handelsklauseln

A. Rechtsnatur und Einbeziehung internationaler Handelsklauseln

Handelsklauseln finden sich in den Vertragstexten internationaler Verträge; sie sind das Ergebnis der Vertragsverhandlungen der beteiligten Personen und werden aufgrund ausdrücklichen Willens der Parteien Vertragsbestandteil.[1] Ihrer Rechtsnatur nach sind internationale Handelsklauseln mithin als vertragliche Parteivereinbarungen zu qualifizieren.[2]
Bei Prüfung der wirksamen Einbeziehung einer Handelsklausel in einen dem CISG unterliegenden internationalen Kaufvertrag ist zunächst festzustellen, ob eine entsprechende Einigung der Vertragsparteien vorliegt. Diese Frage, die den äußeren Konsens, d.h. das Vorliegen korrespondierender Willenserklärungen betrifft, wird vom materiellen Regelungsbereich des CISG erfasst, vgl. Art. 4 S. 1 CISG. Es ist zu beurteilen, ob die eine Vertragspartei in ihrem Angebot (Art. 14 Abs. 1 CISG) den Willen zur Einbeziehung der betreffenden Handelsklausel aufgenommen und ob die andere Vertragspartei in der Annahme dieses Angebots (Art. 18 Abs. 1 CISG) der Einbeziehung zugestimmt hat. Liegen diese Voraussetzungen vor, so ist in einem zweiten Schritt zu prüfen, ob neben der äußerlichen Einigung auch ein innerer Konsens der Vertragsparteien vorliegt. Diese Frage, die die materielle Gültigkeit der Vereinbarung betrifft, ist vom Regelungsbereich des CISG ausgenommen, vgl. Art. 4 S. 2 lit. a CISG. Probleme der Geschäftsfähigkeit, der Nichtigkeit wegen Sittenwidrigkeit oder Gesetzesverstoßes sowie die Folgen von Willensmängeln sind damit nach dem über das Kollisionsrecht des Forumstaates zur Anwendung berufenen nationalen unvereinheitlichten Sachrecht zu beurteilen.[3]

Oftmals sind Handelsklauseln nicht Bestandteil eines Individualvertrages, sondern Klauseln in Allgemeinen Geschäftsbedingungen (AGB). Die Voraussetzun-

1 Kolter, Handelsklauseln, S. 52; Liesecke, Int. Handelsklauseln, S. 4; MünchKomm-HGB-*Schmidt*, § 346, Rdnr. 50.
2 Liesecke, Int. Handelsklauseln, S. 4.
3 Herber/Czerwenka, UN-Kaufrecht, Art. 4, Rdnr. 11; MünchKomm-BGB-*Westermann*, Art. 4, Rdnr. 3; Schlechtriem/Schwenzer-*Ferrari*, Art. 4, Rdnr. 17 f.; Soergel-*Lüderitz/Fenge*, Art. 4, Rdnr. 5; Staudinger-*Magnus*, Art. 4, Rdnr. 20; Westermann, UN-KaufR, S. 7.

gen einer formell wirksamen Einbeziehung von AGB richten sich ebenfalls nach den Vertragsschlussregeln des CISG.[4] Eine Inhaltskontrolle, d.h. eine Überprüfung der materiellen Gültigkeit, die nach Art. 4 S. 2 lit. a CISG vom Regelungsbereich des Übereinkommens ausgenommen ist, bleibt den über das Kollisionsrecht des Forumstaates zur Anwendung berufenen unvereinheitlichten Regelungen des nationalen Rechts überlassen.[5] Der Prüfungsmaßstab ergibt sich dabei jedoch aus den Regelungen des CISG.[6]

B. Rangverhältnis von CISG und internationalen Handelsklauseln

Angesichts der weit reichenden Geltung des CISG für internationale Kaufverträge kommt seinem rechtlichen Verhältnis zu internationalen Handelsklauseln eine besondere Bedeutung zu. Da Handelsklauseln – wie zuvor dargestellt – ihrer Rechtsnatur nach als Parteivereinbarungen zu qualifizieren sind, stellt sich die Frage nach dem Verhältnis von eben solchen Parteivereinbarungen zum CISG.

I. Grundsatz der Parteiautonomie

In Art. 6 CISG ist das Prinzip der Parteiautonomie festgeschrieben; dabei muss differenziert werden zwischen kollisionsrechtlicher und materiellrechtlicher Parteiautonomie.

1. Kollisionsrechtliche Parteiautonomie

Unter dem Begriff der kollisionsrechtlichen Parteiautonomie ist die Freiheit der Vertragsparteien zu verstehen, die Geltung des CISG für ein Vertragsverhältnis insgesamt auszuschließen, das an sich in den Anwendungsbereich dieses Übereinkommens fällt, so genanntes *opting-out*.[7] Dabei setzt der Ausschluss des CISG

---

4 Hennemann, AGB, S. 62 f.; MünchKomm-BGB-*Westermann*, Art. 4, Rdnr. 5; Schlechtriem/Schwenzer-*Ferrari*, Art. 4, Rdnr. 20; Schmidt-Kessel, AGB, S. 3444; Staudinger-*Magnus*, Art. 4, Rdnr. 25.

5 OGH, IHR 2001, 42 (43); Rb Zutphen, CISG-online Nr. 546; Huber/Kröll, UN-Kaufrecht, S. 310; Lurger, S. 93; MünchKomm-BGB-*Westermann*, Art. 4, Rdnr. 6; Schlechtriem/Schwenzer-*Ferrari*, Art. 4, Rdnr. 20; Schmidt-Kessel, S. 3446; Staudinger-*Magnus*, Art. 4, Rdnr. 24.

6 OLG Zweibrücken, CISG-online Nr. 481; Koch, UN-Kaufrecht, S. 910; Schmidt-Kessel, AGB, S. 3446.

7 Schlechtriem, Int. UN-KaufR, Rdnr. 19; Soergel-*Lüderitz/Fenge*, Art. 6, Rdnr. 1.

eine Übereinkunft der Vertragsparteien voraus, die jedoch nicht unbedingt ausdrücklich erklärt werden muss, sondern auch stillschweigend erfolgen kann.[8] Zu beachten ist, dass alleine die ausdrückliche Wahl eines bestimmten nationalen Rechts durch die Vertragsparteien nicht zwingend zu einem stillschweigenden Ausschluss des CISG führt. Da das CISG Teil des materiellen Rechts seiner Vertragsstaaten ist, umfasst die Wahl des Rechts eines Vertragsstaates eben auch das CISG.[9]

2. Materiellrechtliche Parteiautonomie

Im Unterschied zur kollisionsrechtlichen Parteiautonomie beschreibt der Begriff der materiellrechtlichen Parteiautonomie die Freiheit der Vertragspartner, bei grundsätzlicher Anwendung des CISG von einzelnen seiner Bestimmungen abzuweichen, im deutschen Recht meist als Privatautonomie bezeichnet.[10] Dabei besteht für die Parteien sowohl die Möglichkeit, einzelne Regelungen des CISG für das betreffende Vertragsverhältnis auszuschließen, als auch eine Modifikation oder Ergänzung einzelner Bestimmungen des CISG zu vereinbaren. Die dispositive Natur der Regelungen des CISG wird neben Art. 6 CISG insbesondere auch in den Art. 30 und 53 CISG zum Ausdruck gebracht. Der Gesetzestext der betreffenden Artikel weist ausdrücklich darauf hin, dass sich die Hauptpflichten der Parteien primär nach den individuellen im betreffenden Vertrag niedergelegten Vereinbarungen richten, die gegebenenfalls von den Regelungen des CISG abweichen.[11]

Der dispositive Charakter des CISG ist jedoch in einigen Bereichen begrenzt. Ausweislich des Wortlauts von Art. 6 CISG können die Parteien bei Anwendung des CISG nicht von einem Schriftformerfordernis für den Kaufvertrag (Art. 12

---

8 MünchKomm-BGB-*Westermann*, Art. 6, Rdnr. 5; MünchKomm-HGB-*Benicke*, Art. 6, Rdnr. 10; Soergel-*Lüderitz/Fenge*, Art. 6, Rdnr. 1; Staudinger-*Magnus*, Art. 6, Rdnr. 20.

9 BGH, NJW 1999, 1259 (1260); Cour de Cassation, CISG-online Nr. 220; OGH, IHR 2002, 24 (25); OGH, östJBl. 121 (1999), 54 (55); Ferrari, Vertraglicher Ausschluss, S. 743; Huber/Kröll, UN-Kaufrecht, S. 310; Karollus, Anmerkung, S. 56; MünchKomm-HGB-*Benicke*, Art. 6, Rdnr. 6; Staudinger-*Magnus*, Art. 6, Rdnr. 24.

10 Schlechtriem, Int. UN-KaufR, Rdnr. 22; Schlechtriem/Schwenzer-*Ferrari*, Art. 6, Rdnr. 33; Soergel-*Lüderitz/Fenge*, Art. 6, Rdnr. 6. Zur Terminologie vgl. Kropholler, § 40 I.

11 Art. 30 CISG: „Der Verkäufer ist nach Maßgabe des Vertrages und dieses Übereinkommens verpflichtet, die Ware zu liefern…"; Art. 53 CISG: „Der Käufer ist nach Maßgabe des Vertrages und dieses Übereinkommens verpflichtet, den Kaufpreis zu zahlen und die Ware abzunehmen.".

CISG) abweichen. Ebenfalls der Disposition der Parteien entzogen ist die Frage nach der Möglichkeit einer Verurteilung zur Naturalerfüllung (Art. 28 CISG).[12] Zudem können die Parteien nicht von Art. 89 – 99 CISG und Art. 101 CISG abweichen, da sich diese Schlussbestimmungen an die Vertragsstaaten und nicht an die Vertragsparteien richten.[13]

II. Einordnung internationaler Handelsklauseln im System der Parteiautonomie

Werden bei einem dem CISG unterliegenden Kaufvertrag Handelsklauseln vereinbart, stellt sich die Frage, ob damit ein Fall kollisionsrechtlicher oder materiellrechtlicher Parteiautonomie vorliegt. Die im internationalen Handelsverkehr gebräuchlichen Handelsklauseln betreffen stets nur ausgewählte Fragen eines Vertragsverhältnisses und regeln nicht die vertragliche Beziehung in ihrer Gesamtheit.

Durch die Vereinbarung einer Handelsklausel bezwecken die Vertragsparteien daher lediglich die Regelung vertraglicher Einzelfragen und nicht die Wahl eines die vertragliche Beziehung regelnden Rechts als solches. Da die im internationalen Handelsverkehr gebräuchlichen Klauseln nicht derart auf ein bestimmtes nationales unvereinheitlichtes Recht zugeschnitten sind, dass ihre Anwendung nur bei Geltung eben dieses Rechtes möglich ist[14], kann der Vereinbarung einer internationalen Handelsklausel grundsätzlich auch nicht die stillschweigenden Wahl eines bestimmten nationalen Rechts unter Ausschluss des CISG entnommen werden. Die Vereinbarung von internationalen Handelsklauseln stellt sich bei Anwendbarkeit des CISG daher als ein Fall materiellrechtlicher Parteiautonomie dar, der lediglich zu einer Modifikation einzelner Bestimmungen des

---

12 Achilles, Art. 6, Rdnr. 8; MünchKomm-HGB-*Benicke*, Art. 6, Rdnr. 19; Schlechtriem/Schwenzer-*Ferrari*, Art. 6, Rdnr. 9; Soergel-*Lüderitz/Budzikiewicz*, Art. 28, Rdnr. 3; Staudinger-*Magnus*, Art. 6, Rdnr. 56 f.; Witz/Salger/Lorenz-*Salger*, Art. 28, Rdnr. 21; zudem die Dispositionsbefugnis der Parteien in Bezug auf die Art. 4 und Art. 7 CISG verneinend – Bianca/Bonell-*Bonell*, Art. 6, Bem. 3.4. und Art. 7, Bem. 3.3.

13 MünchKomm-HGB-*Benicke*, Art. 6, Rdnr. 19; Schlechtriem/Schwenzer-*Ferrari*, Art. 6, Rdnr. 8 f.; Staudinger-*Magnus*, Art. 6, Rdnr. 53.

14 OGH, IHR 2000, 24 (26); Honsell-*Siehr*, Art. 6, Rdnr. 7; MünchKomm-BGB-*Westermann*, Art. 6, Rdnr. 6; MünchKomm-HGB-*Benicke*, Art. 6, Rdnr. 13; Schlechtriem/Schwenzer-*Ferrari*, Art. 6, Rdnr. 29; Witz/Salger/Lorenz-*Lorenz*, Art. 6, Rdnr. 16.

CISG führt.[15] Dabei treten die Bestimmungen des CISG bei einem Konflikt mit einer vereinbarten Handelsklausel zurück, entsprechend dem durch Art. 6 CISG statuierten Vorrang individueller Parteiabreden.

C. Zwischenergebnis

Es wurde festgestellt, dass internationale Handelsklauseln als Parteivereinbarungen zu qualifizieren sind, für deren vertragliche Einbeziehung es eines übereinstimmenden Willens der Parteien bedarf. Während die Prüfung eines äußeren Konsenses der Vertragspartner vom materiellen Regelungsbereich des CISG erfasst wird (vgl. Art. 4 S. 1 CISG), beurteilt sich das Vorliegen eines inneren Konsenses nach dem über das Kollisionsrecht des Forumstaates zur Anwendung berufenen nationalen unvereinheitlichten Sachrecht.

Es konnte gezeigt werden, dass es sich bei der Vereinbarung internationaler Handelsklauseln um einen Fall materiellrechtlicher Parteiautonomie handelt, der lediglich einen Ausschluss bzw. eine Veränderung einzelner Regelungen des CISG zur Folge hat. Stehen die Regelungen einer vereinbarten Handelsklausel im Konflikt mit den Bestimmungen des CISG, gilt der Grundsatz des Vorrangs individueller Parteiabreden.

---

15 So auch: OGH, IHR 2002, 24 (26); MünchKomm-HGB-*Benicke*, Art. 6, Rdnr. 13; Schlechtriem, Int. UN-KaufR, Rdnr. 22; Schlechtriem/Schwenzer-*Ferrari*, Art. 6, Rdnr. 29; Staudinger-*Magnus*, Art. 6, Rdnr. 46; Witz/Salger/Lorenz-*Witz*, Art. 6, Rdnr. 16.

Teil 4: Auslegung internationaler Handelsklauseln

A. Problemaufriss

Wurde eine internationale Handelsklausel durch die Vereinbarung der Parteien zu einem Vertragsbestandteil, stellt sich als Nächstes die Frage, wie der Inhalt der vereinbarten Klausel zu ermitteln ist. Da Handelsklauseln nicht das Ergebnis einer gesetzgeberischen Arbeit, sondern eine Entwicklung des internationalen Handelsverkehrs sind, besteht bei Unklarheiten über den Regelungsinhalt grundsätzlich nicht die Möglichkeit, auf die verbindliche Definition eines Gesetzes zurückzugreifen.[1] Als Parteivereinbarung bedarf eine Handelsklausel vielmehr der Ermittlung ihres Bedeutungsgehalts mittels Auslegung.

Dabei stellen sich an die Auslegung einer Handelsklausel in zweierlei Hinsicht besondere Anforderungen: Die Verwendung knapper, stereotyper Formeln erfordert eine Auslegung in besonders großem Umfang, denn im Gegensatz zu ihrem äußerlich knappen Erscheinungsbild betreffen Handelsklauseln oftmals gerade zentrale Punkte einer vertraglichen Beziehung und treffen diesbezüglich detaillierte Regelungen.

Die zweite besondere Anforderung, die sich bei der Auslegung international gebräuchlicher Handelsklauseln stellt, ergibt sich aus den hohen Erwartungen, die von den beteiligten Personen an die Wirkung derartiger Klauseln geknüpft werden. Oftmals wird nämlich wie selbstverständlich davon ausgegangen, dass den verwandten Klauseln international derselbe Inhalt beigemessen wird. Dieses Vertrauen in eine einheitliche Auslegung stellt dabei eine unabdingbare Voraussetzung für die stetige Verwendung von Handelsklauseln im internationalen Handelsverkehr dar und muss daher im Rahmen der Auslegung hinreichend beachtet werden.

Bei der Auslegung internationaler Handelsklauseln ist zu differenzieren zwischen unvereinheitlichten Handelsklauseln und solchen, die in vereinheitlichten Klauselwerken erläutert werden.

1 Zu vereinzelten Ausnahmen vgl. Liesecke, Int. Handelsklauseln, S. 4.

B. Auslegung unvereinheitlichter Handelsklauseln

I. Die Auslegungsregeln des Art. 8 CISG

Anders als noch das Einheitliche Haager Kaufgesetz enthält das CISG keine Regelung speziell für die Auslegung von Handelsklauseln.[2] Mit der Auslegung von Parteierklärungen und Parteiverhalten allgemein befasst sich Art. 8 CISG. Diese Vorschrift regelt nach ihrem Wortlaut zwar nur die Auslegung einzelner einseitiger Parteierklärungen, jedoch ist Art. 8 CISG auf die Auslegung von Verträgen und den darin enthaltenen Vereinbarungen, d.h. auch die in den Vertrag aufgenommenen Handelsklauseln, entsprechend anzuwenden.[3] Nach Art. 8 CISG hat die Auslegung dabei in zwei Stufen zu erfolgen: Zunächst ist eine subjektive Auslegung nach den übereinstimmenden Vorstellungen der Vertragsparteien vorzunehmen (Art. 8 Abs. 1 CISG); führt dies nicht zu einem hinreichenden Ergebnis, ist der Vertragsinhalt mittels einer objektiven Auslegung zu ermitteln (Art. 8 Abs. 2 CISG).

1. Subjektive Auslegung (Art. 8 Abs. 1 CISG)

Zur Ermittlung des genauen Regelungsinhalts einer vertraglich vereinbarten Handelsklausel ist nach Art. 8 Abs. 1 CISG zunächst auf den subjektiven Willen der Vertragsparteien abzustellen. Weisen alle am Vertrag beteiligten Personen der Handelsklausel übereinstimmend einen bestimmten Inhalt zu, so ist demnach nur dieser maßgeblich. Dies gilt auch dann, wenn die von den Parteien getroffene subjektive Auslegung der Handelsklausel von dem im internationalen Handelsverkehr üblichen Verständnis der vereinbarten Klausel abweicht.[4] In der Regel lässt sich ein solches einheitliches Klauselverständnis der Vertragsparteien jedoch nicht feststellen: Eine ausdrückliche vertragliche Vereinbarung der Parteien über die Auslegung der vereinbarten Handelsklausel – etwa durch schriftliche Fixierung im Vertragstext – liegt regelmäßig nicht vor. Ein solches Vorgehen der

---

2 Art. 9 Abs. 3 EKG lautet: „Werden handelsübliche Ausdrücke, Klauseln oder Formulare verwendet, so bestimmt sich ihre Auslegung nach dem Sinn, den ihnen die beteiligten Handelskreise üblicherweise beilegen.“. Zu den Diskussionen über die Aufnahme einer dem Art. 9 Abs. 3 EKG entsprechenden Bestimmung in das CISG vgl. UNCITRAL-Yb I (1968–1970), S. 183 f. und UNCITRAL-Yb VIII (1977), S. 31.

3 In diesem Sinne auch: Bianca/Bonell-*Farnsworth*, Art. 8, Bem. 3.1.; Schlechtriem/Schwenzer-*Schmidt-Kessel*, Art. 8, Rdnr. 3; Soergel-*Lüderitz/Fenge*, Art. 8, Rdnr. 10; Staudinger-*Magnus*, Art. 8, Rdnr. 7; Witz/Salger/Lorenz-*Witz*, Art. 8, Rdnr. 3; a.A. Heuzé, Droit uniforme, Anm. 233.

4 BGH, NJW 1997, 870 (871 f.); Schlechtriem/Schwenzer-*Schmidt-Kessel*, Art. 8, Rdnr. 22; Soergel-*Lüderitz/Fenge*, Art. 8, Rdnr. 2.

Vertragsparteien würde ja gerade dem Sinn und Zweck der Verwendung von Handelsklauseln zuwiderlaufen, der eine Beschleunigung und Vereinfachung von Vertragsabschlüssen beabsichtigt. Das Vorliegen einer im Zeitpunkt des Vertragsschlusses von den Vertragparteien stillschweigend getroffenen Vereinbarung über die Auslegung der verwandten Handelsklausel, die über Art. 8 Abs. 1 CISG ebenfalls zu berücksichtigen wäre, ist in der Praxis regelmäßig nicht beweisbar und oftmals gerade ein zentraler Streitpunkt gerichtlicher Auseinandersetzungen.

Aufgrund der dargestellten Schwierigkeiten führt die in Art. 8 Abs. 1 CISG normierte subjektive Auslegung der von den Parteien vereinbarten unvereinheitlichten Handelsklauseln in der Regel zu keinem Ergebnis. Erhebliche Bedeutung kommt daher im Rahmen der Auslegung unvereinheitlichter internationaler Handelsklauseln der in Art. 8 Abs. 2 CISG niedergelegten zweiten Auslegungsstufe zu.

2. Objektive Auslegung (Art. 8 Abs. 2 CISG)

Nach Art. 8 Abs. 2 CISG ist, soweit eine subjektive Auslegung im Sinne von Art. 8 Abs. 1 CISG nicht möglich ist, der Vertrag objektiv auszulegen. Es ist zu fragen, wie ein objektiver Dritter die vertraglichen Vereinbarungen verstehen würde.[5] Dabei legt Art. 8 Abs. 2 CISG ausdrücklich fest, dass die fiktive Person des objektiven Dritten in Bezug auf äußere Bedingungen und Gegebenheiten den Vertragsparteien entsprechen soll. Dies umfasst auch die Kenntnis der spezifischen Fachsprache des Welthandels.[6] Im Rahmen der objektiven Auslegung unvereinheitlichter internationaler Handelsklauseln ist folglich das im internationalen Handelsverkehr übliche Klauselverständnis festzustellen.

II. Berücksichtigung von Handelsbräuchen (Art. 8 Abs. 3 CISG)

Nach Art. 8 Abs. 3 CISG ist sowohl die subjektive als auch die objektive Auslegung im Rahmen des CISG nicht alleine auf den Wortlaut des Vertragstexts beschränkt, sondern es sind „alle erheblichen Umstände“ zu berücksichtigen; es be-

---

5 MünchKomm-HGB-*Ferrari*, Art. 8, Rdnr. 10; Schlechtriem/Schwenzer-*Schmidt-Kessel*, Art. 8, Rdnr. 24.

6 Bianca/Bonell-*Farnsworth*, Art. 8, Bem. 2.4.; MünchKomm-HGB-*Ferrari*, Art. 8, Rdnr. 9; Rudolph, Art. 8, Rdnr. 8.

stehen also keine formellen Auslegungsschranken.[7] Ausdrücklich verweist Art. 8 Abs. 3 CISG dabei auf die Beachtung etwaiger „Bräuche“.

1. Begriff und Funktion des Handelsbrauchs

Der Begriff „Brauch“ wird im CISG nicht ausdrücklich definiert und ist daher abkommensautonom auszulegen. Danach ist der Begriff „Brauch“ im Sinne von „Handelsbrauch“ zu verstehen, mithin als eine kaufmännische Verkehrssitte, die von den am Handelsverkehr in einer bestimmten Branche oder an einem bestimmten Marktort beteiligten Personen üblicherweise eingehalten wird.[8] Entscheidend ist, dass die betreffende Regel in der kaufmännischen Praxis unter Zustimmung der beteiligten Handelskreise über einen gewissen Zeitraum tatsächlich geübt wird.[9]

Ihrer Funktion nach lassen sich Handelsbräuche in ergänzende und interpretierende Handelsbräuche einteilen.[10] Ergänzende Handelsbräuche erweitern vertragliche Vereinbarungen um bestimmte Regelungen, die in der betreffenden Vereinbarung zwar nicht enthalten, aber verkehrsüblich sind. Im Gegensatz dazu wird durch einen interpretierenden Handelsbrauch die Bedeutung einer ausdrücklich getroffenen Vereinbarung im Sinne des Verkehrsüblichen festgelegt.

---

7 Art. 8 Abs. 3 CISG stellt damit klar, dass die im Common Law bestehende „parol evidence rule“ im CISG keine Anwendung findet. Die „parol evidence rule“ besagt, dass zur Auslegung eines Vertrages ausschließlich auf den Vertragstext zurückgegriffen werden darf und eine Berücksichtigung außerhalb der Vertragsurkunde liegender Umstände unzulässig ist, vgl. dazu: *ARB, Inc. v. E-Systems, Inc.*, United States Court of Appeals [1980] 663 F.2d 189 (197 ff.); *Noble v. Logan-Dees Chevrolet-Buick, Inc.*, Supreme Court of Missisipi [1974] 293 So.2d 14 (15); Treitel, Contract Law, S. 176 ff.

8 Bianca/Bonell-*Farnsworth*, Art. 9, Bem. 3.2.; Holl/Keßler, Handelsbräuche, S. 458; Schlechtriem/Schwenzer-*Schmidt-Kessel*, Art. 9, Rdnr. 11; Staudinger-*Magnus*, Art. 9, Rdnr. 7.

9 Achilles, Art. 9, Rdnr. 2. Die Feststellung des Bestehens und des konkreten Inhalts eines Handelsbrauchs erfolgt in der Praxis durch die Befragung von Sachverständigen und Gutachten internationaler Institutionen des Handels, vgl. dazu Limbach, Handelsbräuche, S. 78.

10 Zum Folgenden vgl. Bonell, Handelsbräuche, S. 386 ff.; Najork, S. 46; Schlechtriem, Int. UN-Kaufrecht, Rdnr. 56; Schlechtriem/Schwenzer-*Schmidt-Kessel*, Art. 8, Rdnr. 45.

2. Voraussetzungen für die Berücksichtigung von Handelsbräuchen (Art. 9 CISG)

Während Art. 8 Abs. 3 keine Voraussetzungen für die Berücksichtigung eines Handelsbrauchs nennt, finden sich diesbezüglich detaillierte Regelungen in Art. 9 CISG. Es stellt sich daher die Frage, ob die Regelungen des Art. 9 CISG auch im Rahmen der Auslegung nach Art. 8 CISG gelten, ob der Art. 8 Abs. 3 CISG also einen Verweis auf Art. 9 CISG darstellt.
Teilweise wird vertreten, Art. 8 Abs. 3 und Art. 9 CISG seien zwei unabhängige Regelungen, da der Wortlaut der beiden Vorschriften zeige, dass Art. 8 Abs. 3 CISG anders als Art. 9 Abs. 2 CISG bestimmte Voraussetzungen für die Berücksichtigung eines Handelsbrauchs aufstelle.[11] Diese Argumentation vermag jedoch nicht zu überzeugen, da der Unterschied in der Formulierung der betreffenden Vorschriften auch so verstanden werden kann, dass Art. 8 Abs. 3 CISG gerade deshalb keine eigenen Voraussetzungen für die Berücksichtigung von Handelsbräuchen nennt, da insoweit auf die Bestimmungen des Art. 9 CISG und die dort niedergelegten Tatbestandsvoraussetzungen verwiesen wird. Eine Auslegung des Wortlauts des Art. 8 Abs. 3 CISG und des Art. 9 CISG führt daher nicht zu einer eindeutigen Klärung ihres rechtlichen Verhältnisses.
Aufschlussreicher ist insoweit eine Untersuchung des Sinns und Zwecks der Regelung des Art. 8 Abs. 3 CISG: Wie zuvor bereits erläutert, stellt Art. 8 Abs. 3 CISG klar, dass für die Auslegung im Rahmen des CISG keine formellen Auslegungsschranken bestehen. Dies ist die zentrale Aussage des Art. 8 Abs. 3 CISG; die Nennung des Begriffs der Handelsbräuche erfolgt lediglich beiläufig im Rahmen einer nicht abschließenden Auflistung von Beispielen objektiver Umstände, auf die im Rahmen der Auslegung zurückzugreifen ist. Man würde daher die eigentliche Funktion des Art. 8 Abs. 3 CISG verkennen, sähe man in ihm die Grundlage für die Anwendung von Handelsbräuchen im Rahmen der Vertragsauslegung und entnähme man alleinig ihm die erforderlichen Tatbestandsvoraussetzungen.

Aufgrund vorstehender Überlegungen ist die Nennung der „Bräuche" in Art. 8 Abs. 3 CISG daher als deklaratorischer Hinweis auf die Bestimmungen des Art. 9 CISG zu begreifen. Die in Art. 9 CISG normierten Voraussetzungen für die Berücksichtigung eines Handelsbrauchs gelten daher auch im Rahmen der Auslegung nach Art. 8 CISG.

---

11 In diesem Sinne: MünchKomm-BGB-*Westermann*, Art. 8, Rdnr. 5; Schlechtriem, Int. UN-Kaufrecht, Rdnr. 56; Schlechtriem/Schwenzer-*Schmidt-Kessel*, Art. 8, Rdnr. 45.

Das CISG geht, wie sich den Regelungen des Art. 9 CISG entnehmen lässt, davon aus, dass Handelsbräuche nur aufgrund einer Parteivereinbarung Geltung erlangen können.[12] Gemäß Art. 9 Abs. 1 CISG sind die Parteien daher an Handelsbräuche gebunden, deren Geltung sie ausdrücklich oder stillschweigend vereinbart haben. Der Wortlaut des Art. 9 Abs. 1 stellt keine besonderen Anforderungen an Art oder Bekanntheit der betreffenden Handelsbräuche, so dass auch die Geltung lokaler und regionaler Bräuche von den Parteien vereinbart werden kann. Nach Art. 9 Abs. 2 CISG wird unter bestimmten Voraussetzungen jedoch das Bestehen einer stillschweigenden Vereinbarung der Parteien über die Geltung eines Handelsbrauchs fingiert.[13] Voraussetzung für die Berücksichtigung eines Handelsbrauchs über Art. 9 Abs. 2 CISG ist dabei zunächst, dass die in ihm verkörperte Regel in der betreffenden Branche bekannt ist und beachtet wird. Dabei lässt der Wortlaut des Art. 9 Abs. 2 CISG durch die Formulierung „weithin bekannt" erkennen, dass vereinzelte Abweichungen unbeachtlich sind.

Des Weiteren ergibt sich aus dem Wortlaut des Art. 9 Abs. 2 CISG, dass der betreffende Handelsbrauch ein solcher des „internationalen Handels" sein muss. Von der Regelung des Art. 9 Abs. 2 CISG nicht erfasst sind daher solche Handelsbräuche, die lediglich bei Inlandsgeschäften zur Geltung kommen, im grenzüberschreitenden Handelsverkehr aber unbekannt sind.[14] Jedoch können auch lokale Handelsbräuche oder so genannte Platzusancen über Art. 9 Abs. 2 CISG Beachtung finden, sofern diese im internationalen Handelsverkehr einen hinreichenden Bekanntheitsgrad aufweisen.[15] Neben der Internationalität des Handelsbrauchs fordert Art. 9 Abs. 2 CISG, dass der betreffende Handelsbrauch den Parteien zum Zeitpunkt des Vertragsschlusses bekannt war oder bekannt sein musste. Ein Kennenmüssen ergibt sich in der Praxis regelmäßig aus der weit reichenden Verbreitung eines Handelsbrauchs.[16]

---

12 Schlechtriem, Int. UN-KaufR, Rdnr. 61; a.A. – für eine normative Geltung der Handelsbräuche – Holl/Kessler, Handelsbräuche, S. 459.

13 OGH, CISG-online Nr. 641; OGH, CISG-online Nr. 380; Honsell-*Melis*, Art. 9, Rdnr. 8; MünchKomm-BGB-*Westermann*, Art. 9, Rdnr. 5; Staudinger-*Magnus*, Art. 9, Rdnr. 16; Witz/Salger/Lorenz-*Lorenz*, Art. 9, Rdnr. 6.

14 Bianca/Bonell-*Bonell*, Art. 9, Bem. 2.2.2.; Esser, Internationaler Handel, S. 188; Schlechtriem/Schwenzer-*Schmidt-Kessel*, Art. 9, Rdnr. 18; Staudinger-*Magnus*, Art. 9, Rdnr. 21.

15 Achilles, Art. 9, Rdnr. 5; Bonell, Handelsbräuche, S. 391; Schlechtriem/Schwenzer-*Schmidt-Kessel*, Art. 9, Rdnr. 18; Staudinger-*Magnus*, Art. 9, Rdnr. 22.

16 Schlechtriem/Schwenzer-*Schmidt-Kessel*, Art. 9, Rdnr. 18; Soergel-*Lüderitz/Fenge*, Art. 9, Rdnr. 5.

3. Bedeutung von Handelsbräuchen bei Auslegung unvereinheitlichter Handelsklauseln

Wie bereits gezeigt, lassen sich Handelsbräuche funktionell in interpretierende und ergänzende Handelsbräuche einteilen. Werden unvereinheitlichte internationale Handelsklauseln durch ausdrückliche Parteivereinbarung Bestandteil eines Vertrages, stellt sich nicht die Frage nach einer etwaigen Klauselgeltung kraft Handelsbrauchs; vielmehr erlangen Handelsbräuche Bedeutung bei Beantwortung der Frage, wie die Handelsklauseln auszulegen sind.[17] Im Laufe der Zeit hat sich ein einheitliches Verständnis des Regelungsinhalts der gebräuchlichsten Handelsklauseln entwickelt. Durch fortgesetzte Übung haben sich diese Klauselauslegungen immer mehr verfestigt und stellen daher teilweise interpretierende Handelsbräuche dar.

Wird zur Ermittlung eines subjektiven Auslegungsverständnisses im Sinne des Art. 8 Abs. 1 CISG auf derartige interpretierende Handelsbräuche zurückgegriffen, ist jedoch Zurückhaltung geboten, denn die Grenze zur Methode der objektiven Auslegung (Art. 8 Abs. 2 CISG) ist hier fließend. Entscheidend ist, dass im Rahmen des Art. 8 Abs. 1 CISG ein tatsächlich bestehendes subjektives Auslegungsverständnis der Parteien ermittelt und nicht unter Bezugnahme auf einen interpretierenden Handelsbrauch lediglich die übliche Auslegung für maßgeblich erklärt wird.

Muss jedoch – mangels eines feststellbaren subjektiven Auslegungsverständnisses der Vertragsparteien – eine objektive Klauselauslegung nach Art. 8 Abs. 2 CISG erfolgen, so ist für diese Auslegung ein bestehender interpretierender Handelsbrauch grundsätzlich maßgeblich. Nur in Ausnahmefällen ist eine von dem einschlägigen Handelsbrauch abweichende Auslegung – unter Rückgriff auf den Grundsatz von Treu und Glauben – möglich, sofern Drittinteressen nicht tangiert werden. In der Praxis ist es im Rahmen der objektiven Auslegung regelmäßig entbehrlich festzustellen, ob eine bestimmte Klauselauslegung lediglich verkehrsüblich ist, oder ob eben dieser Auslegung sogar die Rechtsqualität eines interpretierenden Handelsbrauchs zukommt. In beiden Fällen ist nämlich diese betreffende Auslegung im Ergebnis über Art. 8 Abs. 2 CISG maßgeblich.

---

17 Najork, S. 46; Schlechtriem, Int. UN-Kaufrecht, Rdnr. 56; Schlechtriem/Schwenzer-*Schmidt-Kessel*, Art. 8, Rdnr. 45.

C. Auslegung vereinheitlichter Handelsklauseln

Ausgehend von der zunehmenden Internationalisierung des Warenhandels befassten sich schon früh Organisationen und Interessenvereinigungen der am Handelsverkehr Beteiligten mit dem Problem der Auslegung internationaler Handelsklauseln. Für bestimmte Arten von internationalen Handelsklauseln wurden Klauselkataloge erarbeitet, in denen der verkehrsübliche Regelungsinhalt ausgewählter Handelsklauseln festgehalten ist. Bekanntestes Beispiel eines solchen Katalogs mit vereinheitlichten Auslegungen international gebräuchlicher Handelsklauseln sind die „*International Commercial Terms*" (Incoterms)[18], herausgegeben von der Internationalen Handelskammer.
Da die herausgebenden nichtstaatlichen Organisationen keine autonome Rechtssetzungskompetenz haben, gelten die von ihnen erarbeiteten Klauselwerke nicht kraft Gesetzes.[19] Große Bedeutung kommt daher der Frage zu, unter welchen Voraussetzungen bei der Auslegung internationaler Handelsklauseln auf die in den Klauselwerken getroffenen Definitionen zurückgegriffen werden kann.

I. Auslegung bei ausdrücklichem Verweis auf Klauselwerk

Oftmals vereinbaren die Parteien in ihrem Vertrag ausdrücklich, dass sich die Auslegung der von ihnen verwendeten Handelsklauseln nach einem bestimmten vereinheitlichten Klauselkatalog richten soll. Während das Zustandekommen einer solchen Vereinbarung gemäß Art. 4 S. 1 CISG vom Regelungsbereich des CISG erfasst wird, beurteilt sich die materielle Gültigkeit einer solchen Vereinbarung – mangels Regelung durch das CISG (vgl. Art. 4 S. 2 lit. a CISG) – nach dem über das Kollisionsrecht des Forumstaates zur Anwendung berufenen nationalen unvereinheitlichten Sachrecht. Ist die Einbeziehung wirksam, so ist der Inhalt des vereinheitlichten Klauselwerks bindend für die Auslegung der im Vertrag enthaltenen Handelsklauseln. Im Ergebnis tritt also dieselbe Folge ein, wie wenn die Parteien eine subjektive Klauselauslegung detailliert in den Vertragstext aufgenommen hätten.
Da die gebräuchlichen Klauselkataloge von den herausgebenden Organisationen in regelmäßigen Abständen überarbeitet und an rechtliche und technische Veränderungen angepasst werden, existieren unterschiedliche Versionen der betreffen-

---

18 ICC-Publikation Nr. 92.
19 Liesecke, Int. Handelsklauseln, S. 4.

den Klauselkataloge.[20] Fehlt in einem Vertrag ein ausdrücklicher Hinweis auf die anzuwendende Version, ist durch Auslegung zu klären, ob der Stand zum Zeitpunkt des Vertragsschlusses maßgeblich sein soll, oder ob ein Rückgriff auf die jeweils aktuelle Fassung dem Willen der Vertragsparteien entspricht. In der Regel wird die Auslegung ergeben, dass die Parteien sich auf die zum Zeitpunkt des Vertragsschlusses geltende Fassung bezogen haben, da zukünftige Änderungen des betreffenden Klauselwerkes für sie im Detail nicht vorhersehbar waren.[21]

II. Auslegung bei fehlendem Verweis auf Klauselwerk

Enthält ein internationaler Vertrag eine Handelsklausel, die in einem vereinheitlichten Klauselwerk enthalten ist, haben jedoch die Parteien die Anwendbarkeit diese Klauselwerks nicht vereinbart, stellt sich die Frage, ob auch in einem solchen Fall die Möglichkeit besteht, auf die Auslegungen des Klauselkatalogs zurückzugreifen, oder ob die Handelsklausel ohne Rückgriff auszulegen ist, d.h. wie eine unvereinheitlichte Handelsklausel. Eine allgemein gültige Antwort auf die vorstehende Frage lässt sich nicht geben, da sie von der Rechtsnatur des jeweiligen Klauselkatalogs abhängt. Für das im internationalen Handelsverkehr am häufigsten verwandte Klauselwerk, die Incoterms, wird daher im Rahmen der Darstellung des betreffenden Klauselkatalogs die Frage des Wesens und des Geltungsgrunds eingehend untersucht.

D. Zwischenergebnis

Bei der Auslegung internationaler Handelsklauseln ist zu differenzieren zwischen unvereinheitlichten Handelsklauseln und solchen, für die eine so genannte „Musterauslegung" in einem vereinheitlichten Klauselkatalog besteht. Die Auslegung unvereinheitlichter Handelsklauseln erfolgt nach Art. 8 CISG. Dabei sind etwaige interpretierende Handelsbräuche zu beachten. Es wurde gezeigt, dass Art. 8 Abs. 3 CISG einen deklaratorischen Verweis auf die Regelungen des Art. 9 CISG darstellt, der damit Grundlage der Berücksichtigung interpretierender Handelsbräuche ist.

---

20 Die Incoterms wurden seit ihrer ersten Veröffentlichung im Jahre 1936 bisher sechs Revisionen unterzogen.

21 So bezüglich der Incoterms: Lehr, Incoterms 2000, S. 550; Witz/Salger/Lorenz-*Lorenz*, Art. 6, Rdnr. 19.

Bei der Auslegung von internationalen Handelsklauseln, die in vereinheitlichten Klauselwerken enthalten sind, stellt sich die Frage nach dem Geltungsgrund des betreffenden Klauselkatalogs; jedenfalls sind bei Vorliegen einer ausdrücklichen oder stillschweigenden Vereinbarung der Parteien über die Anwendbarkeit eines Klauselwerks die darin enthaltenen Klauselauslegungen für das betreffende Vertragsverhältnis maßgeblich.

Teil 5: Typische internationale Handelsklauseln

A. Einführung

Wie dargestellt, richtet sich die objektive Auslegung internationaler Handelsklauseln im Sinne des Art. 8 Abs. 2 CISG nach dem üblichen Verständnis der am internationalen Handelsverkehr beteiligten Personenkreise. Im Folgenden wird für die gebräuchlichsten internationalen Handelsklauseln untersucht, welche objektive Auslegung diese erfahren, sei es, weil ein einheitliches Klauselverständnis vorherrscht oder weil ein interpretierender Handelsbrauch zu der betreffenden Klauselauslegung verpflichtet. Die folgende Untersuchung stützt sich dabei auf die Auswertung nationaler und internationaler Gerichtsentscheidungen sowie nationaler und internationaler Literatur, wobei schwerpunktmäßig Quellen aus Deutschland, Großbritannien, Frankreich, den Niederlanden, Österreich und den USA berücksichtigt werden.

B. Internationale Lieferklauseln

Der folgende Abschnitt widmet sich den internationalen Lieferklauseln. Dabei wird differenziert zwischen unvereinheitlichten Lieferklauseln und solchen, die in dem Klauselwerk Incoterms enthalten sind.

I. Unvereinheitlichte internationale Lieferklauseln

1. „Franko/frei… (benannter Bestimmungsort)"

Im internationalen Warenverkehr wird oft die Lieferklausel „franko"[1] bzw. „frei"[2] verbunden mit der Angabe eines Bestimmungsortes verwendet. Dabei werden die Begriffe „franko" und „frei" grundsätzlich synonym benutzt. Das Studium der nationalen und internationalen Rechtsprechung sowie Literatur zeigt,

1 „Franco… (named place)".
2 „Free… (named place)".

dass der Klausel „franko/frei... (benannter Bestimmungsort)" übereinstimmend eine Regelung hinsichtlich der Verteilung der Transportkosten entnommen wird.
Die deutsche Rechtsprechung[3] geht davon aus, dass bei Vereinbarung der Lieferklausel „franko/frei... (benannter Bestimmungsort)" der Verkäufer verpflichtet ist, die Transportkosten bis zu dem benannten Bestimmungsort zu tragen.
Der französische Cour de Cassation gelangte zuletzt in einer Entscheidung aus dem Jahre 1998[4] zu dem gleichen Ergebnis („... *la vente stipulée ‚franco' ... mettre à la charge du vendeur ... le prix du déplacement...*") und steht damit im Einklang mit der bisherigen französischen Rechtsprechung[5].
Auch der österreichische Oberste Gerichtshof schloss sich in einem Urteil aus dem Jahre 1998[6] dieser Klauselauslegung an.
Der niederländische Hooge Raad entnahm in einer Entscheidung aus dem Jahre 2004[7] der Klausel „franko/frei... (benannter Bestimmungsort)" ebenfalls, dass die Transportkosten vom Verkäufer zu tragen sind („... *aangezien de inkoop plaatsvindt onder de conditie ‚franco slachterij', warbij de leverancier de kosten draagt van het vervoer...*").[8]
In angloamerikanischen Verträgen wird die Klausel „franko/frei... (benannter Bestimmungsort)" deutlich seltener vereinbart als in Kontinentaleuropa.[9] Sofern britische bzw. U.S.-amerikanische Gerichte jedoch mit der Auslegung dieser Lieferklausel befasst sind, deckt sich die dann vorgenommene Auslegung mit der zuvor dargestellten Auffassung in der kontinentaleuropäischen Rechtsprechung. Dies zeigt beispielsweise die aktuelle Entscheidung *Jindal Iron and Steel Co. Ltd. and Others v. Islamic Solidarity Shipping Co. Jordan Inc.*[10] des House of Lords aus dem Jahre 2004 („... *the natural meaning of the word „free" was at no cost...*"[11]).[12]

---

3 BGH, IPRax 1997, 348 (349); OLG Hamburg, NJW-RR 1986, 118 (118); OLG Karlsruhe, RIW 1979, 642 (643); OLG Koblenz, CISG-online Nr. 716.

4 Cour de Cassation, Urteil v. 27.10.1998, www.legifrance.gouv.fr.

5 Cour de Cassation, Urteil v. 23.06.1998, www.legifrance.gouv.fr; Cour de Cassation, Urteil v. 10.10.1995, www.legifrance.gouv.fr; Cour de Cassation, Urteil v. 19.03.1991, www.legifrance.gouv.fr; Cour d'appel de Paris, CISG-online Nr. 788.

6 OGH, Urteil v. 10.09.1998, www.ris.bka.gv.at/jus.

7 Hoge Raad, Urteil v. 13.08.2004, www.rechtspraak.nl.

8 Vgl. auch Gerechtshof Arnhem, Urteil v. 03.05.2002, www.rechtspraak.nl.

9 Vgl. dazu: D'Arcy/Murray/Cleave, Int. Trade, S. 50.

10 *Jindal Iron and Steel Co. Ltd. and Others v. Islamic Solidarity Shipping Co. Jordan Inc.*, House of Lords, [2005] 1 Lloyd's Rep. 57.

11 *Jindal Iron and Steel Co. Ltd. and Others v. Islamic Solidarity Shipping Co. Jordan Inc.*, House of Lords, [2005] 1 Lloyd's Rep. 57 (57).

12 Vgl. auch: *Badische Anilin und Soda Fabrik v. Henry Johnson & Co. and Basle Chemical Works*, Court of Appeal, [1897] 2 Ch. 322 (331); *Congar v. The Galena & Chicago Union Railroad Company*, Supreme Court of Wisconsin, 17 Wis. 477, 1 (1);

Auch die einschlägige nationale und internationale Literatur[13] entnimmt der Klausel „franko/frei... (benannter Bestimmungsort)" übereinstimmend, dass der Verkäufer verpflichtet ist, die Transportkosten bis zum benannten Bestimmungsort zu tragen.

Dem Verkäufer obliegt es auch, die erforderlichen Beförderungsverträge abzuschließen, sofern die Parteien diesbezüglich keine Regelung getroffen haben.[14] Benennen die Vertragsparteien als Bestimmungsort eine Stadt, richtet sich die konkrete Stelle innerhalb der benannten Stadt, bis zu der der Verkäufer die Transportkosten tragen muss, nach den vereinbarten Transportmodalitäten: Soll eine Warenbeförderung per Seeschiff erfolgen, trägt der Verkäufer die Transportkosten bis zum Erreichen des Hafens am benannten Bestimmungsort, beim Bahntransport entsprechend die Transportkosten bis zum Bahnhof des benannten Bestimmungsorts und bei einem Transport mittels Flugzeug die Transportkosten bis zum Flughafen des benannten Bestimmungsorts.[15]
Uneinheitlich wird die Frage beantwortet, ob zu den Transportkosten auch die Kosten einer etwaigen Transportversicherung gehören.[16] Aus diesem Grunde kann nicht davon ausgegangen werden, dass der Verkäufer bei Vereinbarung der Klausel „franko/frei... (benannter Bestimmungsort)" stets dazu verpflichtet ist, auch diese Kosten zu tragen.[17] Übereinstimmend wird dieser Lieferklausel aber

---

Societa Anonima Angelo Castelletti v. Transmaritime, Ltd., Queen's Bench Division, [1953] 2 Lloyd's Rep. 440 (442).

13 Day, Int. Trade, S. 6, 80; Baumbach/Hopt/Merkt-*Hopt*, § 346, Rdnr. 40, Stichwort: „frei"; GK-*Achilles/Schmidt*, § 346, Rdnr. 37, Stichwort „frei"; Großkommentar-*Ratz*, § 346, Rdnr. 149; Heidelberger-Kommentar-*Ruß*, § 346, Rdnr. 15, Stichwort: „frei ... (Bestimmungsort)"; Meyer, Klauseln, S. 53; MünchKomm-HGB-*Schmidt*, § 346, Rdnr. 85; Piltz, Neue Entwicklungen, S. 2061; Röhricht/Graf v. Westphalen-*Wagner*, § 346, Rdnr. 91; Schlegelberger-*Hefermehl*, § 346, Rdnr. 72; Staudinger-*Magnus*, Art. 31, Rdnr. 31.

14 Cour de Cassation, Urteil v. 27.10.1998, www.legifrance.gouv.fr. („... *la vente stipulée ‚franco' ... mettre à la charge du vendeur la conclusion du contrat de transport...*"); Day, Int. Trade, S. 6.

15 Großkommentar-*Ratz*, § 346, Rdnr. 149; Meyer, Klauseln, S. 53; MünchKomm-HGB-*Schmidt*, § 346, Rdnr. 85; Schlegelberger-*Hefermehl*, § 346, Rdnr. 72.

16 Dafür: Hoge Raad, Urteil v. 13.08.2004, www.rechtspraak.nl.; Baumbach/Hopt/Merkt-*Hopt*, § 346, Rdnr. 40, Stichwort „frei Haus"; Soergel-*Huber*, § 448, Rdnr. 12; dagegen: MünchKomm-BGB-*Westermann*, § 448, Rdnr. 6; RGRK-*Mezger*, § 448, Rdnr. 3.

17 Die Parteien können jedoch durch die Verwendung des Klauselzusatzes „versichert" eine solche Pflicht des Verkäufers begründen, vgl. dazu Baumbach/Hopt/Merkt-*Hopt*, § 346, Rdnr. 40, Stichwort „frei Haus".

eine Verplichtung des Verkäufers entnommen, auf seine Kosten für eine transportgerechte Verpackung der veräußerten Ware zu sorgen.[18]

Diskutiert wird in Rechtsprechung und Literatur die Frage, ob durch die Vereinbarung der Klausel „franko/frei… (benannter Bestimmungsort)" zudem der benannte Bestimmungsort als Lieferort bestimmt wird und ob der Verkäufer die Gefahr einer Beschädigung oder eines Untergangs der veräußerten Ware bis zur ihrer Ablieferung an dem benannten Ort tragen muss. Die nationale und internationale Rechtsprechung zeigt sich bei der Beantwortung der vorstehenden Frage uneinheitlich.

Der deutsche Bundesgerichtshof gelangte in einer Entscheidung aus dem Jahre 1983[19] zu der Einschätzung, dass „die Klausel „franko/frei… (benannter Bestimmungsort)" „… im Handelsverkehr keinen typischen, eindeutigen Inhalt…"[20] besitze und dass dieser Lieferklausel daher keine Regelung hinsichtlich des Lieferorts und der Gefahrtragung entnommen werden könne. Auch das OLG Hamburg kam in einem Urteil aus dem Jahre 1985[21] zu dem Ergebnis, dass die Vereinbarung der Klausel „franko/frei… (benannter Bestimmungsort)" keine Auswirkung auf den Lieferort oder die Gefahrtragung habe. Im Gegensatz dazu entschied der Bundesgerichtshof in einem Urteil aus dem Jahre 1986[22], dass die Klausel „franko/frei… (benannter Bestimmungsort)" den benannten Bestimmungsort als Lieferort festlege („Die Klausel ‚frei' … bezeichnet im Zweifel den Lieferort"[23]).

Der österreichische Oberste Gerichtshof gelangte in einer Entscheidung aus dem Jahre 1998[24] ebenfalls zu dem Urteil, die Klausel „franko/frei… (benannter Bestimmungsort)" treffe nicht nur eine Verteilung der Transportkosten, sondern bestimme den benannten Bestimmungsort als Lieferort und Ort des Gefahrübergangs.

Im Gegensatz dazu entschied der französische Cour de Cassation in einem Urteil aus dem Jahre 1983[25], dass der Klausel „franko/frei… (benannter Bestimmungsort)" kein über die Verteilung der Transportkosten hinaus gehender Regelungsinhalt entnommen werden könne („… *le terme ‚franco' n'avait d'autre significati-*

18 LG München, NJW 1958, 426 (426); Erman-*Grunewald*, § 448, Rdnr. 4 f.; Sprengel, S. 51; Wörlen/Metzler-Müller, Handelsklauseln, S. 36 f.
19 BGH, NJW 1984, 567.
20 BGH ,NJW 1984, 567 (567).
21 OLG Hamburg, NJW-RR 1986, 118 (118).
22 BGH, NJW 1987, 592.
23 BGH, NJW 1987, 592 (594).
24 OGH, Urteil v. 10.09.1998, www.ris.bka.gv.at/jus.
25 Cour de Cassation, Urteil v. 06.07.1983, www.legifrance.gouv.fr .

on que celle de ‚sans frais pour l'acheteur'...“[26]). In einer weiteren Entscheidung aus dem Jahre 1983[27] stellte der Cour de Cassation ausdrücklich fest, dass der Klausel „franko/frei... (benannter Bestimmungsort)“ insbesondere keine Regelung der Gefahrtragung entnommen werden könne („... *une clause ‚franco' n'implique pas ... que les risques du transport incombent au vendeur...*“[28]). In ständiger Rechtsprechung bestätigte der Cour de Cassation seitdem die in den benannten Urteilen getroffenen Feststellungen.[29] In Abweichung von der Rechtsprechung des Cour de Cassation entschied jedoch der Cour d'appel d'Orléans in einer Entscheidung aus dem Jahre 2001[30], dass sich der Klausel „franko/frei... (benannter Bestimmungsort)“ auch eine Regelung hinsichtlich des Lieferorts entnehmen ließe.

Das House of Lords kam in der Entscheidung *Jindal Iron and Steel Co. Ltd. and Others v. Islamic Solidarity Shipping Co. Jordan Inc.*[31] aus dem Jahre 2004 zu dem Ergebnis, dass der Klausel „franko/frei... (benannter Bestimmungsort)“ außer der Verteilung der Transportkosten keine weiteren Regelungen entnommen werden können („... *the natural meaning of the word ‚free' was at no cost; it was not suggested that it had any wider meaning ... there was no reason why it should be given any wider meaning in this contract...*“[32]). Die King's Bench Division gelangte bereits 1939 in der Entscheidung *Soag Machine Tools, Ltd. v. Gillette Industries, Ltd.*[33] zu der Auffassung, der betreffenden Lieferklausel könne nicht entnommen werden, dass der Verkäufer die Gefahr einer Beschädigung oder eines Untergangs der veräußerten Ware bis zum benannten Bestimmungsort

26 Cour de Cassation, Urteil v. 06.07.1983, www.legifrance.gouv.fr.
27 Cour de Cassation, Urteil v. 17.05.1983, www.legifrance.gouv.fr.
28 Cour de Cassation, Urteil v. 17.05.1983, www.legifrance.gouv.fr.
29 Cour de Cassation, Urteil v. 23.06.1998, www.legifrance.gouv.fr; Cour de Cassation, Urteil v. 27.10.1998, www.legifrance.gouv.fr („... *la marchandise sortie du magasin du vendeur voyage ... aux risques et périls de celui à qui elle appartient...*“); Cour de Cassation, Urteil v. 10.10.1995, www.legifrance.gouv.fr („... *une clause ‚franco', qui ne concerne que les frais de transport...*“); Cour de Cassation, Urteil v. 19.03.1991, www.legifrance.gouv.fr.
30 Cour d'appel d'Orléans, CISG-online Nr. 611.
31 *Jindal Iron and Steel Co. Ltd. and Others v. Islamic Solidarity Shipping Co. Jordan Inc.*, House of Lords, [2005] 1 Lloyd's Rep. 57.
32 *Jindal Iron and Steel Co. Ltd. and Others v. Islamic Solidarity Shipping Co. Jordan Inc.*, House of Lords, [2005] 1 Lloyd's Rep. 57 (57).
33 *Soag Machine Tools, Ltd. v. Gillette Industries, Ltd.*, King's Bench Division, [1939] 63 Lloyd's Rep. 216.

trage („*... terms were ‚free delivery' the risk attaching to the customer as from the date of delivery to the carrier...*"[34]).

Der Supreme Court of Wisconsin kam in der Entscheidung *Congar v. The Galena & Chicago Union Railroad Company*[35] aus dem Jahre 1863 ebenfalls zu der Einschätzung, dass der Klausel „franko/frei... (benannter Bestimmungsort)" kein über eine Regelung der Transportkostenverteilung hinausgehender Regelungsinhalt beigemessen werden könne („*... ‚delivered at the railroad depot in Whitewater, Wis., free' must be understood to mean merely that F. & W.* [die Käufer] *were not to be at any expense for the packing of the goods or hauling them to the depot at Whitewater.*"[36]).

In der Literatur wird die Frage, ob durch die Vereinbarung der Klausel „franko/frei... (benannter Bestimmungsort)" der benannte Bestimmungsort als Lieferort festgelegt wird und ob der Verkäufer die Gefahr einer Beschädigung oder eines Untergangs der veräußerten Ware bis zur ihrer Ablieferung an dem benannten Ort tragen muss, ebenfalls nicht einheitlich beantwortet. Teilweise wird der Klausel „franko/frei... (benannter Bestimmungsort)" zumindet auch eine Regelung der Gefahrtragung entnommen.[37] Die Mehrheit der Autoren geht hingegen davon aus, dass sich der Regelungsinhalt der Klausel „franko/frei... (benannter Bestimmungsort)" grundsätzlich auf eine Verteilung der Transportkosten beschränkt, und die Vereinbarung der betreffenden Lieferklausel keine Auswirkungen auf den Lieferort oder die Gefahrtragung hat.[38]

Die Auswertung der einschlägigen Rechtsprechung und Literatur zeigt, dass im internationalen Handelsverkehr keine einheitliche Auffassung bezüglich der Frage besteht, ob der Klausel „franko/frei... (benannter Bestimmungsort)" eine Regelung hinsichtlich des Lieferorts und der Gefahrtragung entnommen werden kann.

---

34 *Soag Machine Tools, Ltd. v. Gillette Industries, Ltd.*, King's Bench Division, [1939] 63 Lloyd's Rep. 216 (216).

35 *Congar v. The Galena & Chicago Union Railroad Company*, Supreme Court of Wisconsin, 17 Wis. 477, 1.

36 *Congar v. The Galena & Chicago Union Railroad Company*, Supreme Court of Wisconsin, 17 Wis. 477, 1 (1).

37 Großkommentar-*Ratz*, § 346, Rdnr. 150; Liesecke, Int. Handelsklauseln, S. 30.

38 Elsaesser, S. 166; Heidelberger-Kommentar-*Ruß*, § 346, Rdnr. 15, Stichwort „frei"; MünchKomm-HGB-*Schmidt*, § 346, Rdnr. 85; Piltz, Neue Entwicklungen, S. 2061; Piltz, Vertragsgestaltung, Rdnr. 211; Röhricht/Graf v. Westphalen-*Wagner*, § 346, Rdnr. 91; Schlegelberger-*Hefermehl*, § 346, Rdnr. 72.

Diskutiert wird zudem, ob der Verkäufer bei Vereinbarung der Klausel „franko/frei... (benannter Bestimmungsort)" auch die während des Warentransports anfallenden Steuern, Zölle und anderen Abgaben tragen muss. Da die Parteien diesbezüglich jedoch oftmals durch die Beifügung der Klauselergänzung „verzollt und versteuert" bzw. „unversteuert und unverzollt" eine ausdrückliche Regelung treffen[39], wird diese Frage in der einschlägigen Rechtsprechung nur selten oder nur am Rande thematisiert. Das Studium der einschlägigen Literatur und Rechtsprechung zeigt zudem ein uneinheitliches Meinungsbild: Während Teile der Literatur Steuern, Zölle und andere Abgaben, die während des Warentransports anfallen, als Teil der Transportkosten ansehen und diese daher bei Vereinbarung der Klausel „franko/frei... (benannter Bestimmungsort)" dem Verkäufer auferlegen möchten[40], vertreten andere Teile der Literatur[41] und auch das LG Essen in einem Urteil aus dem Jahre 1999[42] die Auffassung, dass der Lieferklausel „franko/frei... (benannter Bestimmungsort)" keine Regelung hinsichtlich der Tragung der Steuern, Zölle und anderen Abgaben entnommen werden könne.
Vor diesem Hintergrund kann nicht davon ausgegangen werden, dass der Klausel „franko/frei... (benannter Bestimmungsort)" im internationalen Handelsverkehr eine feststehende Regelung hinsichtlich der Tragung der im Rahmen des Warentransports anfallenden Steuern, Zölle und anderen Abgaben entnommen werden kann.

2. „Frei Haus"

Einen Sonderfall der Klausel „franko/frei... (benannter Bestimmungsort)" stellt die Lieferklausel „frei Haus"[43] dar. Die nationale[44] und internationale[45] Recht-

---

39 Vgl. beispielsweise OLG Düsseldorf, TranspR 1982, 13 (13) („*franco, unverzollt, unversteuert*").

40 Bamberger/Roth-*Faust*, § 448, Rdnr. 6; RGRK-*Mezger*, § 448, Rdnr. 3 f..

41 Schlechtriem/Schwenzer-*Huber/Widmer*, Art. 31, Rdnr. 84; Sprengel, S. 51; Soergel-*Huber*, § 448, Rdnr. 20.

42 LG Essen, NJW-RR 2000, 503 (503).

43 „Free house" / „franco domicile".

44 BGH, Urteil v. 05.10.2005, unveröffentlicht; BGH, NJW 1997, 870 (871); OLG Düsseldorf, TranspR 2005, 209 (211); OLG Düsseldorf, Urteil v. 26.10.1999, unveröffentlicht; OLG Karlsruhe, Urteil v. 06.05.2003, unveröffentlicht; OLG Karlsruhe, NJW-RR 1993, 1316 (1317); OLG Karlsruhe, WRP 1979, 571 (572); OLG Koblenz, CISG-online Nr. 716; OLG Köln, IHR 2002, 66 (66); OLG Saarbrücken, NJW 2000, 670 (671).

45 Højesteret, CISG-online Nr. 601; Cour d'appel de Colmar, CISG-online Nr. 578; *Johann Plischke & Sohne, G.M.B.H. v. Allison Brothers, Ltd.*, King's Bench Division, [1936] 55 Lloyd's Rep. 262 (263); *Sbraci v. Beckman & Sons*, King's Bench Division, [1932] 42 Lloyd's Rep. 71 (71); Hoge Raad, Urteil v. 08.10.2004, www.rechts

sprechung sowie die einschlägige Literatur[46] entnehmen dieser Klausel übereinstimmend, dass der Verkäufer verpflichtet ist, die Transportkosten bis zur Niederlassung des Käufers zu tragen. Zudem hat der Verkäufer auf eigene Kosten für eine transportgerechte Verpackung der veräußerten Ware zu sorgen.[47] In der nationalen und internationalen Rechtsprechung und Literatur wird diskutiert, ob durch die Vereinbarung der Klausel „frei Haus" die Niederlassung des Käufers als Lieferort festgelegt wird.

In der deutschen Rechtsprechung entschied das OLG Karlsruhe in einem Urteil aus dem Jahre 2003[48], dass die Vereinbarung der Klausel „frei Haus" eine Bringschuld des Verkäufers begründet und dieser seine Lieferpflicht daher an der Niederlassung des Käufers zu erfüllen hat. Auch das OLG Düsseldorf ging in einer Entscheidung aus dem Jahre 1999[49] davon aus, dass mit der betreffenden Klausel eine Bringschuld vereinbart wird und der „Leistungs- bzw. Erfüllungsort beim Wohnsitz des Beklagten"[50] liegt. Zu diesem Ergebnis gelangte auch das OLG Köln in einem Urteil aus dem Jahre 1997[51] sowie das AG Duisburg in einer Entscheidung aus dem Jahre 2000[52].

Der französische Cour d'appel de Colmar entschied in einem Urteil des Jahres 2000[53] ebenfalls, dass sich der Lieferort bei Vereinbarung der Klausel „frei Haus" an der Niederlassung des Käufers befindet („*... le lieu de livraison ‚franco domicile' est Benfeld* [Niederlassung des Käufers]..."[54]).

---

praak.nl; Gerechtshof Amsterdam, Urteil v. 30.06.2003, www.rechtspraak.nl; OGH, Urteil v. 22.12.2004, www.ris.bka.gv.at/jus; OGH, ZfRV 2004, 156 (156); OGH, Urteil v. 16.12.2003, www.ris.bka.gv.at/jus; OGH, Urteil v. 23.01.2003, www.ris.bka.gv.at/jus; OGH, östJBl 1999, 333 (333); OGH, Urteil v. 05.08.1999, www.ris.bka.gv.at/jus; OGH, GRUR Int. 1991, 565 (566); Kantonsgericht Zug, IHR 2005, 119 (121).

46 Achilles, Art. 31, Rdnr. 16; Day, Int. Trade, S. 80; Fountoulakis, S. 123; Fremuth, S. 212; Großkommentar-*Ratz*, § 346, Rdnr. 149; Kolter, Handelsklauseln, S. 95; MünchKomm-HGB-*Schmidt*, § 346, Rdnr. 85; Piltz, Neue Entwicklungen 2000, S. 557; Röhricht/Graf v. Westphalen-*Wagner*, § 346, Rdnr. 91; Schlechtriem/Schwenzer-*Huber/Widmer*, Art. 31, Rdnr. 76; Schlegelberger-*Hefermehl*, § 346, Rdnr. 72; Staudinger-*Magnus*, Art. 31, Rdnr. 31; Wörlen/Metzler-Müller, Handelsrecht, Rdnr. 261.

47 LG Berlin, WRP 1977, 671 (673); Erman-*Grunewald*, § 448, Rdnr. 4 f.; Sprengel, S. 51; Wörlen/Metzler-Müller, Handelsklauseln, S. 36 f.

48 OLG Karlsruhe, Urteil v. 06.05.2003, unveröffentlicht.

49 OLG Düsseldorf, Urteil v. 26.10.1999, unveröffentlicht.

50 OLG Düsseldorf, Urteil v. 26.10.1999, unveröffentlicht.

51 OLG Köln, CISG-online Nr. 217.

52 AG Duisburg, CISG-online Nr. 659.

53 Cour d'appel de Colmar, CISG-online Nr. 578.

54 Cour d'appel de Colmar, CISG-online Nr. 578.

Auch in der englischen Rechtsprechung findet diese Auslegung Zustimmung, beispielsweise in der Entscheidung *Johann Plischke & Söhne GmbH v. Allison Brothers Ltd.* aus dem Jahre 1936[55], in der die King's Bench Division ausführte: „*... ,Free house London' ... indicates that the goods have to be delivered at the named place...*“[56].

Der österreichische Oberste Gerichtshof gelangte zuletzt in einer Entscheidung aus dem Jahre 2004[57] zu dem Ergebnis, dass bei Vereinbarung der Lieferklausel „frei Haus“ der „Lieferort die Niederlassung des Käufers sei“ und setzte damit seine ständige Rechtsprechung[58] fort.

Auch das Schweizer Kantonsgericht Zug schloss sich in einem Urteil aus dem Jahre 2003[59] dieser Auslegung der Klausel „frei Haus“ an („Mit der Klausel ‚frei Haus‘ wird ... die Lieferpflicht des Verkäufers grundsätzlich als Bringschuld vereinbart...“[60]).

Eine abweichende Auslegung ist, wie der deutsche Bundesgerichtshof in einer Entscheidung aus dem Jahre 1996[61] feststellte, nur ausnahmsweise dann möglich, wenn sich aus einem Vertrag ergibt, dass sich die Klausel „frei Haus“ ausschließlich auf die Preisstellung bezieht.[62]

Der dänische Højesteret gelangte jedoch in einer viel beachteten Entscheidung aus dem Jahre 2001[63] zu dem Ergebnis, dass die Klausel „frei Haus“[64] grundsätzlich keine über die Verteilung der Transportkosten hinausgehende Regelung ent-

---

55 *Johann Plischke & Sohne, G.M.B.H. v. Allison Brothers, Ltd.*, King's Bench Division, [1936] 55 Lloyd's Rep. 262.

56 *Johann Plischke & Sohne, G.M.B.H. v. Allison Brothers, Ltd.*, King's Bench Division, [1936] 55 Lloyd's Rep. 262 (263); in diesem Sinne auch *Sbraci v. Beckman & Sons*, King's Bench Division, [1932] 42 Lloyd's Rep. 71 (71): „*... ,Free house London' -- that is, delivered free at the defendants' warehouse in London...*“.

57 OGH, Urteil v. 22.12.2004, www.ris.bka.gv.at/jus.

58 OGH, Urteil v. 16.12.2003, www.ris.bka.gv.at/jus; OGH östJBl, 1999, 333 (333); OGH, CISG-online Nr. 409; OGH, Urteil v. 24.04.1997, www.ris.bka.gv.at/jus; OGH, Urteil v. 31.01.1995, www.ris.bka.gv.at/jus; OGH, Urteil v. 27.11.1980, www.ris.bka.gv.at/jus.

59 Kantonsgericht Zug, IHR 2005, 119.

60 Kantonsgericht Zug, IHR 2005, 119 (121).

61 BGH, NJW 1997, 870.

62 In diesem Sinne auch: OGH, Urteil v. 23.01.2003, www.ris.bka.gv.at/jus; OLG Saarbrücken, NJW 2000, 670 (671).

63 Højesteret, CISG-online Nr. 601.

64 In dem betreffenden Fall wies der italienische Vertragstext die Formulierung „*F.CO DOMIC. NON SDOG*“ als Abkürzung für „*franco domicili non sdoganato*“ aus. Dies wurde von Teilen der Literatur (vgl. u.a. Fogt, Franco-Klauseln, S. 69) und auch der Vorinstanz zu Unrecht mit der Klausel DDU der Incoterms 2000 gleichgesetzt. Die offizielle italienische Übersetzung der Klausel DDU lautet „Reso Non Sdoganato (... luogo di destinazione convenuto)“.

halte. Das dänische Gericht gründete seine Entscheidung jedoch fälschlicherweise auf die Auslegung der Klausel „franko/frei... (benannter Bestimmungsort)" und beachtete nicht, dass die Klausel „frei Haus" einen Sonderfall dieser Lieferklausel darstellt, der im internationalen Handelsverkehr ein eigenständiger Bedeutungsinhalt zugewiesen wird, wie die Auswertung der Rechtsprechung und Literatur zeigt.

Das Studium der einschlägigen Literatur zeigt zunächst, dass nicht immer klar zwischen den Klauseln „franko/frei... (benannter Bestimmungsort)" und „frei Haus" differenziert wird. Sofern die Lieferklausel „frei Haus" jedoch als eigenständige Handelsklausel behandelt wird, spricht sich die weit überwiegende Mehrzahl der Autoren dafür aus, dass mit Vereinbarung dieser Klausel eine Bringschuld des Verkäufers begründet wird und die Niederlassung des Käufers als Lieferort bestimmt wird.[65] Zu beachten ist jedoch, dass die Vereinbarung der Klausel „frei Haus" in der Regel nicht zugleich eine Erfüllungsortvereinbarung im Sinne des internationalen Prozessrechts darstellt.[66]

Die nationale und internationale Rechtssprechung entnimmt der Lieferklausel „frei Haus" zudem eine Regelung des Übergangs der Gefahr einer Beschädigung oder eines Untergangs der veräußerten Ware. Der deutsche Bundesgerichtshof stellte in einer Entscheidung aus dem Jahre 1991[67] fest, dass der Verkäufer „... bei Vereinbarung einer Lieferung „frei Haus" auch die Gefahr bis zur Ablieferung der Ware bei dem Käufer zu tragen..."[68] hat und bestätigte diese Auslegung in einem Urteil aus dem Jahre 1996[69]. Auch die Oberlandesgerichte[70] entnehmen

---

65 Achilles, Art. 31, Rdnr. 16; Fountoulakis, S. 123; Honsell-*Karollus*, Art. 31, Rdnr. 44; Piltz, Neue Entwicklung 2000, S. 557; Schlechtriem/Schwenzer-*Huber/Widmer*, Art. 31, Rdnr. 76.

66 BGH NJW, 1997, 870 (871); OLG Köln, IHR 2002, 66 (66); OLG Saarbrücken, NJW 2000, 670 (671); OGH, Urteil v. 22.12.2004, www.ris.bka.gv.at/jus; OGH ZfRV, 2004, 156 (156); OGH, Urteil v. 16.12.2003, www.ris.bka.gv.at/jus; OGH, Urteil v. 23.01.2003, www.ris.bka.gv.at/jus; OGH, östJBl 1999, 333 (333); Kantonsgericht Zug, IHR 2005, 119 (121); Fountoulakis, S. 123; Posch/Petz, Austrian Cases on CISG, S. 14; Schlechtriem/Schwenzer-*Huber/Widmer*, Art. 31, Rdnr. 92 ff.; Thiele, S. 51.

67 BGH, NJW 1991, 2638.

68 BGH, NJW 1991, 2638 (2639).

69 BGH, NJW 1997, 870.

70 OLG Düsseldorf, Urteil v. 26.10.1999, unveröffentlicht („... ‚frei Haus' ... wird mit zunehmender Tendenz nicht nur als Kostenregelung, sondern als Gefahrtragungsregel ausgelegt..."); OLG Karlsruhe, Urteil v. 06.05.2003, unveröffentlicht („... die Klausel ‚frei Haus' ... wird überwiegend und mit zunehmender Tendenz nicht nur als Kosten-, sondern auch als Gefahrtragungsklausel ausgelegt..."); OLG Karlsruhe, NJW-RR 1993, 1316 (1317) („... die Klausel ‚frei Haus' kann nicht nur als eine Kostenre-

der Klausel „frei Haus“ eine Regelung der Gefahrtragung. So stellte beispielsweise das OLG Hamburg in einer Entscheidung aus dem Jahre 2001[71] fest, dass „... bei Vereinbarung einer Lieferung ‚frei Haus‘ der Verkäufer die Gefahr bis zur Ablieferung der Ware bei dem Käufer zu tragen ...“[72] hat.
Auch der österreichische Oberste Gerichtshof kam in einem Urteil aus dem Jahre 2004[73] zu dem Ergebnis, dass es sich bei der Klausel „frei Haus“ um eine „... Vereinbarung über die Tragung der Transportkosten ... *und* der Gefahrtragung...“[74] handelt, ebenso wie das Schweizer Kantonsgericht Zug in einem Urteil aus dem Jahre 2003[75].

Das Studium der einschlägigen Literatur lässt ebenfalls mehrheitlich die Auffassung erkennen, dass bei Vereinbarung der Klausel „frei Haus“ der Verkäufer die Gefahr einer Beschädigung oder eines Untergangs der veräußerten Ware bis zum Erreichen der Niederlassung des Käufers tragen muss.[76]

In einem Urteil aus dem Jahre 1999[77] entnahm der österreichische Oberste Gerichtshof der Klausel „frei Haus“ zudem, dass der Verkäufer die für den Transport der veräußerten Ware zur Niederlassung des Käufers erforderlichen Aus-, Durch- und Einfuhrgenehmigungen zu besorgen hat. Diskutiert wird zudem die Frage, ob die Lieferklausel „frei Haus“ den Verkäufer dazu verpflichtet, die während des Warentransports anfallenden Steuern, Zölle und anderen Abgaben zu tragen. Eine unter diesem Gesichtspunkt vorgenommene Auswertung der einschlägigen Rechtsprechung und Literatur zeigt zunächst, dass die Parteien hinsichtlich dieser Frage mit zunehmender Tendenz eine ausdrückliche Regelung treffen, indem sie die Klauselzusätze „versteuert und verzollt“ bzw. „unversteuert

---

gelung angesehen werden, sondern sie stellt zusätzlich eine Gefahrtragungsregelung dar...“); OLG Saarbrücken, NJW 2000, 670 (671).

71 OLG Hamburg, MDR 2001, 1306.

72 OLG Hamburg, MDR 2001, 1306 (1306).

73 OGH, ZfRV 2004, 156.

74 OGH, ZfRV 2004, 156 (156); ebenso: OGH, CISG-online Nr. 409 („... betrifft eine Klausel wie ‚frei Haus Klagenfurt‘ regelmäßig die Frage ... der Gefahrtragung...“).

75 Kantonsgericht Zug, IHR 2005, 119 (121).

76 Achilles, Art. 31, Rdnr. 16; Day, Int. Trade, S. 80; Fountoulakis, S. 123; Großkommentar-*Koller*, Vorb. § 373 Rdnr. 226; Schlechtriem/Schwenzer-*Hager*, Art. 69, Rdnr. 6; Soergel-BGB-*Huber*, § 447 Rdnr. 84; Staudinger-BGB-*Köhler*, § 447 Rdnr. 46; Staudinger-*Magnus*, Art. 69, Rdnr. 18; a. A. Reithmann/Martiny-*Martiny*, Rdnr.776; Wörlen/Metzler-Müller, Handelsrecht, S. 36.

77 OGH, Urteil v. 05.08.1999, www.ris.bka.gv.at/jus.

und unverzollt" verwenden.[78] Die Frage, ob der Lieferklausel „frei Haus" selbst eine Regelung hinsichtlich der Tragung der anfallenden Abgaben entnommen werden kann, wird unterschiedlich beantwortet.
Der österreichische Oberste Gerichtshof gelangte in einer Entscheidung aus dem Jahre 1990[79] zu der Auffassung, der Klausel „frei Haus" sei zu entnehmen, dass der Verkäufer die Einfuhrabgaben zu tragen habe. Diese Rechtsprechung bestätigte der österreichische Oberste Gerichtshof in einem Urteil aus dem Jahre 1999[80] und führte aus, der Verkäufer habe bei Vereinbarung der Lieferklausel „frei Haus" die anfallende „Einfuhrumsatzsteuer und Verzollungsgebühren" zu tragen.
Das OLG Hamm gelangte in einem Urteil aus dem Jahre 1990[81] zu dem Ergebnis, der Lieferklausel „frei Haus" sei zu entnehmen, dass der Verkäufer alle im Rahmen des Warentransports anfallenden Steuern und Zölle tragen müsse. Der Bundesgerichtshof, dem das benannte Urteil des OLG Hamm als Revisionsinstanz vorlag, widersprach in seiner Entscheidung aus dem Jahre 1991[82] der vorgenommenen Auslegung der Lieferklausel „frei Haus" nicht, ließ die Frage jedoch letztlich mangels Entscheidungserheblichkeit offen[83].
In der Literatur finden sich ebenfalls Stimmen, die der Lieferklausel „frei Haus" entnehmen, dass der Verkäufer die anfallenden Steuern, Zölle und anderen Abgaben zu tragen habe.[84] Insbesondere in der handelsrechtlichen Kommentarliteratur wird hingegen die Auffassung vertreten, der Lieferklausel „frei Haus" könne eine solche Regelung nicht entnommen werden.[85]

Wenn auch die Auswertung der Literatur und Rechtsprechung insgesamt eine überwiegende Tendenz erkennen lässt, der Lieferklausel „frei Haus" zu entnehmen, dass der Verkäufer alle beim Warentransport anfallenden Steuern, Zölle

78 Vgl. beispielsweise: BGHZ 134, 201 (202) („Lieferung frei Haus unverzollt"); BFH, RIW 1999, 544 (545) („frei Haus incl. Zoll"); AG Gütersloh, TranspR 1982, 18 (18) („frei Haus, verzollt, unversteuert"); OGH, Urteil v. 28.01.1997, www.ris.bka.gv.at/jus („frei Haus, verzollt, unversteuert"); OGH, Urteil v. 16.11.1989, www.ris.bka.gv.at/jus („frei Haus, verzollt und versteuert"); OGH, Urteil v. 27.04.1989, www.ris.bka.gv.at/jus („frei Haus, verzollt").
79 OGH, GRUR Int. 1991, 565 (567).
80 OGH, Urteil v. 05.08.1999, www.ris.bka.gv.at/jus.
81 OLG Hamm, Urteil v. 22.02.1990, unveröffentlicht.
82 BGH, NJW 1991, 2638.
83 BGH, NJW 1991, 2638 (2639).
84 Erman-*Grunewald* § 448 Rdnr. 5 (einschränkend bei für den Verkäufer unerwarteten Einfuhrsteuern bzw. -zöllen); Sprengel, S. 70.
85 Baumbach/Hopt/Merkt-*Hopt*, § 346, Rdnr. 40, Stichwort „frei Haus"; Großkommentar-*Koller*, § 346, Rdnr. 207; Staudinger-*Beckmann*, § 448, Rdnr. 40.

und anderen Abgaben tragen muss, kann zur Zeit noch nicht von einem dahingehenden gesicherten und verfestigten Klauselverständnis im internationalen Handelsverkehr ausgegangen werden. Insbesondere die geringe Zahl von Gerichtsentscheidungen, verbunden mit der uneinheitlichen Behandlung dieser Frage in der Literatur, lässt einen solchen Schluss nicht zu.

3. „Circa"

Insbesondere bei der Lieferung von Massengütern ist es dem Verkäufer oftmals nur mit großem Aufwand möglich, eine exakte Menge zu liefern. Dies liegt zum einen an technisch bedingten Ungenauigkeiten der Abfüll- bzw. Verladeanlagen, zum anderen an nur schwer vorhersehbaren Gewichtsverlusten durch Umwelteinflüsse während des Warentransports. Aus diesem Grunde vereinbaren die Parteien in internationalen Kaufverträgen in Bezug auf die zu liefernde Warenmenge oftmals die Klausel „circa"[86] (beispielsweise „circa 10 Tonnen"). Die nationale und internationale Rechtsprechung[87] sowie die Literatur[88] gehen davon aus, dass durch die Klausel „circa" eine quantitative Abweichung von der geschuldeten Warenmenge als zulässig erklärt wird. Dabei erlaubt die Klausel „circa" sowohl eine Mehr- als auch eine Minderlieferung.[89]

---

86 „About" / „more or less".

87 OLG Düsseldorf, NJW-RR 1991, 679 (679); OLG Hamburg, VersR 1987, 1008 (1011); OLG München, NJW-RR 1994, 886 (887); OLG Nürnberg, NJW-RR 1995, 1437 (1437); Cour de Cassation, Urteil v. 31.01.1995, www.legifrance.gouv.fr; *Ronaasen & Son v. Arcos, Ltd.*, Court of Appeal, [1932] 43 Lloyd's Rep. 1 (4); *Louis Dreyfus & Cie. v. Parnaso Cia. Naviera S.A.*, Queen's Bench Division [1959] 1 Q.B. 498 (511); *Moralice (London), Ltd. v. E. D. & F. Man.*, Queen's Bench Division, [1954] 2 Lloyd's Rep. 526 (529); *N. V. Kunstmesthandel Voorheen L. Ten Cate and Another v. Diamond Fertiliser & Chemical Company, Ltd.*, King's Bench Division [1938] 61 Lloyd's Rep 59 (63); *Thornett & Fehr v. Yuillis Ltd.*, King's Bench Division, [1920] 5 Lloyd's Rep. 47 (48).

88 Baumbach/Hopt/Merkt-*Hopt*, § 346, Rdnr. 39, Stichwort „Circa"; Benfield/Hawkland, Sales, S. 205; Guest, Sale of Goods, Rdnr. 8–048; Liesecke, Int. Handelsklauseln, S. 31; Meyer, Klauseln, S. 49; MünchKomm-HGB-*Schmidt*, § 346, Rdnr. 75; Pfeiffer-*Schinkels*, § 5, Rdnr. 45, Stichwort „Circa"; Röhricht/Graf v. Westphalen-*Wagner*, § 346, Rdnr. 72; Schlegelberger-*Hefermehl*, § 346, Rdnr. 68; Thamm, Circa-Klausel, S. 418.

89 OLG München, NJW-RR 1994, 886 (887); OLG Düsseldorf, NJW-RR 1991, 679 (679); OLG Hamburg, VersR 1987, 1008 (1011); *Thornett & Fehr v. Yuillis Ltd.*, King's Bench Division, [1920] 5 Lloyd's Rep. 47 (48); Baumbach/Hopt/Merkt-*Hopt*, § 346, Rdnr. 39, Stichwort „Circa"; Liesecke, Int. Handelsklauseln, S. 31; Meyer, Klauseln, S. 49; MünchKomm-HGB-*Schmidt*, § 346, Rdnr. 75; Röhricht/Graf v. Westphalen-*Wagner*, § 346, Rdnr. 72; Schlegelberger-*Hefermehl*, § 346, Rdnr. 68.

In welchem Umfang Mengenabweichungen zu tolerieren sind, bestimmt sich nach den üblichen Gepflogenheiten der jeweiligen Branche bzw. billigem Ermessen.[90] In der Regel verpflichtet die Klausel „circa" zu einer Toleranz von Mengenabweichungen von bis zu 5%, teilweise sogar bis zu 10%.[91] In *Moralice (London), Ltd. v. E. D. & F. Man.*[92] stellte das Gericht jedoch fest, dass im internationalen Zuckerhandel bei Vereinbarung der Klausel „circa" Mengenabweichungen von lediglich 2% zulässig seien („*... the term "about" in this connection allows a margin of 2 per cent...*"[93]). Im Stahlhandel berechtigt die Vereinbarung einer Circa-Klausel den Verkäufer, nach einer Entscheidung des OLG Düsseldorf aus dem Jahre 1990[94], „bis zu 10 % nach oben oder unten von dem vereinbarten Vertragsquantum abzuweichen"[95]. Das OLG München stellte in einer Entscheidung aus dem Jahre 1994[96] fest, dass auch bei der Lieferung von Apfelsaftkonzentrat eine Circa-Klausel den Verkäufer berechtigte „10 % mehr oder 10 % weniger"[97] zu liefern.
Oftmals legen die Parteien selbst vertraglich eine Spanne für Mengenabweichungen fest, die dann maßgeblich ist. Verknüpfen die Parteien die Angabe einer solchen Spanne mit der Klausel „circa", ist wiederum eine Abweichung von in der Regel 5% von der Höchst- bzw. Mindestliefermenge zulässig.[98] Ist der Käufer

---

90 OLG Hamburg, VersR 1987, 1008 (1011); Baumbach/Hopt/Merkt-*Hopt*, § 346, Rdnr. 39, Stichwort „Circa"; Liesecke, Int. Handelsklauseln, S. 31; MünchKomm-HGB-*Schmidt*, § 346, Rdnr. 75; Röhricht/Graf v. Westphalen-*Wagner*, § 346, Rdnr. 72; Schlegelberger-*Hefermehl*, § 346, Rdnr. 68; Thamm, Circa-Klausel, S. 418.

91 OLG Hamburg, VersR 1987, 1008 (1011); OLG München, NJW-RR 1994, 886 (887); OLG Nürnberg, NJW-RR 1995, 1437 (1437); *Tancred, Arrol & Co. v. The Steel Company of Scotland, Limited*, House of Lords, [1890] L.R. 15 App.Cas. 125 (127); Baumbach/Hopt/Merkt-*Hopt*, § 346, Rdnr. 39, Stichwort „Circa"; Meyer, Klauseln, S. 49 ff.; MünchKomm-HGB-*Schmidt*, § 346, Rdnr. 75; Schlegelberger-*Hefermehl*, § 346, Rdnr. 68; Thamm, Circa-Klausel, S. 418 f.

92 *Moralice (London), Ltd. v. E. D. & F. Man.*, Queen's Bench Division, [1954] 2 Lloyd's Rep. 526.

93 *Moralice (London), Ltd. v. E. D. & F. Man.*, Queen's Bench Division, [1954] 2 Lloyd's Rep. 526 (529).

94 OLG Düsseldorf, NJW-RR 1991, 679.

95 OLG Düsseldorf, NJW-RR 1991, 679 (679).

96 OLG München, NJW-RR 1994, 886.

97 OLG München, NJW-RR 1994, 886 (887).

98 BGH, BB 1952, 903 (903); *Keighley, Maxsted & Co. v. Bryan, Durant & Co.*, Court of Appeal [1894] 70 L.T. 155 (157); *Shipton, Anderson & Co. v. Weil Brothers & Co.*, King's Bench Division [1912] 1 K.B. 574 (576 f.); einschränkend: *Payne & Routh v. William Lillico & Son (London)*, King's Bench Division [1920] 3 Lloyd's Rep 110 (111); Liesecke, Int. Handelsklauseln, S. 31; Pfeiffer-*Schinkels*, § 5, Rdnr. 45, Stichwort „Circa"; Schlegelberger-*Hefermehl*, § 346, Rdnr. 68; Thamm, Circa-Klausel, S. 419.

verpflichtet, die Mehr- bzw. Minderlieferung zu akzeptieren, erhöht sich bzw. mindert sich der Kaufpreis entsprechend.[99]

Die Wirkung der Klausel „circa" greift auch auf die Schadensersatzebene durch und ist nicht auf die Erfüllungsebene beschränkt.[100] Steht dem Käufer gegen den Verkäufer ein Schadensersatzanspruch wegen Nichtlieferung zu, muss daher die Klausel „circa" auch im Rahmen der Berechnung der Schadensersatzhöhe berücksichtigt werden.

4. „Telle quelle"

Die Lieferverpflichtung des Verkäufers besteht in internationalen Kaufverträgen zumeist in einer Gattungsschuld. Dies bedeutet, dass der Verkäufer verpflichtet ist, dem Käufer Ware aus einer bestimmten Gattung zu liefern. Zu einer Warengattung gehören dabei Waren unterschiedlichster Qualitätsstufen.
Vereinbaren die Parteien im internationalen Handelsverkehr die Klausel „telle quelle"[101] oder „tel quel", kann der Verkäufer, wie das Studium der Rechtsprechung[102] und Literatur[103] zeigt, mit Ware von der geringwertigsten Qualität der Gattung erfüllen. Jedoch muss es sich bei der gelieferten Ware noch um Handelsware und nicht um Ausschuss handeln.[104] Handelsware bedeutet in diesem

---

99 OLG Düsseldorf, NJW-RR 1991, 679 (679).

100 OLG München, NJW-RR 1994, 886 (887); *Toprak Mahsulleri Ofisi v. Finagrain Compagnie Commerciale Agricole et Financiere S.A.*, Court of Appeal, [1979] 2 Lloyd's Rep. 98 (110 ff.); *Thornett & Fehr v. Yuillis Ltd.*, King's Bench Division, [1920] 5 Lloyd's Rep. 47 (48); Baumbach/Hopt/Merkt-*Hopt*, § 346, Rdnr. 40, Stichwort „circa"; Meyer, Klauseln, S. 50; Pfeiffer-*Schinkels*, § 5, Rdnr. 45, Stichwort: „Circa"; Röhricht/Graf v. Westphalen-*Wagner*, § 346, Rdnr. 72; Schlegelberger-*Hefermehl*, § 346, Rdnr. 68.

101 „Tale quale" / „as is".

102 BGH, NJW 1954, 385 (385); *G. C. Dobell & Co., Ltd. v. Barber & Garratt*, Court of Appeal, [1930] 38 Lloyd's Rep. 115 (122); *Jones and Another v. Just*, Queen's Bench Division [1867–68] L.R. 3 Q.B. 197 (205); *Bill Spreen Toyota, Inc. v. Jenquin*, Court of Appeals of Georgia, 294 S.E.2d 533 (536).

103 Baumbach/Hopt/Merkt-*Hopt*, § 346, Rdnr. 40, Stichwort: „Tel quel"; Bellmer, Tel Quel, S. 8; Heidelberger-Kommentar-*Ruß*, § 346, Rdnr. 15, Stichwort: „tel quel"; Meyer, Handelsklauseln, S. 43 f.; MünchKomm-HGB-*Schmidt*, § 346, Rdnr. 102; Pfeiffer-*Schinkels*, § 5, Rdnr. 45, Stichwort „Tel quel"; Röhricht/Graf v. Westphalen-*Wagner*, § 346, Rdnr. 112; Schlegelberger-*Hefermehl*, § 346, Rdnr. 90.

104 Bellmer, Tel Quel, S. 9; Meyer, Handelsklauseln, S. 43; MünchKomm-HGB-*Schmidt*, § 346, Rdnr. 102; Pfeiffer-*Schinkels*, § 5, Rdnr. 45, Stichwort „Tel quel"; Röhricht/Graf v. Westphalen-*Wagner*, § 346, Rdnr. 112; Schlegelberger-*Hefermehl*, § 346, Rdnr. 90.

Sinne, wie das House of Lords 1968 in der Entscheidung *Hardwick Game Farm v. Suffolk Agricultural and Poultry Producers' Association, Ltd.*[105] sehr anschaulich darstellte, dass die gelieferten Güter unter der betreffenden Gattungsbezeichnung im Handelsverkehr veräußerbar sind („*Merchantable can only mean commercially saleable. If the description is a familiar one it may be that in practice only one quality of goods answers that description – then that quality and only that quality is merchantable quality. Or it may be that various qualities of goods are commonly sold under that description – then it is not disputed that the lowest quality commonly so sold is what is meant by merchantable quality: it is commercially saleable under that description.*“[106]).
Haben die Parteien jedoch im Vertrag ausdrücklich ausgewählte Eigenschaften der vom Verkäufer zu liefernden Ware benannt, entbindet die Vereinbarung der Klausel „telle quelle“ den Verkäufer nicht davon, dass die von ihm gelieferte Ware diese vertraglich vereinbarten Eigenschaften aufweisen muss.[107]

Die Handelsklausel „telle quelle“ hat ihren Ursprung im Überseehandel.[108] Der Verkäufer veräußert oftmals Ware, die er seinerseits von geographisch weit entfernten Lieferanten erwirbt. Dies hat zur Folge, dass der Verkäufer nicht immer die Möglichkeit hat, die Ware vor Abschluss des Kaufvertrages vor Ort zu untersuchen. Dies gilt insbesondere dann, wenn Lieferverträge über noch zu erzeugende Ware geschlossen werden, beispielsweise Rohkaffee aus einer kommenden Ernte. Im internationalen Rohstoffhandel wird zudem regelmäßig Ware veräußert, die sich zum Zeitpunkt des Vertragsschlusses bereits auf dem Transport befindet. Auch in diesen Fällen ist es, insbesondere aufgrund der Möglichkeit von Qualitätsverlusten während des Transports, nicht immer vorhersehbar, in welchem konkreten Zustand die Ware am Bestimmungsort eintreffen wird.

---

105 *Hardwick Game Farm v. Suffolk Agricultural and Poultry Producers' Association, Ltd., et. al.* House of Lords, [1968] 1 Lloyd's Rep. 547.

106 *Hardwick Game Farm v. Suffolk Agricultural and Poultry Producers' Association, Ltd., et. al.* House of Lords, [1968] 1 Lloyd's Rep. 547 (561).

107 *Hibernia Bank & Trust Co. v. J. Aron & Co., Inc.*, Supreme Court of New York, 233 N.Y.S. 486 (486); *Industrial Rayon Corporation v. Clifton Yarn Mills, Inc.*, Supreme Court of Pennsylvania, 310 Pa. 322 (327); Baumbach/Hopt/Merkt-*Hopt*, § 346, Rdnr. 40, Stichwort: „Tel quel“; Bellmer, Tel Quel, S. 11; Meyer, Handelsklauseln, S. 43; Pfeiffer-*Schinkels*, § 5, Rdnr. 45, Stichwort „Tel quel“; Röhricht/Graf v. Westphalen-*Wagner*, § 346, Rdnr. 112; MünchKomm-HGB-*Schmidt*, § 346, Rdnr. 102.

108 Zur Entstehungsgeschichte der Klausel vgl.: Bellmer, Tel Quel, S. 4 ff.; Meyer, Handelsklauseln, S. 43.

Durch die Vereinbarung der Handelsklausel „telle quelle" tragen die Parteien der Unsicherheit in Bezug auf die genaue Warenqualität Rechnung und ermöglichen es dem Verkäufer, die Ware so zu liefern, wie er sie seinerseits von seinem Lieferanten empfängt bzw. wie sie am Bestimmungsort eintrifft.[109]

Aus der Entstehungsgeschichte dieser Klausel und nach ihrem Sinn und Zweck ergibt sich, dass der Verkäufer durch die Vereinbarung dieser Handelsklausel nicht berechtigt ist, die Warenqualität bewusst zu verschlechtern, beispielsweise durch die Beimischung minderwertiger Ware[110], oder Fehler der Ware, von denen er bei Vertragsschluss Kenntnis hat, gegenüber dem Käufer bewusst zu verschweigen[111].

5. „Fix"

In immer größerem Umfang verzichtet der internationale Wirtschaftsverkehr bei der Warenproduktion auf eine umfangreiche Lagerhaltung. Stattdessen wird mit den jeweiligen Lieferanten vereinbart, dass die für die Warenherstellung benötigten Einzelteile ohne Zwischenlagerung direkt in die Produktion geliefert werden. Die Einhaltung des vereinbarten Liefertermins ist in einem solchen Just-in-Time-Verfahren für die Vertragsdurchführung von entscheidender Bedeutung, da eine Lieferverzögerung unmittelbar zu einem Produktionsstopp führt.
Auch im Rahmen anderer Vertragsarten kann die Einhaltung bestimmter Liefertermine von entscheidender Relevanz sein. Ob dies in einem konkreten Vertragsverhältnis der Fall ist, bestimmt sich nach den spezifischen Umständen.[112] Beispielsweise kann der Umstand, dass die veräußerte Ware starken Preisschwan-

---

109 *Samuel v. Sota*, Superior Court of Pennsylvania, 41 Pa.Super. 630 (630); Dt. Wirtschaftsdienst, tel quel, S. 13.
110 Bellmer, Tel Quel, S. 10; Meyer, Handelsklauseln, S. 43.
111 *The Juniata Valley Bank v. Martin Oil Company*, Superior Court of Pennsylvania, 736 A.2d 650 (660); Bellmer, Tel Quel, S. 12; Meyer, Handelsklauseln, S. 43 f.
112 BGH, NJW-RR 1989, 1373 (1373); BGH, ZIP 1982, 1444 (1445); *Stephens et al. v. Weyl-Zuckerman & Co.*, District Court of Appeal, California, 33 Cal. App. 566 (571); *Catholic Medical Center and another v. Exectutive Risk Indemnity, Inc.*, Supreme Court of New Hampshire, 151 N.H. 699 (703); *National Importing & Trading Company, Inc. v. E. A. Bear & Co.*, Supreme Court of Illinois, 155 N.E. 343 (346); *De Stefano v. Associated Fruit Co.*, Supreme Court of Illinois, 149 N.E. 284 (285); *Urban Archaeology Ltd., et al. v. Dencorp Investments Inc., et al.*, Supreme Court of New York, 783 N.Y.S.2d 330 (335); *Nelson v. Imperial Trading Co.*, Supreme Court of Washington, 69 Wash. 442 (445).

kungen unterliegt, ein Indiz dafür sein, dass die Parteien ein besonderes Interesse an einer pünktlichen Lieferung haben.[113]

Vereinbaren die Parteien betreffend der Lieferzeit die Klausel „fix“[114] in Verbindung mit einer exakten Terminangabe, bedeutet dies sowohl nach Auffassung der handelsrechtlichen Literatur[115] als auch nach Auffassung der nationalen[116] und internationalen[117] Rechtsprechung, dass die termingerechte Lieferung der veräußerten Ware ein wesentlicher Teil der vom Verkäufer geschuldeten Leistung ist, der Vertrag also mit Einhaltung der benannten Lieferzeit stehen und fallen soll. Die Klausel „fix“ in Verbindung mit einer konkreten Terminangabe begründet somit grundsätzlich das Vorliegen eines relativen Fixgeschäfts.

6. „Prompt“

Als weitere typische Leistungszeitklausel findet sich in internationalen Kaufverträgen die Klausel „prompt“[118]. Die handelsrechtliche Literatur[119] sowie die ein-

---

113 OLG Hamburg, MDR 1975, 845 (845); OLG Hamburg, RIW 1981, 262 (264); *Curtis & Freeman v. Parham*, Supreme Court of Montana, 49 Mont. 140, 511 (513); *Farris v. Ferguson et. al.*, Supreme Court of Tennessee, 242 S.W. 873 (874).

114 „Time is of the essence“.

115 Heymann-*Emmerich*, § 376, Rdnr. 7; Koller/Roth/Morck-*Roth*, § 376, Rdnr. 5; MünchKomm-HGB-*Grunewald*, § 376, Rdnr. 7; Röhricht/Graf v. Westphalen-*Wagner*, § 376, Rdnr. 5; Schlegelberger-*Hefermehl*, § 376, Rdnr. 5; v. Hoyningen-Huene, S. 12.

116 BGHZ 110, 88 (97); BGH, NJW-RR 1989, 1373 (1373); BGH, ZIP 1982, 1444 (1446); OLG Hamburg, MDR 1975, 845 (845); OLG München, DB 1975m 1789 (1789); KG, NJW 1960, 632 (632);

117 *F. J. Miceli and Slonim Development Corporation v. Mary W. Dierberg*, Missouri Court of Appeals, 773 S.W.2d 154 (156); *Richards et al. v. Combest et al.*, Court of Civil Appeals of Texas, 208 S.W.2d 392 (408); *Manganaro Corporation v. Hitt Contracting, Inc.*, United States District Court of Columbia, 193 F.Supp.2d 88 (99); *Stephens et al. v. Weyl-Zuckerman & Co.*, District Court of Appeal, California, 33 Cal. App. 566 (571); *Tara B. Owen v. Sidney Kessler*, Appeals Court of Massachusetts, 778 N.E.2d 953 (955); *The Cheston L. Eshelman Company v. Sidney M. Friedberg et al.*, Court of Appeals of Maryland, 133 A.2d 68 (73); *Urban Archaeology Ltd., et al. v. Dencorp Investments Inc., et al.*, Supreme Court of New York, 783 N.Y.S.2d 330 (335); *Williams et al. v. Shamrock Oil & Gas Co. et al.*, Commission of Appeals of Texas, 95 S.W.2d 1292 (1295).

118 „Prompt“.

119 Großkommentar-*Koller*, Vor § 373, Rdnr. 276; Großkommentar-*Ratz*, § 346, Rdnr. 147; Koller/Roth/Morck-*Roth*, § 376, Rdnr. 4; MünchKomm-HGB-*Grunewald*, § 376, Rdnr. 7; Schlegelberger-*Hefermehl*, § 346, Rdnr. 65.

schlägige Rechtsprechung[120] entnimmt der Klausel „prompt", dass dem Verkäufer eine angemessene, aber kurze Lieferfrist eingeräumt wird. Dabei muss der Verkäufer alle ihm zumutbaren Anstrengungen aufwenden, um möglichst schnell und ohne schuldhafte Verzögerungen im Rahmen des gewöhnlichen Geschäftsganges zu liefern.

Fraglich ist, welche konkrete Frist die Klausel „prompt" einräumt. Der Appellate Court of Illinois stellte in der Entscheidung *Acme-Evans Company v. Oscar L. Hunter and John Doe*[121] fest, die Klausel „prompt" räume im Getreidehandel eine Lieferfrist von nur wenigen Tagen ein („... *‚prompt delivery' means within a few days...*"[122]) und ging in der Entscheidung *Chicago Sugar Refining Company v. M. R. Armington*[123] davon aus, das Getreide sei innerhalb von 10 Tagen zu verschiffen („... *‚prompt shipment' means to ship within ten days...*"[124]). Auch der Springfield Court of Appeals kam in der Entscheidung *Moran Et Al. v. Thurman-Davis Grain Co.*[125] zu der Einschätzung, im Getreidehandel begründe die Klausel „prompt" eine 10-Tagesfrist („... *prompt shipment means 10 calendar days, excluding the day of sale.*"[126]).

Sehr viel großzügiger in Bezug auf die Länge der einzuhaltenden Lieferfrist bei Vereinbarung der Klausel „prompt" zeigte sich der District Court of Pennsylvania in der Entscheidung *Kreglinger & Fernau (New Zealand) Ltd. v. Charles J. Webb Sons Co., Inc.*[127] und entschied, dass in dem betreffenden Fall der Versand

120 *Kreglinger & Fernau (New Zealand) Ltd. v. Charles J. Webb Sons Co., Inc.*, United States District Court E.D. Pennsylvania, 162 F.Supp. 695 (698); Kelley-Clarke Co. v. Leslie Et Al, District Court of Appeal California, 61 Cal.App. 559 (565); *Salinas Valley Lumber Co. v. Magne-Silica Co.*, Supreme Court of California, 159 Cal. 182, (186); *Hartman Coal Co. v. WM. J. House Co.*, 222 N. Y. Supp. 584 (584); *Boston Lumber Co. v. Pendleton Bros., Inc.*, Supreme Court of Errors of Connecticut, 129 A. 782 (784); *Stallman v. Francis A. Cundill & Co.*, District Court, S.D. New York, 288 F. 644 (644).

121 *Acme-Evans Company v. Oscar L. Hunter and John Doe*, Appellate Court of Illinois, unveröffentlicht.

122 *Acme-Evans Company v. Oscar L. Hunter and John Doe*, Appellate Court of Illinois, unveröffentlicht.

123 *Chicago Sugar Refining Company v. M. R. Armington*, Appellate Court of Illinois, unveröffentlicht.

124 *Chicago Sugar Refining Company v. M. R. Armington*, Appellate Court of Illinois, unveröffentlicht.

125 *Moran Et Al. v. Thurman-Davis Grain Co.*, Springfield Court of Appeals, 226 S.W. 84.

126 *Moran Et Al. v. Thurman-Davis Grain Co.*, Springfield Court of Appeals, 226 S.W. 84 (87).

127 *Kreglinger & Fernau (New Zealand) Ltd. v. Charles J. Webb Sons Co., Inc.*, United States District Court E.D. Pennsylvania, 162 F.Supp. 695.

der veräußerten Schafswolle von Neuseeland in die USA innerhalb von 52 Tagen noch als prompte Lieferung anzusehen sei („... *the trade generally would have accepted ... 52 days as prompt shipment...*“[128]).
In der Holzhandelsbranche sah der Court of Appeal of Louisiana in der Entscheidung *Hughes Lumber Company v. Madisonville Saw & Planing Mill*[129] bei Vereinbarung der Klausel „prompt“ eine Frist von einer Woche als üblich an („... *according to the custom of trade, ‚prompt‘ means within a week...*“[130]). Hingegen findet sich in der Entscheidung der King's Bench Division *Jensen v. Hollis Bros. & Co., Ltd.*[131] die Einschätzung, im Holzhandel begründe die Klausel „prompt“ eine Lieferfrist von sechs Wochen („... *‚prompt‘ in the timber trade meant within six weeks...*“[132]). Eine derartig weite Auslegung der durch die Klausel „prompt“ bestimmten Lieferfrist nahm die King's Bench Division auch in *T. M. Duche & Sons v. Henry Milner & Co.*[133] vor und urteilte, dass der Versand von Walnüssen von Frankreich nach England mehr als sieben Wochen nach Vertragsschluss noch eine prompte Lieferung sei („... *shipment in this case would well satisfy the meaning of the word prompt...*“[134]).
Die dargestellten Fallbeispiele aus der Rechtsprechung zeigen, dass die konkrete Lieferfrist anhand der spezifischen Umstände des jeweiligen Einzelfalls zu bestimmen ist. Dabei sind neben den üblichen Gepflogenheiten der jeweiligen Branche insbesondere auch die Herstellungs- und Beschaffungsmöglichkeiten in Hinblick auf die veräußerte Warenart sowie die geographische Lage des Erfüllungsortes zu berücksichtigen. Da die Klausel „prompt“ jedenfalls keinen konkreten Liefertermin festlegt, sondern dem Verkäufer einen im Einzelnen zu ermittelnden zeitlichen Spielraum zugesteht, wird durch die Aufnahme der betreffen-

---

128 *Kreglinger & Fernau (New Zealand) Ltd. v. Charles J. Webb Sons Co., Inc.*, United States District Court E.D. Pennsylvania, 162 F.Supp. 695 (698).

129 *Hughes Lumber Company v. Madisonville Saw & Planing Mill*, Court of Appeal of Louisiana, unveröffentlicht.

130 *Hughes Lumber Company v. Madisonville Saw & Planing Mill*, Court of Appeal of Louisiana, unveröffentlicht.

131 *Jensen v. Hollis Bros. & Co., Ltd.*, King's Bench Division, [1936] 54 Lloyd's Rep 133.

132 *Jensen v. Hollis Bros. & Co., Ltd.*, King's Bench Division, [1936] 54 Lloyd's Rep 133 (135).

133 *T. M. Duche & Sons v. Henry Milner & Co.*, King's Bench Division, [1919] 1 Lloyd's Rep. 639.

134 *T. M. Duche & Sons v. Henry Milner & Co.*, King's Bench Division, [1919] 1 Lloyd's Rep. 639 (640).

den Leistungszeitklausel im Vertragstext grundsätzlich kein relatives Fixgeschäft begründet.[135]

II. Incoterms

1. Entstehungsgeschichte und Entwicklung

Die Internationale Handelskammer[136] veröffentlichte 1923 unter dem Titel „Trade Terms" eine erste vergleichende Darstellung der Auslegung von sechs ausgewählten Lieferklauseln in 13 Ländern. Darauf basierend erarbeitete die Internationale Handelskammer einheitliche Definitionen bestimmter Lieferklauseln, die 1935 auf der Konferenz der Internationalen Handelskammer in Berlin unter dem Titel „International Commercial Terms" vorgestellt und angenommen wurden.[137] Die Incoterms wurden bisher in den Jahren 1952, 1967, 1976, 1980, 1990 und 2000 überarbeitet und jeweils den veränderten rechtlichen und technischen Gegebenheiten des internationalen Warenverkehrs angepasst.[138]

2. Regelungsinhalt und systematischer Aufbau

Die Incoterms 2000[139] enthalten dreizehn Lieferklauseln. Entsprechend dem ersten Buchstaben der Klauselabkürzung lassen sich die Klauseln der Incoterms 2000 in 4 Gruppen einteilen; die E-Klausel, die F-Klauseln, die C-Klauseln und die D-Klauseln, die sich durch die unterschiedliche Verteilung der mit der Lieferung in Zusammenhang stehenden Verpflichtungen zwischen den beiden Vertragsparteien unterscheiden.

---

135 BGH, NJW 1980, 449 (449); *Salinas Valley Lumber Co. v. Magne-Silica Co.*, Supreme Court of California, 159 Cal. 182, (186); Baumbach/Hopt/Merkt-*Hopt*, § 376, Rdnr. 8; Großkommentar-*Koller*, Vor § 373, Rdnr. 276; Großkommentar-*Ratz*, § 346, Rdnr. 147; Koller/Roth/Morck-*Roth*, § 376, Rdnr. 4; Röhricht/Graf v. Westphalen-*Wagner*, § 376, Rdnr. 4.

136 Die Internationale Handelskammer (IHK) mit Sitz in Paris wurde 1919 gegründet. Als nichtstaatliche Organisation vertritt sie die Interessen ihrer Mitglieder aus der Privatwirtschaft auf internationaler Ebene und erarbeitet Richtlinien und Klauselwerke zur Vereinfachung und Vereinheitlichung international verbreiteter Handelspraktiken (www.iccwbo.org).

137 Ficker, Incoterms, S. 365; Renck, Incoterms, S. 8; Timmermann, Incoterms, S. 2.

138 Zu den Revisionen 1953–1990 vgl. Renck, Incoterms, S. 9 f.; zur Revision 2000 vgl. Lehr, Incoterms 2000, S. 548 f.

139 Im Folgenden wird stets auf die Incoterms 2000 in Form der ICC-Publikation Nr. 560 ED Bezug genommen.

Bei der E-Klausel (EXW) muss der Verkäufer dem Käufer die Ware lediglich am Ort der Verkäuferniederlassung zur Verfügung stellen. Bei den F-Klauseln (FCA, FAS, FOB) hingegen muss der Verkäufer die Ware an einen vom Käufer benannten Frachtführer übergeben. Die C-Klauseln (CFR, CIF, CPT, CIP) verpflichten den Verkäufer, die Beförderung der Waren auf seine Kosten zu besorgen, allerdings ohne ihm auch die Haftung für Verlust oder Beschädigung der Waren aufzuerlegen. Bei den D-Klauseln (DAF, DES, DEQ, DDU, DDP) schließlich muss der Verkäufer nicht nur die Beförderung besorgen, sondern auch alle Kosten und Gefahren bis zur Ankunft der Waren am Bestimmungsort tragen.

Bereits dieser kurze Überblick über die Klauselgruppen zeigt, dass der Umfang der Lieferpflicht des Verkäufers ausgehend von der Minimalklausel EXW über die F- und C-Klauseln bis zur Gruppe der D-Klauseln zunimmt und dementsprechend die Verpflichtungen des Käufers spiegelbildlich geringer werden.
Die sich aus einer Klausel der Incoterms ergebenden Pflichten der Vertragsparteien finden sich unter zehn stets gleich bleibenden Ordnungspunkten aufgelistet. Den Verpflichtungen des Verkäufers (bezeichnet mit A1–A10) sind die entsprechenden Verpflichtungen des Käufers (bezeichnet mit B1–B10) gegenübergestellt. Den beteiligten Personen ist es somit leicht möglich, die jeweiligen Verpflichtungen zu ersehen; Probleme mit der Auslegung einer Klausel entfallen aufgrund der verbindlichen Festlegung des jeweiligen Regelungsgehaltes.

Die Incoterms behandeln nicht sämtliche Aspekte eines Vertrages; sie regeln insbesondere, welche Vertragspartei die Beförderung der Ware zu besorgen hat, ab welchem Zeitpunkt ein Gefahrübergang eintritt und welche Vertragspartei etwaige behördliche Genehmigungen besorgen und die damit verbundenen Formalitäten erledigen muss.[140] Zu berücksichtigen ist, dass die Incoterms nur Regelungen für das Verhältnis zwischen Verkäufer und Käufer treffen; auf das Verhältnis zu Dritten, beispielsweise dem Transporteur, haben sie keine unmittelbare Auswirkung.[141]

3. Rechtsnatur und Geltungsgrund

Der Internationalen Handelskammer kommt als nichtstaatlicher Organisation keine autonome Rechtssetzungskompetenz zu, so dass die Incoterms nicht kraft Ge-

140 Basedow, Incoterms, S. 119 f.; Bredow, Incoterms 2000, S. 45; Eisemann, Incoterms, S. 26.

141 Lehr, Incoterms 2000, S. 550; Piltz, Incoterms 2000, S. 488; Schüssler, Incoterms, S. 1161.

setzes gelten.[142] Haben die Parteien eines internationalen Kaufvertrages im Vertragstext eine Lieferklausel vereinbart, welche auch im Klauselkatalog der Incoterms enthalten ist, stellt sich daher die Frage, unter welchen Voraussetzungen die Klauseldefinitionen der Incoterms für die Auslegung maßgeblich sind. Haben die Vertragsparteien im Vertrag ausdrücklich auf die Incoterms verwiesen, ist – wie zuvor bereits dargestellt – ein Rückgriff auf dieses Klauselwerk stets möglich. Es bleibt in diesem Fall nur zu klären, welche Version der Incoterms einschlägig ist. Findet sich auch diesbezüglich eine ausdrückliche Regelung im Vertrag, sei es durch Vereinbarung einer bestimmten Version, sei es durch Verweis auf die jeweils aktuelle Version, bestehen keine Probleme bei der Anwendung. Fehlt ein ausdrücklicher Hinweis, ist durch Auslegung zu klären, welche Version der Incoterms maßgeblich sein soll. In der Regel wird dies die zum Zeitpunkt des Vertragsschlusses geltende Fassung sein.[143]

Enthält der Vertrag hingegen keinen Verweis auf die Anwendbarkeit der Incoterms und kann auch nicht von einer stillschweigenden Geltungsvereinbarung ausgegangen werden, wird die Frage, ob die Incoterms dennoch für die Auslegung der vertraglichen Lieferklausel verbindlich sind, in Literatur und Rechtsprechung nicht einheitlich beantwortet.

a) Vorformulierte Vertragsklauseln

Überwiegend wird als Geltungsgrund der Incoterms eine Vereinbarung der Vertragsparteien gefordert und ein Rückgriff auf die Klauselauslegungen der Incoterms bei Fehlen einer solchen Willensäußerung der Parteien abgelehnt.[144] Diese

---

142 Lehr, Incoterms 2000, S. 550; Liesecke, Int. Handelsklauseln, S. 4; Schneider, Incoterms, S. 92.

143 Lehr, Incoterms 2000, S. 550; Großkommentar-*Koller*, § 346, Rdnr. 285; Witz/Salger/Lorenz-*Lorenz*, Art. 6, Rdnr. 19.

144 OLG Nürnberg, MDR 197, 492 (492); *P. & O. Trading Ltd. v. Scanoil AB (The Orient Prince)*, Queen's Bench Division, [1985] 1 Lloyd's Rep. 389, (391); Baumbach/Hopt/Merkt-*Hopt*, (6) Incoterms Einl., Rdnr. 7; Casel, International Trade, S. 127; Bredow, Incoterms 2000, S. 47; Bredow/Seiffert, Incoterms 2000, Einführung, Rdnr. 14; D'Arcy/Murray/Cleave, Int. Trade, S. 7 f.; Deckert, Int. Handelsverkehr, S. 295; Fogt, S. 67; Guest, Sale of Goods, Rdnr. 18–002; Graf v. Bernstorff, Vertragsgestaltung, S. 158; Großkommentar-*Koller*, § 346, Rdnr. 285; Lehr, Incoterms 2000, S. 550; Liesecke, Überseekauf, S. 174; MünchKomm-HGB-*Schmidt*, § 346, Rdnr. 113; Sassoon, Contracts, Rdnr. 22; Schlechtriem/Schwenzer-*Schmidt*-Kessel, Art. 9, Rdnr. 26; Schlegelberger-*Hefermehl*, § 346, Rdnr. 54; v. Houtten, Int. Trade, Rdnr. 4.59; Witz/Salger/Lorenz-*Witz*, Art. 6, Rdnr. 14; Wörlen/Metzler-Müller, Handelsklauseln, S. 47.

Meinung gründet sich auf die Auffassung, dass die Incoterms ihrer Rechtsnatur nach vorformulierte Vertragsklauseln seien, für deren Geltung ein übereinstimmender Wille der Vertragsparteien gerade konstitutiv sei.[145] Dieser Ansicht folgend wären die Klauselauslegungen der Incoterms grundsätzlich nur bei einer entsprechenden vertraglichen Vereinbarung anwendbar.

b) Geltung als Handelsbrauch

Nach anderer Auffassung ist stets auch dann auf die Incoterms zurückzugreifen, wenn keine Vereinbarung der Vertragsparteien über die Geltung dieses Klauselkatalogs vorliegt.[146] Als Begründung wird angeführt, dass die Regelungen der Incoterms als Kodifikation interpretierender Handelsbräuche zu qualifizieren seien.[147] Dieser Ansicht folgend wäre der Regelungsinhalt der Incoterms – vorbehaltlich eines ausdrücklichen Ausschlusses durch die Parteien – stets über Art. 9 Abs. 2 CISG zu beachten. Dies hätte zur Folge, dass im Rahmen der objektiven Auslegung einer Lieferklausel nach Art. 8 Abs. 2 CISG die Auslegungsregeln der Incoterms verbindlich wären.

c) Eigene Stellungnahme

Für eine Qualifikation der Incoterms als Kodifikation interpretierender Handelsbräuche spricht neben ihrer breiten Anerkennung im internationalen Handelsverkehr auch die ganz praktische Überlegung, dass durch einen grundsätzlichen Rückgriff auf diese Klauseldefinitionen sowohl die Auslegung entsprechender Lieferklauseln erheblich erleichtert als auch ein hohes Maß an Rechtssicherheit geschaffen würde. Diese offensichtlichen Vorteile dürfen indes nicht dazu führen, vorschnell die rechtlichen Voraussetzungen für eine Qualifikation der Incoterms als Kodifikation interpretierender Handelsbräuche zu bejahen.

---

145 Großkommentar-*Koller*, § 346, Rdnr. 285; Schlegelberger-*Hefermehl*, § 346, Rdnr. 54.

146 BGH, RIW 1975, 578 (578); Booysen, Law Merchant, S. 221 f.; Döser, Int. Wirtschaftsverträge, S. 250; Eisemann, Incoterms, S. 37; Eisemann, Wesen und Geltungsgrund, S. 54; Schinnerer, Int. Handel, S. 209 ff.

147 *BP International Ltd. and BP Exploration & Oil Inc. v. Empressa Estatal Petroleos de Ecuador, et al.*, U.S. Ct. App., CISG-online Nr. 730; *St. Paul Guardian Insurance Company et al. v. Neuromed Medical Systems & Support et al.*, US Dist. Ct. (S.D.N.Y), CISG-online Nr. 615; Eisemann, Incoterms, S. 37; Eisemann, Wesen und Geltungsgrund, S. 54; Enderlein/Maskow/Strohbach-*Maskow*, Art. 9, Bem. 11; Herber/Czerwenka, Art. 9, Rdnr. 16; Schinnerer, Int. Handel, S. 209 ff.

Wie bereits dargestellt, sind unter einem Handelsbrauch im Rahmen des CISG alle Regeln des geschäftlichen Verkehrs zu verstehen, die unter Zustimmung der am Handelsverkehr beteiligten Personen über einen gewissen Zeitraum tatsächlich geübt werden. Im Hinblick auf die Klauseldefinitionen der Incoterms ist jedoch festzustellen, dass diese zwar in den Kernbereichen viele Regelungen enthalten, die in der Praxis des internationalen Handelsverkehrs anerkannt und geübt werden, jedoch insbesondere in den Randbereichen Regelungen treffen, für die keine vergleichbar einheitliche Auffassung des internationalen Handelsverkehrs auszumachen ist. Eine generelle Qualifikation der Incoterms als Kodifikation interpretierender Handelsbräuche ist aus diesem Grunde abzulehnen. Für eine Anwendung der Incoterms ist daher eine Parteivereinbarung als Geltungsgrund Voraussetzung.
Dies bedeutet indes nicht, dass aufgrund fehlender Vereinbarung der Incoterms ein tatsächlich bestehender und in den Incoterms lediglich wiedergegebener Handelsbrauch unberücksichtigt bliebe; dieser ist schon nach Art. 8 Abs. 3 CISG i.V.m. Art. 9 CISG bei der Klauselauslegung zu beachten. Darüber hinaus können die Incoterms auch bei Fehlen einer Geltungsvereinbarung der Parteien im Rahmen der objektiven Auslegung einer Lieferklausel nach Art. 8 Abs. 2 CISG ein Indiz für ein übliches Klauselverständnis sein.[148]

4. Die Klauseln der Incoterms 2000

Wie zuvor bereits erläutert, lassen sich die Klauseln der Incoterms 2000 in vier Gruppen einteilen. Im Folgenden soll ein Überblick über die wesentlichen Regelungsinhalte der einzelnen Klauseln gegeben werden.

a) EXW – Ex Works (... named place)

Die Klausel EXW[149] beschränkt die Pflichten des Verkäufers hinsichtlich der Lieferung auf ein Minimum. Er muss die veräußerte Ware lediglich auf seinem eigenen Betriebs- bzw. Fabrikgelände dem Käufer zur Verfügung stellen, der dann für die Beförderung der Ware zum Bestimmungsort Sorge zu tragen hat. Dementsprechend trägt der Käufer auch die Kosten und Gefahren des Transports.

---

148 So auch: Casel, International Trade, S. 127; Hoffmann, Int. Handelsverkehr, S. 252; Sassoon, Contracts, Rdnr. 22.
149 Ab Werk (... benannter Ort).

b) Die F-Klauseln

aa) FCA – Free Carrier (… named place)

Bei Vereinbarung der Klausel FCA[150] erfüllt der Verkäufer seine Lieferpflicht durch Übergabe der zur Ausfuhr freigemachten Ware an den Frachtführer. Mit Aushändigung der Ware an den Frachtführer gehen die Kosten für den Transport und die Gefahr des Untergangs oder der Beschädigung der Ware auf den Käufer über.

bb) FAS – Free Alongside Ship (… named port of destination)

Die Klausel FAS[151] verpflichtet den Verkäufer die zur Ausfuhr freigemachte Ware im Verschiffungshafen an die Längsseite des Schiffs zu liefern. Mit dem Zeitpunkt der Ablieferung an diesem Ort gehen die Kosten für den Transport und die Gefahr des Untergangs oder der Beschädigung der Ware auf den Käufer über. Die Klausel „FAS" ist auf einen Transport mit einem See- oder Binnenschiff zugeschnitten und eignet sich daher nicht zur vertraglichen Ausgestaltung der Lieferpflicht bei einem Transport per LKW oder Bahn.

cc) FOB – Free On Board (… named port of shipment)

Bei Vereinbarung der Lieferklausel FOB[152] hat der Verkäufer zur Erfüllung seiner Lieferpflicht die zur Ausfuhr freigemachte Ware im Verschiffungshafen an Bord des Schiffes zu bringen. Die Kosten für den Transport und die Gefahr des Untergangs oder der Beschädigung der Ware gehen mit dem Überqueren der Schiffsreling auf den Käufer über. Die Klausel FOB eignet sich nur für See- und Binnenschiffstransporte.

c) Die C-Klauseln

aa) CFR – Cost and Freight (… named port of destination)

Vereinbaren die Vertragsparteien die Klausel CFR[153], bedeutet dies, dass der Verkäufer die zur Ausfuhr freigemachte Ware im Verschiffungshafen an Bord

150 Frei Frachtführer (… benannter Ort).
151 Frei Längsseite Seeschiff (… benannter Verschiffungshafen).
152 Frei an Bord (… benannter Verschiffungshafen).
153 Kosten und Fracht (… benannter Bestimmungshafen).

des Schiffes bringen muss, um seine Lieferpflicht zu erfüllen. Die Gefahr des Untergangs oder der Beschädigung der Ware geht mit dem Überqueren der Schiffsreling auf den Käufer über. Die Kosten der Beförderung der Ware bis zum Bestimmungshafen trägt jedoch der Verkäufer. Die Klausel CFR eignet sich nur für See- und Binnenschiffstransporte.

bb) CIF – Cost, Insurance and Freight (… named port of destination)

Die Klausel CIF[154] ist in der Praxis die meist verwandte Klausel bei Exportgeschäften.[155] Die Klausel verpflichtet den Verkäufer, die zur Ausfuhr freigemachte Ware im Verschiffungshafen bis an Bord des Schiffes zu liefern. Die Gefahr des Untergangs oder der Beschädigung der Ware geht mit dem Überqueren der Schiffsreling auf den Käufer über. Der Verkäufer hat jedoch auf seine Kosten eine Seetransportversicherung abzuschließen. Zudem trägt der Verkäufer die Kosten der Beförderung der Ware bis zum Bestimmungshafen. Die Klausel CIF eignet sich nur für See- und Binnenschiffstransporte.

cc) CPT – Carriage Paid To (… named place of destination)

Vereinbaren die Vertragsparteien die Klausel CPT[156], dann erfüllt der Verkäufer seine Lieferpflicht durch Übergabe der zur Ausfuhr freigemachten Ware an den Frachtführer. Mit Aushändigung der Ware an den Frachtführer geht die Gefahr des Untergangs oder der Beschädigung der Ware auf den Käufer über, jedoch trägt der Verkäufer die Kosten der Beförderung der Ware bis zum Bestimmungsort.

dd) CIP – Carriage and Insurance Paid To (… named place of destination)

Die Klausel CIP[157] verpflichtet den Verkäufer, seine Lieferpflicht durch Übergabe der zur Ausfuhr freigemachten Ware an den Frachtführer zu erfüllen. Die Gefahr des Untergangs oder der Beschädigung der Ware geht mit Aushändigung der Ware an den Frachtführer auf den Käufer über. Der Verkäufer hat jedoch die Kosten der Beförderung der Ware bis zum Bestimmungsort zu tragen und zudem eine Transportversicherung auf seine Kosten abzuschließen.

---

154 Kosten, Versicherung, Fracht (… benannter Bestimmungshafen).
155 Wörlen/Metzler-Müller, Handelsklauseln, S. 61.
156 Frachtfrei (… benannter Bestimmungshafen).
157 Frachtfrei versichert (… benannter Bestimmungshafen).

d) Die D-Klauseln

aa) DAF – Delivered At Frontier (... named place)

Bei Vereinbarung der Lieferklausel DAF[158] erfüllt der Verkäufer seine Lieferpflicht, wenn er dem Käufer die zur Ausfuhr freigemachte Ware an der vereinbarten Stelle des im Vertrag bezeichneten Grenzortes zur Verfügung stellt. Die Weiterbeförderung der Ware zum Bestimmungsort hat der Käufer zu besorgen. Dementsprechend trägt dieser auch die Kosten und Gefahren des Weitertransports. Die Klausel DAF ist auf eine Warenübergabe an einer Landesgrenze zugeschnitten und eignet sich daher nicht zur vertraglichen Ausgestaltung der Lieferpflicht, wenn der Lieferort ein Verschiffungshafen ist.

bb) DES – Delivered Ex Ship (...named port of destination)

Die Lieferklausel DES[159] bedeutet, dass der Verkäufer dem Käufer die Ware an Bord des Schiffes im vereinbarten Bestimmungshafen zur Verfügung stellen muss. Dementsprechend trägt der Verkäufer die Kosten und Gefahren des Transports bis zum Bestimmungshafen. Die Freimachung der Ware für die Einfuhr hat jedoch der Käufer zu besorgen. Die Klausel DES eignet sich nur für Transporte mittels See- oder Binnenschiff.

cc) DEQ – Delivered Ex Quay (... named port of destination)

Die Klausel DEQ[160] verpflichtet den Verkäufer, die veräußerte Ware am Kai des vereinbarten Bestimmungshafens dem Käufer zur Verfügung zu stellen. Der Verkäufer trägt daher die Kosten und Gefahren des Transports zum Bestimmungshafen. Der Käufer hat die gelieferte Ware für die Einfuhr freizumachen. Die Klausel DEQ eignet sich nur für Transporte mittels See- oder Binnenschiff.

dd) DDU – Delivered Duty Unpaid (... named place of destination)

Wird von den Vertragsparteien die Lieferklausel DDU[161] gewählt, ist der Verkäufer verpflichtet, dem Käufer die veräußerte Ware am vertraglich vereinbarten Bestimmungsort auf einem Beförderungsmittel zur Verfügung zu stellen. Die

158 Geliefert Grenze (... benannter Ort).
159 Geliefert ab Schiff (... benannter Bestimmungshafen).
160 Geliefert ab Kai (... benannter Bestimmungshafen).
161 Geliefert unverzollt (... benannter Bestimmungsort).

Weiterbeförderung der Ware zum Bestimmungsort hat der Käufer zu besorgen. Dementsprechend trägt dieser auch die Kosten und Gefahren des Weitertransports sowie die Verantwortung für eine etwaige Verzollung der Ware.

ee) DDP – Delivered Duty Paid (... named place of destination)

Die Lieferklausel DDP[162] erweitert die Lieferpflicht des Verkäufers auf ein Maximum. Der Verkäufer ist verpflichtet, dem Käufer die Ware am vertraglich vereinbarten Lieferort zur Verfügung zu stellen. Der Verkäufer hat die Freimachung der Ware zur Einfuhr zu besorgen, dies umfasst auch die Erledigung einer etwaigen Verzollung. Die Weiterbeförderung der Ware zum Bestimmungsort hat der Käufer zu besorgen. Dementsprechend trägt dieser auch die Kosten und Gefahren des Weitertransports.

C. Internationale Zahlungsklauseln

Bei den internationalen Zahlungsklauseln lässt sich differenzieren zwischen reinen Zahlungsklauseln und dokumentären Zahlungsklauseln. Während reine Zahlungsklauseln vom eigentlichen Warengeschäft losgelöst sind, knüpfen dokumentäre Zahlungsklauseln die Zahlung des Kaufpreises an die Vorlage bzw. Übergabe bestimmter Dokumente.[163]

I. Reine Zahlungsklauseln

1. „Vorkasse"

Vereinbaren die Vertragsparteien die Zahlungsklausel „Vorkasse"[164], muss der Verkäufer die Ware erst dann liefern, wenn der Käufer die Zahlung des Kaufpreises bewirkt hat.[165] Dementsprechend weist insbesondere die deutsche, aber auch

---

162 Geliefert verzollt (... benannter Bestimmungsort).

163 Graf v. Westphalen, Exportfinanzierung, S. 180 f.; Hellner/Schröter/Steuer/Weber-*Nielsen*, 5/50; Hinkelman, S. 14 f.

164 „Cash before delivery" / „cash with order".

165 D'Arcy/Murray/Cleave, Int. Trade, S. 146; Graf v. Bernstorff, Vertragsgestaltung, S. 165; Großkommentar-*Ratz*, § 346, Rdnr. 152; Häberle, Außenhandel, S. 643; Huber/Schäfer, S. 20; v. Houtte, Int. Trade, Rdnr. 9.36.

die britische handelsrechtliche Literatur[166] darauf hin, dass aufgrund der Vorleistungspflicht des Käufers für den Verkäufer kein Zahlungsrisiko besteht und für ihn daher eine Zahlung durch Vorkasse am günstigsten ist. Eine vollständige Vorauszahlung des Kaufpreises belastet jedoch einseitig den Käufer; aufgrund der Konkurrenz zu anderen Verkäufern im betreffenden Markt lässt sich die Zahlungsklausel „Vorkasse" daher bei den Vertragsverhandlungen in der Regel nicht durchsetzen. Häufiger findet sich die Vereinbarung einer teilweisen Vorkasse, d.h. einer Anzahlung.[167]

Diejenigen Zahlungsklauseln, welche so wie die hier untersuchte Klausel den Bestandteil „Kasse" enthalten, werden als so genannte Kassa-Klauseln bezeichnet.[168] Der Bundesgerichtshof gelangte in einer Entscheidung aus dem Jahre 1984[169] zu der richtigen Einschätzung, dass das Wort „Kasse" bzw. „cash" im internationalen Handelsverkehr die Bedeutung von Bargeld hat. Bei Vereinbarung einer Kassa-Klausel hat die Zahlung des Kaufpreises daher grundsätzlich in bar bzw. durch Überweisung oder mittels eines diesen Zahlungsformen gleichgestellten gedeckten Schecks zu erfolgen.[170]

Primäre Funktion des Barzahlungsversprechens ist es, dem Empfänger sofort eine Verfügungsmöglichkeit über den Kaufpreis zu ermöglichen. Aus diesem Grunde ist nach üblicher Auffassung des internationalen Handelsverkehrs den Kassa-Klauseln ein Ausschluss des Rechts zur Aufrechnung mit einer Gegenforderung sowie der Ausübung eines Zurückbehaltungsrechts zu entnehmen.[171]

---

166 Axmann, S. 5; Brüggemann, S. 26f.; Burger, S. 306; D'Arcy/Murray/Cleave, Int. Trade, S. 146; Graf v. Westphalen, Exportfinanzierung, S. 175; Großkommentar-*Ratz*, § 346, Rdnr. 152; Häberle, Außenhandel, S. 112; Hinkelman, S. 16; Hoeren/Florian, Rdnr. 12; Huber/Schäfer, S. 20; Ohling, S. 34.

167 Axmann, S. 5; Brüggemann, S. 27; Graf v. Bernstorff, Vertragsgestaltung, S. 166; Großkommentar-*Ratz*, § 346, Rdnr. 152; Häberle, Außenhandel, S. 643; Hellner/Schröter/Steuer/Weber-*Nielsen*, 5/51a; Huber/Schäfer, S. 22; Kemmer/Rädlinger, S. 26; Liesecke, Int. Handelsklauseln, S. 7; Ohling, S. 34.

168 Hellner/Schröter/Steuer/Weber-*Nielsen*, Rdnr. 5/52b.

169 BGH, NJW 1985, 550 (550).

170 BGH, NJW 1985, 550 (550); BGH, WM 1972, 1092 (1093); OLG Düsseldorf, NJW-RR 1996, 115 (116); *A/s Awilco v. Fulvia S.P.A. di Navigazione, (The „Chikuma")*, House of Lords, [1981] 1 Lloyd's Rep. 371 (375); Graf v. Westphalen, Exportfinanzierung, S. 184 f.; Guest, Sale of Goods, Rdnr. 9–026; Heidelberger-Kommentar-*Ruß*, § 346, Rdnr. 15, Stichwort „Kasse"; Hellner/Schröter/Steuer/Weber-Nielsen, 5/51b; Liesecke, Int. Handelsklauseln, S. 8; Lowe, Commercial Law, S. 498; MünchKomm-HGB-*Schmidt*, § 346, Rdnr. 92; Pottschmidt/Rohr, Rdnr. 145; Röhricht/Graf v. Westphalen-*Wagner*, § 346, Rdnr. 104; Schlegelberger-*Hefermehl*, § 346, Rdnr. 78.

171 BGHZ 94, 71 (76); BGHZ 23, 131 (135); BGHZ 14, 61 (62); BGH, NJW 1985, 550 (550); OLG Düsseldorf, NJW-RR 1996, 115 (116); LG Hamburg, MDR 1966, 57

2. „Netto Kasse“

Bei Vereinbarung der Klausel „netto Kasse“[172] muss der Käufer den Kaufpreis innerhalb einer kurzen Frist nach Erhalt der Ware und der Rechnung leisten.[173] Im internationalen Handelsverkehr besteht jedoch kein einheitliches Verständnis über die Länge der Zahlungsfrist, wie der englischen Court of Appeal 1925 in der Entscheidung *Laurie and Morewood v. Dudin & Sons Ltd.*[174] zu Recht herausstellte (*„Sometimes it [„net cash"] means payment on a particular day in the month when bills are generally rendered; sometimes it means what it says...“*[175]). Bei Fehlen einer diesbezüglichen Vereinbarung der Parteien sind daher die üblichen Gepflogenheiten der jeweiligen Branche maßgeblich. In der Regel ist eine Zahlung 10 – 14 Tage nach Lieferung der Ware und Vorlage der Rechnung zu leisten.[176]
Der Verkäufer tritt in Vorleistung und gibt die Ware aus der Hand, ohne im direkten Gegenzug den Kaufpreis oder eine andere Zahlungssicherheit zu erhalten. Die Sicherung durch Vereinbarung eines Eigentumsvorbehaltes ist in der Praxis des internationalen Warenverkehrs nur eingeschränkt möglich, denn die betreffenden nationalen sachenrechtlichen Vorschriften weisen starke Unterschiede hinsichtlich Zulässigkeit und Ausgestaltung eines Eigentumsvorbehaltes auf.[177]

---

(57); Baumbach/Hopt/Merkt-*Hopt*, § 346, Rdnr. 40, Stichwort „Kasse“; Graf v. Bernstorff, Vertragsgestaltung, S. 171; Graf v. Westphalen, Exportfinanzierung, S. 184 f.; Hellner/Schröter/Steuer/Weber-*Nielsen*, 5/51b; MünchKomm-HGB-*Schmidt*, § 346, Rdnr. 92; Pottschmidt/Rohr, Rdnr. 145; Röhricht/Graf v. Westphalen-*Wagner*, § 346, Rdnr. 65; Schlegelberger-*Hefermehl*, § 346, Rdnr. 78; Schmidt, Handelsrecht, S. 837; Sonnenberger/Dammann, Franz. HandelsR, S. 315; Wörlen/Metzler-Müller, Handelsklauseln, S. 76. Eine Ausnahme wird vereinzelt beim Bestehen einer rechtskräftig festgestellten bzw. unstreitigen Gegenforderung befürwortet, vgl. dazu Baumbach/Hopt/Merkt-*Hopt*, § 346, Rdnr. 40, Stichwort „Kasse“; Jung, S. 2950.

172 „Net cash“.

173 Graf v. Bernstorff, Vertragsgestaltung, S. 166; Graf v. Westphalen, Exportfinanzierung, S. 181; Großkommentar-*Ratz*, § 346, Rdnr. 154; Hellner/Schröter/Steuer/Weber-*Nielsen*, 5/51b; Liesecke, Int. Handelsklauseln, S. 8; Wörlen/Metzler-Müller, Handelsklauseln, S. 76.

174 *Laurie & Morewood v. Dudin & Sons*, Court of Appeal, [1925] 23 Lloyd's Rep. 177.

175 *Laurie & Morewood v. Dudin & Sons*, Court of Appeal, [1925] 23 Lloyd's Rep. 177 (180).

176 Großkommentar-*Ratz*, § 346, Rdnr. 154.

177 Zu dinglichen Sicherungsmitteln im internationalen Handelsverkehr vgl. Graf v. Bernstorff, Auslandsgeschäft, S. 67 ff; Häberle, Außenhandel, S. 293 ff.

Besondere Betonung findet in der englischen Entscheidung *Biddel Brothers v. E. Clemens Horst Company* des Court of Appeal[178] aus dem Jahre 1911 der Umstand, dass der Käufer aufgrund der Vorleistungspflicht des Verkäufers die Möglichkeit hat, die Ware vor Zahlung des Kaufpreises auf Mängel zu untersuchen („*... the buyer has a common law right ... to have inspected goods against payment, and this cannot be taken away from him without some contract expressed or implied, and here [„net cash"] I can find neither.*"[179]). Auch die deutsche handelsrechtliche Literatur weist hierauf in Abgrenzung zu anderen Zahlungsklauseln hin.[180]

Als Kassa-Klausel enthält auch die Zahlungsklausel „netto Kasse" eine Barzahlungsabrede, der ein Ausschluss des Rechts zur Aufrechnung mit einer Gegenforderung sowie der Ausübung eines Zurückbehaltungsrechts zu entnehmen ist.[181] Das Wort „netto" bringt nach einhelliger Auffassung in Rechtsprechung[182] und Literatur[183] zum Ausdruck, dass die Zahlung des Kaufpreises ohne Abzug eines Skontos[184] zu erfolgen hat.

---

178 *Biddel Brothers v. E. Clemens Horst Company*, Court of Appeal [1911] 1 KB 934.

179 *Biddel Brothers v. E. Clemens Horst Company*, Court of Appeal [1911] 1 KB 934 (951).

180 Vgl. insbes. Graf v. Westphalen, Exportfinanzierung, S. 181; Hellner/Schröter/Steuer/Weber-*Nielsen*; Rdnr. 5/51b; Liesecke, Int. Handelsklauseln, S. 8; Wörlen/Metzler-Müller, Handelsklauseln, S. 76.

181 BGHZ 94, 71 (76); BGHZ 23, 131 (135); BGHZ 14, 61 (62); OLG Bremen, NJW 1968, 1139 (1139); OLG Düsseldorf, NJW-RR 1996, 115 (116); OLG Hamburg, IHR 1999, 37 (39); Baumbach/Hopt/Merkt-*Hopt*, § 346, Rdnr. 40, Stichwort „Kasse"; Graf v. Bernstorff, Vertragsgestaltung, S. 171; Graf v. Westphalen, Exportfinanzierung, S. 184 f.; Hellner/Schröter/Steuer/Weber-*Nielsen*, 5/51b; MünchKomm-HGB-*Schmidt*, § 346, Rdnr. 92; Pottschmidt/Rohr, Rdnr. 145; Röhricht/Graf v. Westphalen-*Wagner*, § 346, Rdnr. 65; Schlegelberger-*Hefermehl*, § 346, Rdnr. 78; Schmidt, Handelsrecht, S. 837; Sonnenberger/Dammann, Franz. HandelsR, S. 315; Wörlen/Metzler-Müller, Handelsklauseln, S. 76.

182 BGH, BB 1972, 1117 (1117); OLG Hamburg, IHR 1999, 37 (39); *Biddel Brothers v. E. Clemens Horst Company*, Court of Appeal [1911] 1 KB 934 (940) („*... no credit and no deduction by way of discount or rebate or otherwise...*").

183 Baumbach/Hopt/Merkt-*Hopt*, § 346, Rdnr. 40, Stichwort „netto"; Großkommentar-*Ratz*, § 346, Rdnr. 154; Heidelberger-Kommentar-*Ruß*, § 346, Rdnr. 15, Stichwort „Netto"; Hellner/Schröter/Steuer/Weber-*Nielsen*, 5/51 Liesecke, Int. Handelsklauseln, S. 8; MünchKomm-HGB-*Schmidt*, § 346, Rdnr. 92; Pfeiffer-*Schinkels*, § 5, Rdnr. 45, Stichwort „netto Kasse""; Pottschmidt/Rohr, Rdnr. 145; Röhricht/Graf v. Westphalen-*Wagner*, § 346, Rdnr. 104; Schlegelberger-*Hefermehl*, § 346, Rdnr. 78; Schmidt, Handelsrecht, S. 838.

184 Einen Überblick über die verschiedenen Skontoabreden und Arten des Skontos geben: Mühlhaupt, DB 1963, 92 ff.; Beater, AcP 191 (1991), 346 ff.

3. „Kasse gegen Faktura"

Vereinbaren die Parteien die Klausel „Kasse gegen Faktura"[185], muss der Käufer bei Zugang der Faktura, d.h. der Rechnung, zahlen.[186] Insbesondere die deutsche handelsrechtliche Literatur[187] weist auf das Risiko hin, welches der Verkäufer eingeht, wenn er die Ware vor Zahlung versendet, denn er gibt den Kaufgegenstand aus seiner Verfügungsgewalt, ohne Sicherheit zu haben, dass der Käufer den Kaufpreis bei Erhalt der Rechnung tatsächlich zahlen wird.

Geht dem Käufer die Rechnung vor Eintreffen der Ware zu – etwa weil die Rechnung per Luftpost, die Ware jedoch mittels Schifftransport versandt wurde – stellt sich die Frage, ob er mit der Zahlung des Kaufpreises bis zur Ankunft der Ware warten darf. Graf v. Westphalen[188] bejaht dies, da er in der Klausel „Kasse gegen Faktura" einen Unterfall der Klausel „netto Kasse" sieht.

Hingegen stellte der Bundesgerichtshof in einer Entscheidung aus dem Jahre 1988[189] fest, dass der Käufer, sofern keine andere vertragliche Vereinbarung besteht, in Vorleistung treten muss („... die Beklagte [war] aufgrund der vereinbarten Klausel „netto Kasse gegen Rechnung" grundsätzlich vorleistungspflichtig, ... [konnte] also vor Zahlung des Kaufpreises weder die Übergabe der Ware noch deren Untersuchung verlangen..."[190]). Diese Auffassung steht im Einklang mit der weit überwiegenden Ansicht im internationalen Handelsverkehr.[191]

Auch die internationale Zahlungsklausel „Kasse gegen Faktura" ist eine Kassa-Klausel. Daher ist ihr eine Barzahlungsabrede zu entnehmen, welche einen Ausschluss des Rechts zur Aufrechnung mit einer Gegenforderung sowie der Ausübung eines Zurückbehaltungsrechts zur Folge hat.[192]

---

185 „Clean payment".

186 RGZ 69, 125 (126); Brüggemann, S. 29; Dauses, S. 2147; Großkommentar-*Ratz*, § 346, Rdnr. 157; Hinkelman, S. 20; Liesecke, Int. Handelsklauseln, S. 8; Röhricht/Graf v. Westphalen-*Wagner*, § 346, Rdnr. 97; Wörlen/Metzler-Müller, Handelsklauseln, S. 76.

187 Vgl. insbes.: Brüggemann, S. 30; Hinkelman, S. 20.

188 Graf v. Westphalen, Exportfinanzierung, S. 181.

189 BGH, NJW 1988, 2608.

190 BGH, NJW 1988, 2608 (2609).

191 RGZ 69, 125 (126); Brüggemann, S. 30; Dauses, S. 2147; Großkommentar-*Ratz*, § 346, Rdnr. 157; Hellner/Schröter/Steuer/Weber-*Nielsen*, 5/51c; Palandt-*Putzo*, § 433 Rdnr. 42; Röhricht/Graf v. Westphalen-*Wagner*, § 346, Rdnr. 97; Wörlen/Metzler-Müller, Handelsklauseln, S. 76.

192 BGHZ 23, 131 (135); RGZ 132, 305 (306); OLG Düsseldorf, DB 1973, 2294 (2294); Großkommentar-*Ratz*, § 346, Rdnr. 157; Graf v. Westphalen, Exportfinanzierung, S. 184 f.; Palandt-*Putzo*, § 433 Rdnr. 42.

4. „Lieferung gegen Nachnahme"

Bei Vereinbarung der Zahlungsklausel „Lieferung gegen Nachnahme"[193] ist der Käufer verpflichtet, den Kaufpreis vor Aushändigung der Ware an den Beförderer zu zahlen.[194] Der französische Cour de Cassation betonte in einer Entscheidung aus dem Jahre 2001, dass der Verkäufer den Beförderer ausdrücklich zur Einziehung des Kaufpreises ermächtigt haben muss („*... le mandat de livrer la marchandise contre remboursement est un mandat accessoire du contrat de commission de transport ou du contrat de transport, donné par le donneur d'ordre au commissionnaire ou au transporteur qui l'accepte, de faire livrer ou de livrer la marchandise concomitamment à une somme qui la grève...*"[195]). Dem stimmt auch die handelsrechtliche Literatur zu.[196]

Der Käufer tritt – wenn auch nur kurzzeitig – in Vorleistung.[197] Ein Recht zur Untersuchung der Ware vor Zahlung des Kaufpreises besteht für den Käufer dementsprechend nicht.[198] Der Bundesgerichtshof wies in einer Entscheidung aus dem Jahre 1984[199] zu Recht darauf hin, dass es sich bei der Zahlungsklausel „Lieferung gegen Nachnahme" um eine Sonderform der Kassa-Klauseln handelt. Deutlicher als in der deutschsprachigen Klausel zeigt sich dies in der entspre-

---

193 „Cash on delivery" / „pay on delivery".

194 BGH, WM 1988, 1134 (1135); Großkommentar-*Ratz*, § 346, Rdnr. 153; Häberle, Außenhandel, S. 645; Liesecke, Int. Handelsklauseln, S. 8; Wörlen/Metzler-Müller, Handelsklauseln, S. 77.

195 Cour de Cassation, Urteil v. 20.03.2001, www.legifrance.gouv.fr.

196 Häberle, Außenhandel, S. 645; Hellner/Schröter/Steuer/Weber-*Nielsen*, 5/51d; Liesecke, Int. Handelsklauseln, S. 8.

197 BGHZ 139, 190 (192); BGH, NJW 1985, 550 (550); Baumbach/Hopt/Merkt-*Hopt*, § 346, Rdnr. 40, Stichwort „Nachnahme"; Graf v. Bernstorff, Vertragsgestaltung, S. 166; Graf v. Westphalen, Exportfinanzierung, S. 181; Heidelberger-Kommentar-*Ruß*, § 346, Rdnr. 15, Stichwort „Nachnahme"; Hellner/Schröter/Steuer/Weber-*Nielsen*, 5/51d; Liesecke, Int. Handelsklauseln, S. 8; Pfeiffer-*Schinkels*, § 5, Rdnr. 45, Stichwort „Nachnahme"; Röhricht/Graf v. Westphalen-*Wagner*, § 346, Rdnr. 102.

198 BGH, NJW 1985, 550 (550); *Imperial Products Co., Inc. v. Capitol Chemical Co.*, Supreme Court of New York, 176 N.Y.S. 49 (50); Baumbach/Hopt/Merkt-*Hopt*, § 346, Rdnr. 40, Stichwort „Nachnahme"; Benfield/Hawkland, Sales, S. 665; Graf v. Bernstorff, Vertragsgestaltung, S. 166; Graf v. Westphalen, Exportfinanzierung, S. 181; Großkommentar-*Ratz*, § 346, Rdnr. 153; Heidelberger-Kommentar-*Ruß*, § 346, Rdnr. 15, Stichwort „Nachnahme"; Hellner/Schröter/Steuer/Weber-*Nielsen*, 5/51d; Pfeiffer-*Schinkels*, § 5, Rdnr. 45, Stichwort „Nachnahme"; Röhricht/Graf v. Westphalen-*Wagner*, § 346, Rdnr. 102; Wörlen/Metzler-Müller, Handelsklauseln, S. 77; Wörlen/Metzler-Müller, Handelsrecht, Rdnr. 269.

199 BGH, NJW 1985, 550 (550); vgl. zustimmend insbes. auch Jung, S. 2950.

chenden englischen Klausel „*cash on delivery*". Nach weit überwiegender Ansicht der Rechtsprechung[200] und Literatur[201] ist auch bei dieser Zahlungsklausel, wie bei den zuvor bereits dargestellten anderen Kassa-Klauseln, der Barzahlungsabrede ein Ausschluss des Rechts zur Aufrechnung mit einer Gegenforderung sowie der Ausübung eines Zurückbehaltungsrechts zu entnehmen. Nach Ansicht des Bundesgerichtshofs ergibt sich dies im Übrigen schon aus der durch die Klausel „Lieferung gegen Nachnahme" gewählten Form der Zahlungsabwicklung, da ein Inkasso stets auf den Einzug von Geldbeträgen gerichtet sei.[202]

Da die Beförderer den Nachnahmeversand nicht in alle Länder anbieten und zudem Höchstbeträge für das Inkasso festgelegt haben, eignet sich diese Zahlungsform in der Praxis nur beim Verkauf kleinerer Lieferungen, insbesondere im europäischen Binnenhandel.

II. Dokumentäre Zahlungsklauseln

Die so genannten dokumentären Zahlungsklauseln knüpfen die Zahlung des Kaufpreises an die Vorlage bzw. Übergabe bestimmter Dokumente, wodurch beide Parteien eine erhöhte Sicherheit für den Erhalt der gegenseitigen Leistungen erhalten. Die durch dokumentäre Zahlungsklauseln vereinbarten Zahlungsformen bedienen sich entweder eines Dokumenteninkassos oder eines Dokumentenakkreditivs.

1. „Kasse gegen Dokumente"

Vereinbaren die Vertragsparteien eines internationalen Kaufvertrages Zahlung „Kasse gegen Dokumente"[203], ist die Zahlung nach Auffassung der nationalen[204]

---

200 BGHZ 139, 190 (193); BGH, NJW 1985, 550 (550); BGH, NJW 1976, 852 (853).

201 Baumbach/Hopt/Merkt-*Hopt*, § 346, Rdnr. 40, Stichwort „Nachnahme"; GK-HGB-*Achilles/Schmidt*, § 346, Rdnr. 42; Graf v. Westphalen, Exportfinanzierung, S. 184 f.; Hellner/Schröter/Steuer/Weber-*Nielsen*, 5/51d; Heidelberger-Kommentar-*Ruß*, § 346, Rdnr. 15, Stichwort „Nachnahme"; Lebuhn, Cash on delivery, S. 19; Leistritz, Kleines Klausellexikon, S. 11; Liesecke, Int. Handelsklauseln, S. 8; Pfeiffer-*Schinkels*, § 5, Rdnr. 45, Stichwort „Nachnahme"; Reithmann/Martiny-*Martiny*, Rdnr. 772; Röhricht/Graf v. Westphalen-*Wagner*, § 346, Rdnr. 102; Wörlen/Metzler-Müller, Handelsklauseln, S. 77; a.A. – ohne Begründung – Großkommentar-*Koller*, Vor. § 373, Rdnr. 268.

202 BGH, NJW 1985, 550 (550).

203 „Cash against documents" / „documents against payment".

und internationalen[205] Rechtsprechung sowie der nationalen[206] und internationalen[207] Literatur durch ein Dokumenteninkasso abzuwickeln.[208]

Zu Unrecht ging der niederländische Gerechtshof 's-Hertogenbosch in einer Entscheidung aus dem Jahre 2005[209] daher von der Vereinbarung einer Zahlungsabwicklung mittels Dokumentenakkreditivs aus („*Ingeval aan een koopovereenkomst ... het beding ‚cash against documents' wordt verbonden – en dus sprake is van een onherroepelijk accreditief...*").

Im internationalen Handelsverkehr besteht, wie in der englischen Entscheidung *Eastern Kayam Carpets Ltd. v. Eastern United Fright Ltd.*[210] zu Recht besonders hervorgehoben wird, eine einheitliche Auffassung über die einzelnen Schritte einer Zahlungsabwicklung mittels Dokumenteninkassos („*... a well-known procedure which was adequately conveyed by the simple phrase ‚cash against documents'.*"[211]): Zunächst übergibt der Verkäufer die veräußerte Ware an einen Be-

---

204 BGHZ 135, 39 (46); BGHZ 55, 340 (342); BGHZ 41, 215 (221); BGH, NJW-RR 1995, 936 (936); BGH, NJW 1987, 2435 (2435); BGH, RIW 1975, 578 (578); OLG Frankfurt, NJW-RR 1990, 101 (101).

205 Cour de Cassation, Urteil v. 08.01.1985, www.legifrance.gouv.fr; *Eastern Kayam Carpets Ltd. v. Eastern United Fright Ltd.*, Urteil v. 06.12.1983, Queen's Bench Division, unveröffentlicht; *Hedges v. Phillips & Drew*, Industrial tribunal, London [1975] IRLR 15 (16 ff.); *Golodetz & Co. Inc. v. Czarnikow-Rionda Co. Inc., (The „Galatia")*, Queen's Bench Division, [1979] 2 Lloyd's Rep. 450 (454); *Ritu Minerals Industries Private and another v. Assicurazioni Generali SPA*, Queen's Bench Division, unveröffentlicht; *Denbigh, Cowan & Co. v. R. Atcherley & Co.*, Court of Appeal, [1921] 6 Lloyd's Rep. 383 (384); *Evergreen Marine Corporation v. Alsgate Warehouse (Wholesale) Ltd.*, Queen's Bench Division (Commercial Court), [2003] 2 Lloyd's Rep 597 (604).

206 Axmann, S. 6; Baumbach/Hopt/Merkt-*Hopt*, (7) BankGesch, Rdnr. M 5; Graf v. Bernstorff, Auslandsgeschäft, S. 162 f.; Graf v. Westphalen, Exportfinanzierung, S. 203; Hoeren/Florian, Rdnr. 153; Huber/Schäfer, S. 23; Kemmer/Rädlinger, S. 73 f.; Liesecke, Int. Handelsklauseln, S. 11; Quittnat, S. 101 f.

207 Day, Int. Trade, S. 78; DiMatteo, Int. Contracting, S. 72.

208 Finden die „Einheitlichen Richtlinien für Dokumenteninkassi" (ERI) der Internationalen Handelskammer Anwendung (ICC-Publikation Nr. 522), so richtet sich die Abwicklung des Dokumenteninkassos nach den darin niedergelegten Bestimmungen.

209 Gerechtshof 's-Hertogenbosch, Urteil v. 29.03.2005, www.rechtspraak.nl.

210 *Eastern Kayam Carpets Ltd. v. Eastern United Fright Ltd.*, Urteil v. 06.12.1983, Queen's Bench Division, unveröffentlicht.

211 In *Eastern Kayam Carpets Ltd. v. Eastern United Fright Ltd.* führt das Gericht zu den einzelnen Schritten eines Dokumenteninkassos des Weiteren aus: „*The documents would be prepared in London, including a bill of exchange, invoices and bills of lading. The goods would be handed to the transportation company with*

fördderer und erhält von diesem ein Transportdokument in Form eines Traditionspapiers[212], z.B. ein Konnossement.[213] Dieses reicht der Verkäufer zusammen mit einem Inkassoauftrag und gegebenenfalls weiteren Dokumenten (z.B. Ursprungszeugnisse oder Qualitätszertifikate) bei seiner Hausbank (Einreicherbank) ein, welche diese an die Hausbank des Käufers (Inkassobank) übermittelt.[214] Dort erhält der Käufer die Inkassodokumente Zug um Zug gegen Zahlung des Kaufpreises und kann anschließend die Ware beim Befördderer gegen Vorlage der Dokumente in Empfang nehmen.[215] Die Inkassobank leitet den Kaufpreis über die Einreicherbank an den Verkäufer weiter.[216]

Der Käufer tritt bei Vereinbarung der Zahlungsklausel „Kasse gegen Dokumente“ in Vorleistung, da er im Gegenzug für die Kaufpreiszahlung zunächst lediglich die Inkassodokumente und erst anschließend die Ware beim Befördderer erhält.[217] Dementsprechend hat der Käufer, wie der Bundesgerichtshof in Fort-

---

specific instructions that it was a cash against documents transaction and that therefore the original bill of lading should be returned to the plaintiffs. When the plaintiffs got the original bill of lading, they would send it together with the other documents to their bankers (Standard Chartered) who would in turn present them to the consignee's bank, who would in their turn only release the original bill of lading against payment by the buyer. The buyer would then be able to present that bill of lading to the transporter in order to secure release of the goods and should not deliver them except against that bill of lading.“.

212 Ein Traditionspapier repräsentiert die Warenlieferung und eine Empfangnahme der Ware am Bestimmungsort kann nur gegen Vorlage dieses Dokumentes erfolgen. Zu den verschiedenen im internationalen Handelsverkehr verwandten Dokumente und ihren rechtlichen Charakter vgl. Quittnat, S. 89 ff. m.w.N.

213 Graf v. Bernstorff, Auslandsgeschäft, S. 162; Hinkelman, S. 19; Qittnat, S. 102.

214 Graf v. Bernstorff, Auslandsgeschäft, S. 162 f.; Huber/Schäfer, S. 157; Quittnat, S. 102.

215 Graf v. Bernstorff, Auslandsgeschäft, S. 162 f.; Hinkelman, S. 19; Huber/Schäfer, S. 157; Hoeren/Florian, Rdnr. 16; Quittnat, S. 102.

216 Graf v. Bernstorff, Auslandsgeschäft, S. 162 f.; Graf v. Westphalen, Exportfinanzierung, S. 204; Hinkelman, S. 19; Quittnat, S. 102.

217 BGHZ 135, 39 (46); BGHZ 55, 340 (342); BGH, NJW 1987, 2435 (2436); BGH, RIW 1975, 578 (578); OLG Frankfurt, NJW-RR 1990, 101 (101); LG Nürnberg-Fürth, TranspR 1996, 290 (291); Baumbach/Hopt/Merkt-*Hopt*, § 346, Rdnr. 40, Stichwort „Kasse gegen Dokumente“; Day, Int. Trade, S. 78; Dobson/Schmitthoff, Business Law, S. 418; Graf v. Westphalen, Exportfinanzierung, S. 182 f.; Großkommentar-*Ratz*, § 346, Rdnr. 164; Guest, Sale of Goods, Rdnr. 19–067; Hiddemann, S. 1245; Hoeren/Florian, Rdnr. 16; Hooper, International Trade, S. 38; Huber/Schäfer, S. 23; Koller, „cash against documents“, S. 302; Liesecke, Int. Handelsklauseln, S. 11; MünchKomm-HGB-*Schmidt*, § 346, Rdnr. 93; Nielsen, Transportdokumente, S. 427; Pfeiffer-*Schinkels*, § 5, Rdnr. 45, Stichwort „Kasse gegen Dokumente“; Quittnat, S. 102; Reithmann/Martiny-*Martiny*, Rdnr. 772; Röhricht/

führung seiner ständigen Rechtsprechung[218] zuletzt in einer Entscheidung aus dem Jahre 1997[219] feststellte, auch kein Recht, die Ware vor Erfüllung seiner Zahlungsverpflichtung zu untersuchen. Dem stimmt auch die nationale und internationale Literatur zu.[220]

Als Kassa-Klausel enthält auch die Zahlungsklausel „Kasse gegen Dokumente" eine Barzahlungsabrede, der nach übereinstimmender Auffassung der Literatur[221] und Rechtsprechung[222] ein Ausschluss des Rechts zur Aufrechnung mit einer Gegenforderung sowie der Ausübung eines Zurückbehaltungsrechts zu entnehmen ist.

Bei Vereinbarung der Zahlungsklausel „Kasse gegen Dokumente" hat der Verkäufer zwar die Sicherheit, dass er die Verfügungsmacht über die Ware nicht verliert, bevor der Käufer seine Zahlungspflicht erfüllt hat. Die deutsche handels-

---

Graf v. Westphalen-*Wagner*, § 346, Rdnr. 94; Schlegelberger-*Hefermehl*, § 346, Rdnr. 79.

218 BGHZ 41, 215 (221); BGH, NJW 1987, 2435 (2436). Vgl. zustimmend auch: OLG Hamburg, MDR 1970, 335 (335); LG Nürnberg-Fürth, TranspR 1996, 290 (291).

219 BGHZ 135, 39 (46).

220 Zustimmend: Baumbach/Hopt/Merkt-*Hopt*, § 346, Rdnr. 40, Stichwort „Kasse gegen Dokumente"; Benfield/Hawkland, Sales, S. 665; Gillette/Walt, Sales Law, S. 208; Graf v. Westphalen, Exportfinanzierung, S. 182 f.; Grimm, S. 53; Großkommentar-*Ratz*, § 346, Rdnr. 164 f.; Guest, Sale of Goods, Rdnr. 19–068; Hellner/Schröter/Steuer/Weber-*Nielsen*, 5/50; Hoeren/Florian, Rdnr. 153; Huber/Schäfer, S. 23; Koller, „cash against documents", S. 302; Lebuhn, Zahlungsklausel, S. 88; Liesecke, Int. Handelsklauseln, S. 11 f.; Liesecke, Überseekauf, S. 181; MünchKomm-HGB-*Schmidt*, § 346, Rdnr. 93; Nielsen, Transportdokumente, S. 427; Paulusch, Rechtsprechungsreport 1991, S. 14; Quittnat, S. 103; Röhricht/Graf v. Westphalen-*Wagner*, § 346, Rdnr. 94.

221 Baumbach/Hopt/Merkt-*Hopt*, § 346, Rdnr. 40, Stichwort „Kasse gegen Dokumente"; Graf v. Westphalen, Exportfinanzierung, S. 184 f.; Großkommentar-*Ratz*, § 346, Rdnr. 164; Hellner/Schröter/Steuer/Weber-*Nielsen*, 5/50; Hiddemann, S. 1245; Hoeren/Florian, Rdnr. 153; Koller, „cash against documents", S. 302; Lebuhn, Zahlungsklausel, S. 88; Liesecke, Int. Handelsklauseln, S. 12; MünchKomm-HGB-*Schmidt*, § 346, Rdnr. 93; Pfeiffer-*Schinkels*, § 5, Rdnr. 45, Stichwort „Kasse gegen Dokumente"; Reithmann/Martiny-*Martiny*, Rdnr. 772; Röhricht/Graf v. Westphalen-*Wagner*, § 346, Rdnr. 94; Schlegelberger-*Hefermehl*, § 346, Rdnr. 78; v. Houtte, Int. Trade, Rdnr. 9.39; Wörlen/Metzler-Müller, Handelsklauseln, S. 78.

222 BGHZ 135, 39 (46); RGZ 132, 305 (306); BGH, NJW 1987, 2435 (2436); BGH, NJW 1985, 550 (550); BGH, ZIP 1984, 1497 (1498); BGH, WM 1976, 331 (332); OLG Dresden, IHR 2001, 18 (19); OLG Hamburg, MDR 1953, 240 (240); LG Nürnberg-Fürth, TranspR 1996, 291 (291).

rechtliche Literatur[223] weist jedoch zu Recht darauf hin, dass für den Verkäufer das Risiko besteht, dass der Käufer die angedienten Dokumente und damit die Warenlieferung nicht annimmt[224]. Der Verkäufer wird dann mit langwierigen rechtlichen Auseinandersetzungen oder einem mit erheblichen Kosten verbundenen Rücktransport belastet. Aus diesem Grunde wird die Zahlungsklausel „Kasse gegen Dokumente" in der Regel nur von Vertragspartnern verwandt, die in langjährigen geschäftlichen Verbindungen stehen.

2. „Dokumente gegen Akzept"

Die Zahlungsklausel „Dokumente gegen Akzept"[225] ähnelt der zuvor dargestellten Klausel „Kasse gegen Dokumente". Bei Vereinbarung der Klausel „Dokumente gegen Akzept" hat die Zahlungsabwicklung ebenfalls mittels Dokumenteninkassos zu erfolgen, die Aushändigung der Inkassodokumente durch die Inkassobank erfolgt jedoch, wie der Court of Appeal 1979 in der englischen Entscheidung *Korea Exchange Bank v. Debenhams (Central Buying) Ltd.*[226] in Übereinstimmung mit der nationalen und internationalen Literatur[227] feststellte, Zug um Zug gegen Hingabe eines Wechselakzepts („... *‚documents against acceptance' ... the phrase would be used in connection with a transaction for the sale of goods where the contract of sale involves transfer of title to the goods by delivery of documents and provides for payment by means of an accepted bill of exchange.*"[228]). Dazu reicht der Verkäufer zusammen mit den Inkassodokumenten und dem Inkassoauftrag einen gezogenen Wechsel[229] bei der Einreicherbank

223 Graf v. Bernstorff, Vertragsgestaltung, S. 169; Graf v. Westphalen, Exportfinanzierung, S. 206; Grimm, S. 53; Hoeren/Florian, Rdnr. 16; Piltz, Exportverträge, S. 901.

224 Eben diese Gefahr realisierte sich beispielsweise in *Evergreen Marine Corporation v. Alsgate Warehouse (Wholesale) Ltd.*, Queen's Bench Division (Commercial Court), [2003] 2 Lloyd's Rep 597 (604 ff.).

225 „Documents against acceptance".

226 *Korea Exchange Bank v. Debenhams (Central Buying) Ltd.*, Court of Appeal [1979] Lloyd's Rep 548.

227 Axmann, S. 5; Baumbach/Hopt/Merkt-*Hopt*, (7) BankGesch, Rdnr. M 5; Farnsworth, Commercial Paper, S. 385 f.; Großkommentar-*Ratz*, § 346, Rdnr. 162; Hoeren/Florian, Rdnr. 178; Huber/Schäfer, S. 24; Kemmer/Rädlinger, S. 73; Schmidt, Handelsrecht, S. 839; v. Houtte, Int. Trade, Rdnr. 9.39; Wörlen/Metzler-Müller, Handelsklauseln, S. 77.

228 *Korea Exchange Bank v. Debenhams (Central Buying) Ltd.*, Court of Appeal [1979] Lloyd's Rep 548 (550).

229 Ein gezogener Wechsel ist eine schriftliche Aufforderung des Ausstellers an den so genannten Bezogenen, den Wechselbetrag zu den im Wechsel niedergelegten Bedingungen an den Aussteller zu zahlen. Eine andere gebräuchliche Form des Wechsels ist der so genannte Eigen- oder Solawechsel, welcher ein Zahlungsversprechen

ein, welche diesen an die Inkassobank weiterleitet.[230] Sobald der Käufer eine schriftliche Annahmeerklärung bezüglich des ihm von der Inkassobank vorgelegten Wechsels abgegeben hat, das so genannte Akzept, händigt die Inkassobank die Transportdokumente aus.[231]
Der Verkäufer gewährt damit dem Käufer ein Zahlungsziel[232] auf gedeckter Basis, da der Kaufpreis nicht schon bei Erhalt der Inkassodokumente, sondern erst zu dem im Wechsel niedergelegten Termin zu leisten ist.[233] Im Gegenzug erlangt der Verkäufer eine Wechselforderung, die er bei Nichteinlösung des Wechsels ohne Rückgriff auf den zugrunde liegenden Kaufvertrag einklagen kann.[234]

Wie bei Vereinbarung der Zahlungsklausel „Kasse gegen Dokumente" tritt der Käufer in Vorleistung, da er im Gegenzug für die Erteilung eines Wechselakzepts zunächst lediglich die Inkassodokumente und die Ware erst anschließend beim Beförderer erhält; er hat daher kein Recht, die Ware vor Erteilung des Akzepts zu untersuchen.[235] Der Vorleistungspflicht des Käufers ist dabei ein Ausschluss des Rechts zur Aufrechnung mit einer Gegenforderung sowie der Ausübung eines Zurückbehaltungsrechts zu entnehmen.[236]
Für den Verkäufer besteht auch bei Vereinbarung dieser Zahlungsklausel das Risiko, dass der Käufer die Erteilung des Wechselakzepts verweigert und die angedienten Dokumente nicht aufnimmt. Darüber hinaus verliert der Verkäufer die Verfügungsgewalt über die Ware, erhält jedoch im Gegenzug nicht den Kaufpreis, sondern lediglich einen akzeptierten Wechsel, so dass er auf die zukünftige

---

des Ausstellers an den im Wechsel angegebenen Berechtigten darstellt. Vgl. zu den verschiedenen Wechselarten: Hinkelman, S. 50 ff.

230 Häberle, Außenhandel, S. 719 ff.; Hinkelman, S. 50.

231 BGH WM, 1960, 1321 (1321); Baumbach/Hopt/Merkt-*Hopt*, § 346, Rdnr. 40, Stichwort „Dokumente gegen Akzept"; Day, Int. Trade, S. 134; DiMatteo, Int. Contracting, S. 72; Häberle, Außenhandel, S. 719 ff.; Heidelberger-Kommentar-*Ruß*, § 346, Rdnr. 15, Stichwort „Dokumente gegen Akzept"; Hinkelman, S. 57; Kemmer/Rädlinger, S. 73; Ohling, S. 37; Röhricht/Graf v. Westphalen-*Wagner*, § 346, Rdnr. 74.

232 Unter einem Zahlungsziel versteht man eine Vereinbarung, nach der der Käufer erst nach einer bestimmten Zeit den Kaufpreis leisten muss, mithin die Einräumung eines zinslosen Kredits durch den Verkäufer.

233 Brüggemann, S. 28 f.; Day, Int. Trade, S. 134; Hoeren/Florian, Rdnr. 17; Liesecke, Int. Handelsklauseln, S. 17; Schmidt, Handelsrecht, S. 839.

234 Axmann, S. 6; Brüggemann, S. 29; Huber/Schäfer, S. 24.

235 Gillette/Walt, Sales Law, S. 208; Hellner/Schröter/Steuer/Weber-*Nielsen*, Rdnr. 5/52a; Nielsen, Transportdokumente, S. 427; Quittnat, S. 103.

236 Baumbach/Hopt/Merkt-*Hopt*, (7) BankGesch, Rdnr. M 5; Graf v. Westphalen, Exportfinanzierung, S. 218; Großkommentar-*Canaris*, Rdnr. 1100; Hellner/Schröter/Steuer/Weber-*Nielsen*, Rdnr. 5/52a; Hoeren/Florian, Rdnr. 153.

Zahlungsfähigkeit und Zahlungswilligkeit des Käufers vertrauen muss. Aus diesem Grunde setzt auch die Zahlungsklausel „Dokumente gegen Akzept" ein ausreichendes Vertrauen des Verkäufers in die Vertragstreue des Käufers voraus.

3. „Dokumente gegen Akkreditiv"

Wählen die Parteien eines internationalen Kaufvertrages die Zahlungsklausel „Dokumente gegen Akkreditiv"[237], ist die Zahlung nach einhelliger Auffassung in Literatur und Rechtsprechung mittels eines Dokumentenakkreditivs abzuwickeln.[238] Ein Dokumentenakkreditiv ist das im Auftrag des Käufers abgegebene Versprechen einer Bank, dem Verkäufer bei Erfüllung der Akkreditivbedingungen einen bestimmten Geldbetrag zu zahlen.[239] Der Käufer tritt dabei in Vorleistung, indem er seine Hausbank (eröffnende Bank) beauftragt, ein den Vereinbarungen der Parteien entsprechendes Akkreditiv zu stellen und dies dem Verkäufer anzuzeigen.[240] Der Verkäufer versendet daraufhin die Ware und reicht die Trans-

---

237 „Documents against letter of credit".

238 RGZ 103, 376 (378 ff.); *Soproma S.p.A. v. Marine & Animal BY-Products Corporation*, Queen's Bench Division (Commercial Court) [1966] 1 Lloyd's Rep 367 (385); Baumbach/Hopt/Merkt-*Hopt*, § 346, Rdnr. 40, Stichwort „Akkreditiv"; Haage, Abladegeschäft, S. 91; Heidelberger-Kommentar-*Ruß*, § 346, Rdnr. 15, Stichwort „Akkreditiv"; Hüffer, Handelskauf, S. 150; Liesecke, Dokumentenakkreditiv, S. 460; Liesecke, Int. Handelsklauseln, S. 21; MünchKomm-HGB-*Schmidt*, § 346, Rdnr. 65; Röhricht/Graf v. Westphalen-*Wagner*, § 346, Rdnr. 59

239 Cour de Cassation, Urteil v. 29.11.1994, www.legifrance.gouv.fr („... *d'ouverture de crédit documentaire constitue pour la banque émettrice un engagement ferme de payer le vendeur bénéficiaire, qu'autant que les documents soient remis et que les conditions du crédit soient respectées...*"); *United Bank Limited et al. v. Cambridge Sporting Goods Corp.*, Court of Appeals of New York, 392 N.Y.S.2d 265 (270) („*A letter of credit is a commitment on the part of the issuing bank that it will pay a draft presented to it* under *the terms of the credit, and if it is a documentary draft, upon presentation of the required documents of title...*"). Finden die „Einheitlichen Richtlinien und Gebräuche für Dokumentenakkreditive" (ERA) der Internationalen Handelskammer Anwendung (ICC-Publikation Nr. 400), so richtet sich die Abwicklung des Dokumentenakkreditivs nach den darin niedergelegten Bestimmungen, vgl. zu diesem Regelwerk Hoeren/Florian, Rdnr. 20 ff.; Stapel, S. 21 ff. jeweils m.w.N.

240 Dobson/Schmitthoff, Business Law, S. 419; Liesecke, Int. Handelsklauseln, S. 21; MünchKomm-HGB-*Schmidt*, § 346, Rdnr. 65; Pfeiffer-*Schinkels*, § 5, Rdnr. 45, Stichwort „Akkreditiv"; Röhricht/Graf v. Westphalen-*Wagner*, § 346, Rdnr. 59; Schlegelberger-*Hefermehl*, § 346, Rdnr. 62, Todd, International Trade Law, Rdnr. 8–009. Zu den verschiedenen Erscheinungsformen des Dokumentenakkreditivs vgl. Schütze, Rdnr. 46 ff. m.w.N.

portdokumente und gegebenenfalls weitere Dokumente bei der eröffnenden Bank ein, welche ihm im Gegenzug den Kaufpreis auszahlt.[241]
Zu beachten ist, dass eine Zahlung aus dem Akkreditiv nur erfolgen kann, wenn die eingereichten Dokumente exakt den Akkreditivbedingungen entsprechen. *„There is no room for documents which are almost the same, or which will do just as well"* führte das House of Lords 1927 diesbezüglich in der Entscheidung *Equitable Trust Company of New York v. Dawson Partners, Ltd.*[242] aus und gab damit die besonders strenge Haltung der anglo-amerikanischen[243], aber auch der französischen[244] Rechtsprechung wieder.

Die Zahlung aus dem Akkreditiv hat grundsätzlich durch Barzahlung oder mittels gleichgestellter Zahlungsmittel zu erfolgen.[245] Das Reichsgericht ging daher in einem Urteil aus dem Jahre 1922[246] davon aus, dass im Zweifel ein unwiderrufliches Akkreditiv zu stellen sei, da nur dieses einer Barzahlung entspreche. Der

---

241 Dobson/Schmitthoff, Business Law, S. 419. In der Praxis wird teilweise auch die Hausbank des Verkäufers – im Rahmen eines Dokumentenakkreditivs als „avisierende Bank" bezeichnet – eingeschaltet, die dann im Auftrag der eröffnenden Bank die Dokumente entgegennimmt, den Kaufpreis auszahlt und die eröffnende Bank anschließend mit diesem Betrag belastet, vgl. Graf v. Bernstorff, Auslandsgeschäft, S. 161 f.; Wörlen/Metzler-Müller, Handelsklauseln, S. 81.

242 *Equitable Trust Company of New York v. Dawson Partners, Ltd.*, House of Lords, [1927] 27 Lloyd's Rep. 49 (52).

243 *J. H. Rayner & Co., Ltd., and the Oilseeds Trading Company Ltd. v. Hambros Bank, Ltd.*, Court of Appeal, [1942] 74 Lloyd's Rep. 10 (13 ff.) (Verwendung der Abkürzung „C.R.S" statt des im Akkreditiv verwendeten Begriffs „Coromandels"); *Courtaulds North America, Inc. v. North Carolina National Bank*, U.S. Court of Appeals, 528 F.2d 802 (806) (Lieferschein wies ‚Imported Acrylic Yarn' anstelle von ‚100% acrylic yarn' aus); *Dessaleng Beyene and Jean M. Hanson v. Irving Trust Company*, United States Court of Appeals, 762 F.2d 4 (6) (Tippfehler im Namen des Begünstigten).

244 Cour de Cassation, Urteil v. 07.01.2004, www.legifrance.gouv.fr; Cour d'appel Parise Cassation, Urteil v. 06.02.2002, www.legifrance.gouv.fr („... *le formalisme du crédit documentaire autorise le banquier ... à refuser d'honorer son engagement dès lors que les documents présentés au soutien de la demande de paiement ne sont pas strictement conformes aux spécifications de lettre de crédit.*"); Cour de Cassation, Urteil v. 05.12.2000, www.legifrance.gouv.fr („... *simples divergences mineures et purement formelles ... affectaient la régularité du document présenté.*"); Cour de Cassation, Urteil v. 09.04.1996, www.legifrance.gouv.fr („... *le formalisme du crédit documentaire et la nécessité d'interpréter strictement ses termes...*"); Cour de Cassation, Urteil v. 18.06.1991, www.legifrance.gouv.fr; Cour de Cassation, Urteil v. 20.11.1990, www.legifrance.gouv.fr.

245 BGHZ 60, 262 (264); Liesecke, Int. Handelsklauseln, S. 21; Liesecke, Theorie und Praxis, S. 259.

246 RGZ 103, 376 (381).

Barzahlungsverpflichtung ist nach einhelliger Auffassung in der nationalen[247] und internationalen[248] Rechtsprechung sowie in der nationalen[249] und internationalen[250] Literatur ein Ausschluss des Rechts zur Aufrechnung mit einer Gegenforderung sowie der Ausübung eines Zurückbehaltungsrechts zu entnehmen. Da der Käufer die Transportdokumente, die ihn zur Empfangnahme der Warenlieferung berechtigen, erst nach Auszahlung des Akkreditivs erhält, hat er keine Möglichkeit zur vorherigen Untersuchung der Ware.[251]
Durch die Abwicklung der Zahlung mittels Dokumentenakkreditivs hat der Verkäufer die Sicherheit, dass er unabhängig von der Zahlungsfähigkeit des Käufers den Kaufpreis erhält.[252] Zudem besteht für ihn nicht mehr das Risiko, dass der Käufer die angedienten Dokumente nicht aufnimmt und dadurch zusätzliche Kosten für den Rücktransport entstehen.

D. Internationale Befreiungsklausel „Höhere Gewalt vorbehalten"

Eine in internationalen Kaufverträgen besonders häufig vereinbarte Befreiungsklausel ist die Klausel „höhere Gewalt vorbehalten"[253]. Die handelsrechtliche Li-

---

247 BGHZ 101, 85 (94 f.); BGHZ 60, 262 (264); BGHZ 28, 129 (131); BGH, RIW 1988, 814 (815); OLG Düsseldorf, DB 1973, 2294 (2294).

248 *Power Curber International Ltd. v. National Bank of Kuwait S.A.K.*, Court of Appeal, [1981] 2 Lloyd's Rep. 394 (397); *Toprak Mahsulleri Ofisi v. Finagrain Compagnie Commerciale Agricole et Financiere S.A.*, Court of Appeal, [1979] 2 Lloyd's Rep. 98 (114); *Edward Owen Engineering Ltd. v. Barclays Bank International Ltd.*, Court of Appeal, [1978] 1 Lloyd's Rep. 166 (170); *Hamzeh Malas & Sons v. British Imex Industries Ltd.*, Court of Appeal, [1958] 2 Lloyd's Rep. 549 (550).

249 Eberth, Dokumentenakkreditiv, S. 523 f.; Liesecke, Int. Handelsklauseln, S. 21; Liesecke, Theorie und Praxis, S. 267; v. Tesmar, S. 16.

250 Vgl. D'Arcy/Murray/Cleave, Int. Trade, S. 170 f. m.w.N.

251 Gillette/Walt, Sales Law, S. 208; Liesecke, Int. Handelsklauseln, S. 21; Liesecke, Theorie und Praxis, S. 267.

252 Vgl. insoweit die Ausführungen von Lord Diplock in *United City Merchants (Investments) Ltd. and Glass Fibres and Equipments Ltd. v. Royal Bank of Canada, Vitrorefuerzos S.A. and Banco Continental S.A.*, House of Lords [1982] 2 Lloyd's Rep. 1 (6): *„The whole commercial purpose for which the system of confirmed irrevocable documentary credits has been developed in international trade is to give to the seller an assured right to be paid before he parts with control of the goods that does not permit of any dispute with the buyer as to the performance of the contract of sale being used as a ground for non-payment or reduction or deferment of payment."*

253 „Subject to force-majeure".

teratur[254] sowie die nationale und internationale Rechtsprechung[255] entnimmt dieser Klausel, dass der Verkäufer bei Eintritt eines unvorhersehbaren Ereignisses, welches die vertraggemäße Erfüllung des Vertrages verhindert, von seiner Leistungspflicht und insbesondere auch von einer etwaigen Schadensersatzpflicht befreit ist.

Der Begriff „höhere Gewalt" umfasst dabei jedoch nur solche Ereignisse, die auch durch äußerste Sorgfalt nicht hätten verhindert werden können.[256] Voraussetzung ist daher insbesondere, dass der Verkäufer den Eintritt des Hinderungsgrundes nicht zu vertreten hat.[257] Als Fälle höherer Gewalt werden insbesondere

---

254 Böckstiegel, S. 1; Bund, Force Majeure, S. 399; D'Arcy/Murray/Cleave, Int. Trade, S. 121; Dasser, S. 86; DiMatteo, Int. Contracting, S. 54 f.; Gesang, Force Majeure, S. 74 f.; Guest, Sale of Goods, Rdnr. 8–083 ff.; Liesecke, Int. Handelsklauseln, S. 46; Nolting, Force Majeure, S. 511 f.; Pfeiffer-*Schinkels*, § 5, Rdnr. 45, Stichwort „Force-majeure".

255 LG Nürnberg-Fürth, BB 1973, 818 (818); *B.P. Exploration Co. (Libya) Ltd. v. Hunt*, Queen's Bench Division, [1976] 1 Lloyd's Rep. 471 (474); *Baltimex Baltic Import & Export Company, Ltd. v. Metallo Chemical Refining Company, Ltd.*, Queen's Bench Division, [1955] 2 Lloyd's Rep. 438 (446); *Lebeaupin v. Richard Crispin and Company*, King's Bench Division, [1920] 2 K.B. 714 (719); *Matsoukis v. Priestman & Co.*, King's Bench Division, [1915] 1 K.B. 681 (686 f.); *Navrom v. Callitsis Ship Management S.A.*, Court of Appeal, [1988] 2 Lloyd's Rep. 416 (420); *Zinc Corporation, Limited v. Hirsch and others*, Court of Appeal, [1916] 1 K.B. 541 (546); *Thomas Borthwick (Glasgow), Ltd. v. Faure Fairclough, Ltd.*, Queen's Bench Division, [1968] 1 Lloyd's Rep. 16 (21); *Beahm, et al v. Groike, et al*, United States District Court, E.D. Louisiana, 1999 WL 13939, 1 (2); *Charles Saden, et al. v. Michael E. Kirby, et al.*, Supreme Court of Louisiana, 660 So.2d 423 (428); *Phibro Energy, Inc. v. Empresa De Polimeros De Sines Sarl*, United States District Court, S.D. New York, 720 F.Supp. 312 (318); *Steel Industries, Inc. v. Interlink Metals And Chemicals, Inc., et al.*, United States District Court, E.D. Michigan, 969 F.Supp. 1046 (1052); *Viterbo v. Friedlander and another*, Supreme Court of the United States, 120 U.S. 707 (727).

256 BGH, NJW 1997, 3164 (3164); BGH, NJW 1994, 2752 (2753); BGH, NJW 1982, 96 (97); BGH, NJW 1973, 698 (699); LG Karlsruhe, NJW-RR 1993, 311 (312); Baumbach/Hopt/Merkt-*Hopt*, § 346, Stichwort: „force-majeur"; DiMatteo, Int. Contracting, S. 54 f.; Döser, Vertragsgestaltung, Rdnr. 100; Ebenroth/Bader, S. 355; Guest, Sale of Goods, Rdnr. 8–091; MünchKomm-HGB-*Schmidt*, § 346, Rdnr. 84; Pfeiffer-*Schinkels*, § 5, Rdnr. 45, Stichwort „Force-majeure"; Röhricht/Graf v. Westphalen-*Wagner*, § 346, Rdnr. 90; Schlegelberger-*Hefermehl*, § 346, Rdnr. 77; Wörlen/Metzler-Müller, Handelsrecht, Rdnr. 279.

257 BGH, NJW 1997, 3164 (3164); BGH, NJW 1994, 2752 (2753); BGH, NJW 1982, 96 (97); BGH, NJW 1973, 698 (699); LG Karlsruhe, NJW-RR 1993, 311 (312): *Joseph Cowden & Co. v. Corn Products Company, Ltd.*, Court of Appeal, [1919] 1 Lloyd's Rep. 425 (426); *Sonat Offshore S.A. v. Amerada Hess Development Ltd. and Texaco (Britain) Ltd.*, Court of Appeal, [1988] 1 Lloyd's Rep. 145 (162 f.); *J. Lauritzen A.S. v. Wijsmuller B.V., (The "Super Servant Two")*, Court of Appeal,

Naturkatastrophen[258], kriegerische Auseinandersetzungen[259], aber auch Streiks[260] angesehen. Einen weiteren Fall höherer Gewalt stellen unvorhersehbare staatliche Eingriffe dar wie beispielsweise die Verhängung von Ein- und Ausfuhrverboten oder die Einführung von Verschiffungskontingentierungen.[261] Bekanntes Beispiel für diese Form höherer Gewalt ist die Entscheidung *Czarnikow Ltd. v. Centrala Handlu Zagranicznego 'Rolimpex*[262] des House of Lords aus dem Jahre 1978: Der polnische Staat hatte ein Exportverbot für Zucker verhängt und verhinderte so die Erfüllung der vertraglichen Lieferpflicht durch den polnischen Verkäufer an den britischen Käufer. Das House of Lords sah in dem wirtschaftspolitischen Eingriff des polnischen Staates einen Fall höherer Gewalt und wies die Schadensersatzklage des Käufers ab.[263]

Ein Ansteigen der Rohstoffpreise oder eine Belastung des Verkäufers mit zusätzlichen Exportkosten stellt hingegen grundsätzlich keinen Fall höherer Gewalt dar.[264] Verpflichtet sich der Verkäufer zur Lieferung von Gattungsware aus einer

---

[1990] 1 Lloyd's Rep. 1 (5); *Appalachian Power Company v. John Stewart Walker Inc.*, Supreme Court of Virginia, 201 S.E.2d 758 (766); *Lowenschuss v. W. J. Kane*, United States District Court, S.D. New York, 367 F.Supp. 911 (915); Calamari/Perillo, Law of Contracts, S. 501; Guest, Sale of Goods, Rdnr. 8–084; Liesecke, Int. Handelsklauseln, S. 46.

258 *Lebeaupin v. Richard Crispin and Company*, King's Bench Division, [1920] 2 K.B. 714 (720).

259 *Bishop & Baxter v. Anglo-Eastern Trading & Industrial Company, Ltd.*, Court of Appeal, [1944] 77 Lloyd's Rep. 83 (96); *Zinc Corporation, Limited v. Hirsch and others*, Court of Appeal, [1916] 1 K.B. 541 (554); Ross, Force Majeure, S. 61; *Tsakiroglou & Co., Ltd. v. Noblee & Thorl, GmbH*, House of Lords, [1961] 1 Lloyd's Rep. 329 (333) („*... shipment via the Suez Canal was prevented during the Contract period of shipment by reason of force majeure...*"); *Carapanayoti & Co. Ltd. v. E. T. Green Ltd.*, Queen's Bench Division, [1959] 1 Q.B. 131 (142 ff.). Anders bzgl. Suez-Kanal-Fällen teilweise aber die U.S.-amerikanische Rechtsprechung, vgl. beispielsw.: *Glidden Co. v. Hellenic Lines Ltd.*, U.S. Court of Appeals, 275 F.2d 253 (255); *Transatlantic Financing Corp. v. United States*, United States Court of Appeals District of Columbia Circuit, 363 F.2d 312 (317 ff.).

260 *Matsoukis v. Priestman & Co.*, King's Bench Division, [1915] 1 K.B. 681 (687).

261 Liesecke, Int. Handelsklauseln, S. 46; Ross, Force Majeure, S. 61; Steimel, S. 147 ff.; Wörlen/Metzler-Müller, Handelsklauseln, S. 86.

262 *Czarnikow Ltd. v. Centrala Handlu Zagranicznego ,Rolimpex'*, House of Lords, [1978] 2 Lloyd's Rep. 305.

263 *Czarnikow Ltd. v. Centrala Handlu Zagranicznego ,Rolimpex'*, House of Lords, [1978] 2 Lloyd's Rep. 305 (310).

264 *Peter Dixon & Sons, Ltd. v. Henderson, Craig & Co., Ltd.*, Court of Appeal, [1919] 2 K.B. 778 (786); *Brauer & Co. (GT. Britain), Ltd. v. James Clark (Brush Materials), Ltd.*, Court of Appeal, [1952] 2 Lloyd's Rep. 147 (153); *Beves & Co., Ltd. v. Farkas*, Queen's Bench Division, [1953] 1 Lloyd's Rep. 103 (112); *St. Charles*

nicht näher spezifizierten Quelle, so kann der Ausfall der vom Verkäufer anvisierten Warenquelle bzw. die Nichtbelieferung durch den vom Verkäufer ausgewählten Lieferanten grundsätzlich nicht zu einer Befreiung unter Berufung auf die Klausel „höhere Gewalt vorbehalten“ führen. Der Verkäufer ist vielmehr verpflichtet, die zugesagte Ware auf anderem Wege zu beschaffen, sofern dies ohne große Schwierigkeiten möglich ist.[265]

Um Streitigkeiten über die Frage, welche Ereignisse als Fälle höherer Gewalt in den Anwendungsbereich der Befreiungsklausel fallen, zu vermeiden, tendiert insbesondere die angloamerikanische Vertragspraxis dazu, detaillierte Auflistungen der erfassten Gefahrensituationen in den Vertragstext aufzunehmen.[266]

Ventures, L.L.C. v. Albertsons, Inc., United States District Court, E.D. Louisiana, 265 F.Supp.2d 682 (695); *Esplanade Oil & Gas, Inc., v. Templeton Energy Income Corporation*, United States Court of Appeals, 889 F.2d 621 (626); *Schenck v. Capri Construction Co., Inc.*, Court of Appeal of Louisiana, 194 So.2d 378 (379 f.); Gesang, Force Majeure, S. 105 f.

265 Guest, Sale of Goods, Rdnr. 8–086; Schlegelberger-*Hefermehl*, § 346, Rdnr. 77; Treitel, Force Majeure, Rdnr. 4–037. Zu Ausnahmen vgl.: *Tradax Export S.A. v. Andre & Cie. S.A.*, Court of Appeal, [1976] 1 Lloyd's Rep. 416 (423); *Bremer Handelsgesellschaft mbH v. Vanden Avenne Izegem P.V.B.A.*, House of Lords, [1978] 2 Lloyd's Rep. 109 (125).

266 Vgl. dazu: *Thomas Borthwick (Glasgow), Ltd. v. Faure Fairclough, Ltd.*, Queen's Bench Division, [1968] 1 Lloyd's Rep. 16 (18); *Torquay Hotel Co. Ltd. v. Cousins and Others*, Court of Appeal, [1969] 2 Ch. 106 (115); *Aquila Southwest Pipeline, Inc., v. Harmony Exploration, Inc.*, Court of Appeals of Texas, San Antonio, 48 S.W.3d 225 (238); *Idaho Power Company v. Cogeneration, Inc.*, Supreme Court of Idaho, 9 P.3d 1204 (1207).

Teil 6: Auswirkung der Vereinbarung internationaler Handelsklauseln auf die Regelungen des CISG

A. Einführung

Im nun folgenden sechsten Teil wird untersucht, welche Auswirkung die Vereinbarung der zuvor dargestellten internationalen Handelsklauseln auf ein den Regelungen des CISG unterliegendes Vertragsverhältnis hat. Die Darstellung erfolgt aufgegliedert nach den verschiedenen rechtlichen Fragestellungen eines Vertrages. Dabei wird zuerst die jeweilige Regelung des CISG dargestellt. Neben den ausdrücklich normierten Regelungen werden auch anerkannte ungeschriebene Grundsätze und Pflichten der Parteien berücksichtigt, so dass die tatsächliche Rechtslage bei Anwendung des CISG abgebildet wird. Im Anschluss daran wird untersucht, welche Veränderungen ein Vertrag, der den Regelungen des CISG unterliegt, durch die Vereinbarung der in Teil 5 dargestellten internationalen Handelsklauseln erfährt.

B. Lieferung der Ware

Die zentrale Leistungspflicht des Verkäufers besteht in der vertragsgemäßen Lieferung der veräußerten Ware. Dabei gliedert sich die Lieferpflicht in verschiedene Teilaspekte: Neben der vom Verkäufer geschuldeten Lieferhandlung sind der Lieferort und auch die Lieferzeit von entscheidender Bedeutung.

I. Inhalt der Lieferpflicht und Ort der Lieferung

Zunächst wird dargestellt, welche Regelungen die Bestimmungen des CISG hinsichtlich des Inhalts der Lieferpflicht des Verkäufers und hinsichtlich des Lieferorts treffen. Anschließend wird untersucht, welche Auswirkungen diesbezüglich die Vereinbarung ausgewählter internationaler Handelsklauseln hat.

1. CISG

Art. 30 CISG legt zunächst fest, dass sich der Inhalt der Lieferpflicht des Verkäufers und der Lieferort primär nach den diesbezüglichen Vereinbarungen der Vertragsparteien richtet und verweist damit auf den bereits in Art. 6 CISG normierten Vorrang von Parteivereinbarungen. Fehlen entsprechende Vereinbarungen der Parteien, werden der Inhalt der Lieferpflicht und der Lieferort durch Art. 31 CISG geregelt.

a) Schickschuld (Art. 31 lit. a CISG)

Ist ein Transport der veräußerten Ware zur Niederlassung des Käufers unter Mitwirkung eines Beförderers erforderlich, besteht die vom Verkäufer vorzunehmende Lieferhandlung gemäß Art. 31 lit. a CISG in der Übergabe der Ware an einen Beförderer[1] zur weiteren Übermittlung an den Käufer; den Verkäufer trifft in diesem Fall mithin eine Schickschuld. Ob eine Beförderung der Ware „erforderlich" im Sinne des Art. 31 lit. a CISG ist, lässt sich dabei nicht den Bestimmungen des CISG entnehmen, sondern muss sich aus den Regelungen des Kaufvertrags ergeben.[2] Da im internationalen Warenhandel die Niederlassungen der Vertragsparteien zumeist weit voneinander entfernt liegen, ist in der Regel ein Transport der Ware durch einen Beförderer erforderlich, so dass ein Versendungskauf vorliegt.
Wird der Transport der Ware nacheinander durch mehrere Beförderer vorgenommen, so bestimmt Art. 31 lit. a CISG, dass der Verkäufer seine Lieferpflicht mit Übergabe an den ersten Beförderer erfüllt. Eine Übergabe im Sinne des Art. 31 lit. a CISG erfordert den Übergang der tatsächlichen Sachherrschaft an der Ware[3], ein bloßes Bereitstellen zur Abholung reicht nicht aus[4]. Eine Übergabe liegt daher nicht vor, wenn der Verkäufer den Transport selbst oder durch eigene Leute ausführt, da die Ware in diesem Fall nicht den Herrschafts- und Organisationsbereich des Verkäufers verlässt.[5]
Der Lieferort ist im Fall des Art. 31 lit. a CISG der der Ort, an dem der Verkäufer die Ware an den ersten Beförderer übergibt. An welchem konkreten Ort die Warenübergabe zu erfolgen hat, wird durch Art. 31 lit. a CISG jedoch nicht bestimmt. Fehlt es an einer diesbezüglichen Vereinbarung der Parteien, kann grund-

1 Ein Beförderer im Sinne des CISG ist jede Person, die selbständig den Transport von Waren bewirkt, vgl. Staudinger-*Magnus*, Art. 31, Rdnr. 18.
2 Staudinger-*Magnus*, Art. 31, Rdnr. 12.
3 Schlechtriem/Schwenzer-*Huber/Widmer*, Art. 31, Rdnr. 29.
4 Schlechtriem/Schwenzer-*Huber/Widmer*, Art. 31, Rdnr. 29; Staudinger-*Magnus*, Art. 31, Rdnr. 21.
5 Finke, S. 69; Posch, S. 169; Schlechtriem/Schwenzer-*Huber/Widmer*, Art. 31, Rdnr. 21 f.; Staudinger-*Magnus*, Art. 31, Rdnr. 19;

sätzlich der Verkäufer den Ort der Versendung frei wählen.[6] Dem Grundsatz von Treu und Glauben (Art. 7 Abs. 2 CISG) folgend ist die Auswahlfreiheit des Verkäufers jedoch dahingehend zu begrenzen, dass der gewählte Ort der Warenübergabe an den Beförderer den jeweiligen Fallumständen entsprechend angemessen sein muss.[7] Die Ortswahl des Verkäufers darf daher nicht zur Folge haben, dass die Dauer des Transports der Ware zum Käufer unangemessen verlängert wird oder die Ware vermeidbaren Transportgefahren ausgesetzt wird.

b) Holschuld (Art. 31 lit. b und lit. c CISG)

Bezieht sich ein Kaufvertrag auf eine bestimmte Ware (Speziesschuld), auf einen bestimmten Warenvorrat (Vorratsschuld) oder auf noch herzustellende oder zu erzeugende Sachen und haben die Parteien bei Vertragsschluss Kenntnis[8] vom Lager- bzw. Produktionsort, so hat der Verkäufer die veräußerte Ware gemäß Art. 31 lit. b CISG an der Stelle zu liefern, an der sich diese zum Zeitpunkt des Vertragsschlusses befindet bzw. an der sie hergestellt oder erzeugt wird.

Für die von den Regelungen des Art. 31 lit. a und lit. b CISG nicht erfassten Fälle bestimmt Art. 31 lit. c CISG, dass die Ware an dem Ort zu liefern ist, an dem der Verkäufer zum Zeitpunkt des Vertragsschlusses seine Niederlassung unterhält. Hat der Verkäufer mehrere Niederlassungen an verschiedenen Orten, ist auf die Auslegungshilfe des Art. 10 CISG zurückzugreifen. Danach ist diejenige Niederlassung maßgeblich, die zu dem betreffenden Vertrag die engste Beziehung aufweist, vgl. Art. 10 lit. a CISG. Zu welcher Niederlassung des Verkäufers der Vertrag die engste Beziehung aufweist, ist objektiv unter Berücksichtigung aller Umstände des konkreten Falles zu bestimmen.[9] Einen Anhaltspunkt können beispielsweise eine vom Verkäufer verwandte Anschrift oder die Angaben im Briefkopf eines vom Verkäufer versandten Schreibens geben.[10] Im Zweifel ist davon

---

6 Honsell-*Karollus*, Art. 31, Rdnr. 14; Karollus, UN-Kaufrecht, S. 108; Schlechtriem, Int. UN-KaufR, Rdnr. 124; Schlechtriem/Schwenzer-*Huber/Widmer*, Art. 31, Rdnr. 31;

7 Schlechtriem/Schwenzer-*Huber/Widmer*, Art. 31, Rdnr. 31.

8 Erforderlich ist eine positive Kenntnis der Vertragsparteien von diesem Lager- bzw. Produktionsort, ein bloßes Kennenmüssen ist im Rahmen des Art. 31 lit. b CISG nicht ausreichend, vgl. Schlechtriem/Schwenzer-*Huber/Widmer*, Art. 31, Rdnr. 48; Staudinger-*Magnus*, Art. 31, Rdnr. 26.

9 Rb van Koophandel Hasselt, CISG-online Nr. 762; Achilles, Art. 10, Rdnr. 2; Bianca/Bonell-*Rajski*, Art. 10, Bem. 3.1.; Schlechtriem/Schwenzer-*Ferrari*, Art. 10, Rdnr. 5 f.; Soergel-*Lüderitz/Fenge*, Art. 10, Rdnr. 2; Staudinger-*Magnus*, Art. 10, Rdnr. 5.

10 Schlechtriem/Schwenzer-*Ferrari*, Art. 10, Rdnr. 7; Staudinger-*Magnus*, Art. 10, Rdnr. 5.

auszugehen, dass die engste Beziehung zu der für den Vertragsschluss verantwortlichen Niederlassung besteht.[11] Hat der Verkäufer keine Niederlassung, ist gemäß Art. 10 lit. b CISG sein gewöhnlicher Aufenthaltsort[12] maßgeblich. In den Fällen des Art. 31 lit. b und lit. c CISG besteht mithin eine Holschuld des Käufers. Die vom Verkäufer geschuldete Lieferhandlung beschränkt sich dabei gemäß Art. 31 lit. a und lit. b CISG auf ein Zur-Verfügung-Stellen der Ware. Dies bedeutet, dass der Verkäufer alle Handlungen vornehmen muss, um dem Käufer eine Abholung der Ware zu ermöglichen, insbesondere muss er die Ware transportfertig bereitstellen.[13]

2. Internationale Handelsklauseln

a) „Franko/frei… (benannter Bestimmungsort)"

Wie die in Teil 5 vorgenommene Auswertung der nationalen und internationalen Rechtsprechung sowie der einschlägigen Literatur gezeigt hat, beschränkt sich der Regelungsinhalt der Lieferklausel „franko/frei… (benannter Bestimmungsort)" auf eine Regelung hinsichtlich der Transportkosten. Eine Regelung hinsichtlich des Lieferorts und der vom Verkäufer geschuldeten Lieferhandlung kann der Klausel „franko/frei… (benannter Bestimmungsort)" nicht entnommen werden. Findet auf das Vertragsverhältnis das CISG Anwendung, hat zur Bestimmung des Lieferorts und der geschuldeten Lieferhandlung ein Rückgriff auf Art. 31 CISG zu erfolgen. Da die Lieferklausel „franko/frei… (benannter Bestimmungsort)" grundsätzlich in Fällen eines Versendungskaufs verwendet wird, ist Art. 31 lit. a CISG einschlägig. Danach hat der Verkäufer die veräußerte Ware an den ersten Beförderer zu übergeben.

---

11 OLG Stuttgart, IHR 2001, 65 (67); Bamberger/Roth-*Saenger*, Art. 10, Rdnr. 3; Herber/Czerwenka, Art. 10, Rdnr. 4; Piltz, Int. KaufR, § 2, Rdnr. 81; Reithmann/Martiny-*Martiny*, Rdnr. 722; Schlechtriem/Schwenzer-*Ferrari*, Art. 10, Rdnr. 8; Soergel-*Lüderitz/Fenge*, Art. 10, Rdnr. 2; Staudinger-*Magnus*, Art. 10, Rdnr. 5; Witz/Salger/Lorenz-*Witz*, Art. 10, Rdnr. 3; a.A. – für die Hauptniederlassung – Achilles, Art. 10, Rdnr. 2; a.A. – für die den Vertrag ausführende Niederlassung – Honsell-*Melis*, Art. 10, Rdnr. 4.

12 Zu den Anforderungen an einen gewöhnlichen Aufenthaltsort im Sinne des Art. 10 lit. b CISG vgl. Schlechtriem/Schwenzer-*Ferrari*, Art. 10, Rdnr. 9 f.; Staudinger-*Magnus*, Art. 10, Rdnr. 8.

13 OLG Hamm, RIW 1999, 785 (787); OLG Karlsruhe, IHR 2003, 125 (127); Schlechtriem/Schwenzer-*Huber/Widmer*, Art. 31, Rdnr. 50.

b) „Frei Haus"

Vereinbaren die Vertragsparteien die Lieferklausel „frei Haus", ist der Verkäufer, wie die im Teil 5 vorgenommene Untersuchung der nationalen und internationalen Rechtsprechung sowie der einschlägigen Literatur ergeben hat, dazu verpflichtet, die Ware an der Niederlassung des Käufers zu liefern. Den Verkäufer trifft damit eine Bringschuld. Damit ergibt sich bei Vereinbarung der Lieferklausel „frei Haus" eine Lieferpflicht des Verkäufers, die von den Alternativen des Art. 31 CISG nicht vorgesehen wird. Vereinbaren die Vertragsparteien die Lieferklausel „frei Haus", so bedeutet dies daher eine Abweichung von den Regelungen des CISG und eine deutliche Mehrbelastung des Verkäufers im Vergleich zu den durch Art. 31 CISG getroffenen Ausgestaltungen der Lieferpflicht.

Die Frage, welcher Art die vom Verkäufer vorzunehmende Lieferhandlung bei Vereinbarung der Klausel „frei Haus" sein muss, wird in der einschlägigen Rechtsprechung und Literatur nicht oder nur am Rande thematisiert. In der Regel wird ohne Konkretisierung nur darauf verwiesen, der Verkäufer habe die Ware zu liefern[14]; nur vereinzelt wird die Lieferhandlung des Verkäufers näher bestimmt[15]. Vor diesem Hintergrund kann nicht davon ausgegangen werden, dass der Klausel „frei Haus" im internationalen Handelssverkehr eine feststehende Regelung hinsichtlich der vom Verkäufer geschuldeten Lieferhandlung entnommen werden kann.
Findet auf das Vertragsverhältnis das CISG Anwendung, hat daher insoweit ein Rückgriff auf die Regelungen des CISG zu erfolgen. Dabei ergibt sich jedoch die Problematik, dass das CISG keine Regelungen für den Fall einer Bringschuld vorsieht, wie sie die Lieferklausel „frei Haus" begründet, und daher auch keine ausdrückliche Regelung darüber enthält, welcher Art die Lieferhandlung des Verkäufers im Falle einer Bringschuld sein muss. In Literatur und Rechtsprechung besteht jedoch die übereinstimmende Auffassung, dass in einem solchen Fall bei Anwendung des CISG die vom Verkäufer geschuldete Lieferhandlung aus einem Zur-Verfügung-Stellen der Ware am Lieferort besteht.[16]

---

14 Vgl. beispielsweise BGH, NJW 1991, 2638 (2639).

15 Das OLG Karlsruhe geht in seinem Urteil aus dem Jahre1992 (NJW-RR 1993, 1316) davon aus, dass der Verkäufer eine „Übergabe der Ware" an den Käufer schuldet. Auch das OLG Köln kommt in seiner Entscheidung aus dem Jahre 1997 (CISG-online Nr. 217) zu dem Ergebnis, dass bei Vereinbarung der Lieferklausel „frei Haus" die „Lieferung durch Übergabe an den Käufer zu erfolgen hat". In diesem Sinne wohl auch LG Nürnberg-Fürth, VuR 1999, 94 (97).

16 Honsell-*Karollus*, Art. 31, Rdnr. 45; Schlechtriem/Schwenzer-*Huber/Widmer*, Art. 31, Rdnr. 76; Witz/Salger/Lorenz-*Witz*, Art. 31, Rdnr. 22 und Art. 69, Rdnr. 9.

c) Incoterms 2000

Der Inhalt der Lieferpflicht des Verkäufers und der Lieferort werden bei den Klauseln der Incoterms 2000 unter Ordnungspunkt A4 erläutert.

aa) Terminologie

Die deutsche Übersetzung der Incoterms 2000 verwendet drei unterschiedliche Begriffe, um die jeweilige vom Verkäufer geschuldete Lieferhandlung zu bezeichnen: „liefern" (FCA lit. a, FOB, CFR, CIF), „zur Verfügung stellen" (EXW, FCA lit. b, FAS, D-Klauseln) und „übergeben" (CPT, CIP). Die offizielle Einleitung der Incoterms 2000[17] weist unter „6. Terminologie" ausdrücklich darauf hin, dass soweit möglich dieselben Ausdrücke wie im CISG verwendet werden. Aus diesem Grunde erscheint es nahe liegend, die Begriffe „zur Verfügung stellen" und „übergeben" im Sinne der wortgleichen Begriffe des Art. 31 CISG zu verstehen. Ein Blick in die maßgebliche englische Originalfassung der Incoterms 2000 zeigt jedoch, dass diese lediglich die Begriffe *„placing the goods at the disposal of the buyer"* (die Ware zur Verfügung stellen) und *„deliver the goods"* (die Ware liefern) verwendet. Der in der deutschen Version der Incoterms 2000 eingeführte Begriff „übergeben" kommt in der englischen Originalfassung nicht vor.

Aufgrund der in der Einleitung der Incoterms 2000 erwähnten Anlehnung an die Terminologie des CISG ließe sich annehmen, im Falle des Zur-Verfügung-Stellens der Ware sei der Verkäufer – wie bei Art. 31 lit. b und lit. c CISG – lediglich verpflichtet, die Ware in einer Form bereitzustellen, die es dem Käufer ermöglicht, sie ohne weitere Handlungen seitens des Verkäufers in seinen Besitz zu nehmen und über sie zu verfügen.[18] Die offizielle Einleitung der Incoterms 2000 führt jedoch unter 6. „Terminologie" im Unterabschnitt „Lieferung/Abnahme" aus, dass der verwendete Ausdruck „die Ware zur Verfügung stellen" im Sinne des vom CISG verwendeten Begriffs „Übergabe der Ware" zu verstehen sei.[19] Dies bedeutet, dass bei denjenigen Klauseln, die den Verkäufer dazu verpflichten, die Ware zur Verfügung zu stellen, dieser tatsächlich eine Übergabe der Ware im Sinne des Art. 31 lit. a CISG vollziehen muss. Dies bedeutet zudem für die Klauseln, in denen der unspezifische Begriff der Lieferung verwandt wird, dass der Verkäufer im Ergebnis auch hier stets eine Übergabe der Ware schuldet.

---

17 Die Einleitung ist abgedruckt in der ICC-Publikation Nr. 560 ED, S. 5–29.

18 In diesem Sinne: Bredow/Seiffert, Incoterms 2000, EXW, Rdnr. 15.

19 Vgl. S. 11 der Einleitung der Incoterms 2000.

bb) EXW

Die Erläuterung der Klausel EXW setzt voraus, dass die Vertragsparteien einen bestimmten Ort benannt haben, an dem der Verkäufer die Ware liefern soll.[20] Entsprechend der Ausgestaltung der Klausel EXW als Abholklausel, ist der vereinbarte Lieferort in der Regel die Niederlassung oder die Produktionsstätte des Verkäufers. Die Klausel EXW begründet damit eine Holschuld des Käufers und entspricht insoweit Art. 31 lit. b und lit. c CISG. Allerdings besteht bei Vereinbarung der Klausel EXW die vom Verkäufer geschuldete Lieferhandlung in einer Übergabe der Ware[21] und nicht wie bei Art. 31 lit. b und lit. c CISG in einem Zur-Verfügung-Stellen der Ware. Vereinbaren die Parteien die Klausel EXW in einem Vertrag, auf den das CISG Anwendung findet, führt dies hinsichtlich der geschuldeten Lieferhandlung zu einer Mehrbelastung des Verkäufers.

cc) C-Klauseln

Der Verkäufer ist bei Vereinbarung einer C-Klausel verpflichtet, die veräußerte Ware der mit dem Transport beauftragten Person zu übergeben.[22] Die C-Klauseln begründen mithin eine Schickschuld des Verkäufers. Der Lieferort befindet sich bei Vereinbarung der Klauseln CFR und CIF an Bord des vom Käufer bezeichneten Schiffs im benannten Verschiffungshafen[23] und ist damit der Ort, an dem die mit dem Transport beauftragte Person die Ware übernimmt. Die Klauseln CPT und CIP bestimmen als Lieferort ebenfalls den Ort der Warenübergabe an den mit dem Transport beauftragten Frachtführer.[24] Wird die Ware nacheinander von verschiedenen Frachtführern transportiert, ist der Ort der Warenübergabe an den ersten Frachtführer maßgeblich.[25]
Da bei Vereinbarung der C-Klauseln ein Transport der veräußerten Ware unter Mitwirkung eines Beförderers vorgesehen ist, wäre der Verkäufer bei alleiniger Anwendung des CISG gemäß Art. 31 lit. a CISG ebenfalls zur Versendung der veräußerten Ware durch deren Übergabe an die mit dem Transport beauftrage Person verpflichtet. Vereinbaren die Parteien eine C-Klausel in einem Vertrag,

---

20 Vgl. EXW A4.

21 EXW A4 spricht von einem Zur-Verfügung-Stellen der Ware, dies ist, wie zuvor erläutert, als Verpflichtung zur Übergabe der Ware zu verstehen.

22 C-Klauseln A4 spricht (in der englischen Originalfassung der Incoterms 2000) von einem Liefern der Ware, dies ist, wie zuvor erläutert, als Verpflichtung zur Übergabe der Ware zu verstehen.

23 Vgl. FOB A4, CFR A4, CIF A4.

24 Vgl. CPT A4, CIP A4.

25 Bredow/Seiffert, Incoterms 2000, CPT, Rdnr. 3 f.

der den Bestimmungen des CISG unterliegt, führt dies hinsichtlich des Inhalts der Lieferpflicht des Verkäufers folglich zu keiner Abweichung von der Rechtslage bei unveränderter Anwendung des CISG.

dd) F-Klauseln

Vereinbaren die Parteien die Klausel FCA, hat der Verkäufer die veräußerte Ware am vereinbarten Ort an den mit dem Transport beauftragten Frachtführer zu übergeben.[26] Die Klausel FAS verpflichtet den Verkäufer, die veräußerte Ware der mit dem Seetransport beauftragten Person längsseits des vom Käufer bezeichneten Schiffs im benannten Verschiffungshafen zu übergeben.[27] Dabei kann sich der Ladeplatz auf der Wasserseite befinden, so dass die Ware mit Leichtern oder Binnenschiffen längsseits des Seeschiffes gebracht werden muss, oder aber auf der Landseite, d.h. am Kai.[28] Vereinbaren die Parteien die Klausel FOB, hat der Verkäufer die veräußerte Ware der mit dem Seetransport beauftragten Person an Bord des vom Käufer bezeichneten Schiffes im benannten Verschiffungshafen zu übergeben.[29] Im Falle der F-Klauseln besteht die vom Verkäufer geschuldete Lieferhandlung damit stets aus einer Warenübergabe an die mit dem Transport beauftragte Person am vereinbarten Versendungsort. Damit begründen die F-Klauseln eine Schickschuld des Verkäufers.
Da bei Vereinbarung der F-Klauseln ein Transport der veräußerten Ware unter Mitwirkung eines Beförderers vorgesehen ist, wäre der Verkäufer bei unveränderter Anwendung des CISG gemäß Art. 31 lit. a CISG ebenfalls zur Versendung der veräußerten Ware durch deren Übergabe an die mit dem Transport beauftrage Person verpflichtet. Vereinbaren die Parteien eine F-Klausel in einem Vertrag, der den Bestimmungen des CISG unterliegt, führt dies hinsichtlich des Inhalts der Lieferpflicht des Verkäufers folglich zu keiner Abweichung von der Rechtslage bei unveränderter Anwendung des CISG.

---

26 Vgl. FCA A4. Der Wortlaut der Klausel FCA spricht zwar von einem Liefern und die Klauselalternative A4 lit. b von einem Zur-Verfügung-Stellen der Ware, dies ist jedoch, wie zuvor erläutert, jeweils als Verpflichtung zur Übergabe der Ware zu verstehen.

27 Vgl. FAS A4. Der Wortlaut der Klausel FAS spricht zwar von einem Zur-Verfügung-Stellen der Ware, dies ist jedoch, wie zuvor erläutert, als Verpflichtung zur Übergabe der Ware zu verstehen.

28 Bredow/Seiffert, Incoterms 2000, FAS, Rdnr. 1.

29 Vgl. FOB A4. Der Wortlaut der Klausel FOB spricht zwar von einem Liefern und die Klauselalternative A4 lit. b von einem Zur-Verfügung-Stellen der Ware, dies ist jedoch, wie zuvor erläutert, jeweils als Verpflichtung zur Übergabe der Ware zu verstehen.

ee) D-Klauseln

Vereinbaren die Parteien die Klausel DAF, ist der Verkäufer verpflichtet, die veräußerte Ware am benannten Grenzort an den Käufer zu übergeben.[30] Bei Vereinbarung der Klausel DES ist der Verkäufer verpflichtet, dem Käufer die veräußerte Ware an Bord des Schiffs im benannten Bestimmungshafen zu übergeben.[31] Die Klausel DEQ verpflichtet den Verkäufer dazu, dem Käufer die Ware am Kai im benannten Bestimmungshafen zu übergeben.[32] Haben die Parteien keine Vereinbarung über die konkrete Stelle bzw. den konkreten Kai am Lieferort getroffen, an dem der Verkäufer die Ware übergeben muss, und besteht diesbezüglich auch keine einschlägige Handelspraxis, kann der Verkäufer die ihm am besten zusagende Stelle bzw. den ihm am besten zusagenden Kai wählen.[33] Die Klauseln DDU und DDP bestimmen, dass der Verkäufer die Ware dem Käufer am benannten Bestimmungsort übergeben muss.[34]

Im Falle der D-Klauseln besteht die vom Verkäufer geschuldete Lieferhandlung damit stets aus einer Warenübergabe an den Käufer am benannten Bestimmungsort bzw. im benannten Bestimmungshafen.

Im Vergleich zu den Bestimmungen des CISG weisen die Regelungen der D-Klauseln damit deutliche Unterschiede auf: Zwar besteht die vom Verkäufer geschuldeten Lieferhandlung wie bei Art. 31 lit. a CISG aus einer Übergabe der Ware, jedoch hat diese an den Käufer und nicht an eine mit dem Transport beauftragte Person zu erfolgen, so dass keine Schickschuld des Verkäufers besteht. Da der Lieferort bei Vereinbarung einer D-Klausel nicht an der Niederlassung oder der Lager- bzw. Produktionsstätte des Verkäufers liegt, besteht auch keine Holschuld des Käufers wie bei Art. 31 lit. b und lit. c CISG. Im Vergleich zur Ausgestaltung des Inhalts der Lieferpflicht durch die Regelungen des Art. 31 CISG führt die Vereinbarung einer D-Klausel damit zu einer deutlichen Mehrbelastung des Verkäufers.

---

30 Vgl. DAF A4. Der Wortlaut der Klausel DAF spricht zwar von einem Zur-Verfügung-Stellen der Ware, dies ist jedoch, wie zuvor erläutert, als Verpflichtung zur Übergabe der Ware zu verstehen.

31 Vgl. DES A4. Der Wortlaut der Klausel DES spricht zwar von einem Zur-Verfügung-Stellen der Ware, dies ist jedoch, wie zuvor erläutert, als Verpflichtung zur Übergabe der Ware zu verstehen.

32 Vgl. DEQ A4. Der Wortlaut der Klausel DEQ spricht zwar von einem Zur-Verfügung-Stellen der Ware, dies ist jedoch, wie zuvor erläutert, als Verpflichtung zur Übergabe der Ware zu verstehen.

33 Vgl. DEQ A3 lit. a.

34 Vgl. DDU A4 und DDP A4. Der Wortlaut der Klauseln DDU und DDP spricht zwar von einem Zur-Verfügung-Stellen der Ware, dies ist jedoch, wie zuvor erläutert, als Verpflichtung zur Übergabe der Ware zu verstehen.

II. Lieferzeit

Der Verkäufer schuldet die Vornahme der Lieferhandlung nicht nur am richtigen Ort, sondern auch zur richtigen Zeit. Der folgende Abschnitt widmet sich daher der zeitlichen Komponente der Lieferpflicht des Verkäufers, der Lieferzeit. Zunächst wird dargstellt, welche Regelungen die Bestimmungen des CISG bezüglich der Lieferzeit treffen, anschließend wird untersucht, zu welchen Auswirkungen insoweit die Vereinbarung ausgewählter internationaler Handelsklauseln führt.

1. CISG

a) Vertraglich vereinbarter Lieferzeitpunkt (Art. 33 lit. a CISG)

Art. 33 lit. a CISG stellt zunächst klar, dass sich die Lieferzeit vorrangig nach einer diesbezüglichen vertraglichen Vereinbarung der Parteien richtet. Zum einen kommt in Betracht, dass die Parteien ein konkretes Datum als Lieferzeitpunkt bestimmen. Zum anderen kann der Lieferzeitpunkt auch durch die Bezugnahme auf ein anderes sicher eintretendes Ereignis oder einen anderen feststehenden Termin festgelegt werden, beispielsweise durch die Vereinbarung, dass die Lieferung „am Mittwoch nach Ostern" zu erfolgen habe.[35]

b) Lieferzeitraum (Art. 33 lit. b CISG)

Oftmals vereinbaren die Vertragsparteien anstelle eines konkreten Lieferzeitpunkts einen Lieferzeitraum, d.h. eine Zeitspanne von mehreren Tagen, innerhalb derer der Verkäufer liefern soll. Anfang und Ende des Lieferzeitraums können entweder durch konkrete Datumsangaben oder durch Bezugnahme auf bestimmte Ereignisse festgelegt werden. Den konkreten Lieferzeitpunkt innerhalb des vereinbarten Lieferzeitraums kann grundsätzlich der Verkäufer gemäß Art. 33 lit. b CISG frei bestimmen. Gemäß Art. 33 lit. b CISG kann sich jedoch aus den Umständen ergeben, dass dem Käufer die Bestimmung des konkreten Liefertermins zusteht. Dies ist zum Beispiel der Fall, wenn der Käufer den Transport der Ware besorgen muss, denn dann bestimmt er, an welchem Tag das Transportmittel zur Beförderung der Ware bereitsteht.[36]

---

35 Schlechtriem/Schwenzer-*Huber/Widmer*, Art. 33, Rdnr. 7; Staudinger-*Magnus*, Art. 33, Rdnr. 9.

36 Schlechtriem/Schwenzer-*Huber/Widmer*, Art. 33, Rdnr. 10; Staudinger-*Magnus*, Art. 33, Rdnr. 18.

c) Angemessene Lieferfrist (Art. 33 lit. c CISG)

Haben die Vertragsparteien weder einen konkreten Lieferzeitpunkt noch einen Lieferzeitraum vereinbart, hat der Verkäufer die Lieferung gemäß 33 lit. c CISG innerhalb einer angemessenen Frist nach Vertragsschluss durchzuführen. Welche Frist in einem konkreten Fall angemessen ist, beurteilt sich nach den besonderen Eigenarten des Einzelfalls und den Gepflogenheiten der jeweiligen Branche.[37] Dabei dürfen jedoch nur solche Umstände berücksichtigt werden, die beiden Vertragsparteien bekannt sind.[38] In die Berechnung der Frist ist insbesondere auch einzubeziehen, ob es sich um Vorratsware oder um herzustellende bzw. von Dritten zu beziehende Güter handelt.[39] Aber auch der vom Käufer beabsichtigte Verwendungszweck (beispielsweise bei Bestellung eines wichtigen Ersatzteils) kann, sofern dieser für den Verkäufer erkennbar ist, Einfluss auf die Länge der Lieferfrist haben und diese gegebenenfalls entscheidend verkürzen.[40]
Sind schon bei Vertragsschluss ungewöhnliche Lieferschwierigkeiten zu befürchten oder kommt es später zu erheblichen Verzögerungen insbesondere aufgrund von Engpässen bei der Produktion, muss der Verkäufer dies dem Käufer mitteilen, damit dies bei Bestimmung der Lieferfrist berücksichtigt werden kann.[41] Innerhalb der als angemessen anzusehenden Lieferfrist kommt wiederum grundsätzlich dem Verkäufer das Recht zu, den genauen Zeitpunkt der Lieferung zu bestimmen.[42] Hält er die veräußerten Waren vorrätig, so steht es ihm frei, sofort zu liefern.

2. Internationale Handelsklauseln

a) „Fix“

Die in Teil 5 vorgenommene Auswertung der nationalen und internationalen Literatur und Rechtsprechung hat gezeigt, dass die Vereinbarung der Klausel „fix“ in Verbindung mit der Angabe einer exakten Lieferzeit zum Ausdruck bringt,

37 Reinhart, Art. 33, Rdnr. 2; Schlechtriem/Schwenzer-*Huber/Widmer*, Art. 33, Rdnr. 16; Staudinger-*Magnus*, Art. 33, Rdnr. 22.
38 Schlechtriem/Schwenzer-*Huber/Widmer*, Art. 33, Rdnr. 16.
39 Schlechtriem/Schwenzer-*Huber/Widmer*, Art. 33, Rdnr. 17.
40 Honsell-*Karollus*, Art. 33, Rdnr. 11; Schlechtriem/Schwenzer-*Huber/Widmer*, Art. 33, Rdnr. 16.
41 Honsell-*Karollus*, Art. 33, Rdnr. 11; Schlechtriem/Schwenzer-*Huber/Widmer*, Art. 33, Rdnr. 16.
42 Honsell-*Karollus*, Art. 33, Rdnr. 11; Schlechtriem/Schwenzer-*Huber/Widmer*, Art. 33, Rdnr. 18.

dass die Vertragsparteien dem Zeitpunkt der Warenlieferung eine besondere Bedeutung beimessen. Die Lieferzeit wird daher durch diese Handelsklausel verbindlich auf den benannten Termin festgelegt. Wird die Klausel „fix“ in Verbindung mit einem konkreten Liefertermin in einem Vertragsverhältnis vereinbart, auf das, wie im Rahmen dieser Untersuchung vorausgesetzt, das CISG Anwendung findet, liegt ein vertraglich bestimmter Lieferzeitpunkt im Sinne des Art. 33 lit. a CISG vor.

b) „Prompt“

Wie die in Teil 5 vorgenommene Untersuchung ergeben hat, verpflichtet die Vereinbarung der Klausel „prompt“ den Verkäufer dazu, die veräußerte Ware möglichst schnell und ohne schuldhafte Verzögerung im Rahmen des gewöhnlichen Geschäftsganges an den Käufer zu liefern. Diese Klausel verpflichtet den Verkäufer damit nicht zur Lieferung zu einem konkreten Zeitpunkt, sondern räumt ihm eine kurze Lieferfrist ein, deren konkrete Länge sich – wie bereits in Teil 5 ausgeführt – nach den spezifischen Umständen des Einzelfalls und den Gepflogenheiten der jeweiligen Branche richtet.

Wird die Klausel „prompt“, wie im Rahmen dieser Untersuchung vorausgesetzt, in einem Vertragsverhältnis vereinbart, auf welches das CISG Anwendung findet, lässt sich Folgendes feststellen: Durch die Vereinbarung der Klausel „prompt“ bringen die Parteien zwar zum Ausdruck, dass sie eine zeitnahe Lieferung wünschen, sie bestimmen jedoch keinen konkreten Lieferzeitpunkt; es liegt daher keine Vereinbarung im Sinne des Art. 33 lit. a CISG vor. Dem Verkäufer wird durch die Klausel „prompt“ eine kurze Lieferfrist eingeräumt, deren Ende von den Parteien jedoch nicht konkret festgelegt wird, so dass auch kein Fall des Art. 33 lit. b CISG vorliegt. Damit ähnelt die durch die Klausel „prompt“ vorgenommene Lieferzeitbestimmung der Regelung des Art. 33 lit. c CISG. Allerdings stellt die Klausel „prompt“ inhaltlich höhere Anforderungen an den Verkäufer als die Auffangregel Art. 33 lit. c CISG. Eine Lieferung „prompt“ fordert mehr als eine Lieferung „innerhalb einer angemessenen Frist“, da der Verkäufer verpflichtet ist, besondere Sorgfalt bei Erfüllung seiner Lieferpflicht zu üben, um Verzögerungen bei der Warenlieferung zu verhindern.

c) Incoterms 2000

Die Frage der Lieferzeit wird bei den Klauseln der Incoterms 2000 unter Ordnungspunkt A4 behandelt.

aa) EXW

Die Klausel EXW bestimmt, dass die veräußerte Ware in der „üblichen Zeit“ zu liefern ist, wenn die Parteien keine Vereinbarung hinsichtlich der Lieferzeit getroffen haben.[43] Welche Zeit in einem konkreten Fall für die Lieferung der Ware üblich ist, bestimmt sich nach den jeweiligen Umständen des Einzelfalls unter Berücksichtigung etwaiger Bräuche und Gepflogenheiten der jeweiligen Branche.[44] Die Klausel EXW führt insoweit zu denselben Ergebnissen wie die Regelung des Art 33 lit. c CISG, der für den Fall, dass keine Lieferzeitvereinbarung der Parteien vorliegt, den Verkäufer zu einer Lieferung der Ware innerhalb angemessener Frist verpflichtet. Die Vereinbarung der Klausel EXW führt insoweit also nicht zu einer Abweichung von den Regelungen des CISG.

Keine ausdrückliche Regelung trifft die Klausel EXW für die Frage, welche Partei bei Vereinbarung einer Lieferfrist den konkreten Liefertermin bestimmen kann. Findet, wie im Rahmen dieser Untersuchung vorausgesetzt, das CISG auf das Vertragsverhältnis Anwendung, greift insoweit die Auslegungshilfe des Art. 33 lit. b CISG ein, die dem Verkäufer das Bestimmungsrecht zuweist.

bb) F-Klauseln

Die F-Klauseln bestimmen unter Ordnungspunkt A4, dass der Verkäufer die Ware zur vereinbarten Zeit liefern muss. Es fehlt jedoch eine Regelung für den Fall, dass die Parteien keine Vereinbarung hinsichtlich der Lieferzeit getroffen haben. Wird eine F-Klausel, wie im Rahmen dieser Untersuchung vorausgesetzt, in einem Vertragsverhältnis vereinbart, auf welches das CISG Anwendung findet, hat hinsichtlich der Lieferzeit ein Rückgriff auf Art. 33 lit. c CISG zu erfolgen.

Die F-Klauseln enthalten zudem auch keine Bestimmungen für den Fall, dass die Parteien zwar eine näher bezeichnete Lieferfrist vereinbart haben, jedoch keine Regelung darüber getroffen haben, welcher Partei es zusteht, den konkreten Liefertermin innerhalb dieser Frist zu bestimmen. Insoweit muss daher auf die Auslegungshilfe des Art. 33 lit. b CISG zurückgegriffen werden; dabei erlangen die F-Klauseln jedoch mittelbar Bedeutung: Wie zuvor bereits dargestellt, bestimmt Art. 33 lit. b. CISG, dass grundsätzlich der Verkäufer den konkreten Liefertermin innerhalb der vereinbarten Lieferfrist festlegen kann, sofern sich nicht aus den Umständen des Falles etwas anderes ergibt. Ein solcher Umstand liegt jedoch re-

43 Vgl. EXW A4.

44 Bredow/Seiffert, Incoterms 2000, EXW, Rdnr. 17.

gelmäßig bei Vereinbarung einer F-Klausel der Incoterms 2000 vor, denn die F-Klauseln weisen dem Käufer die Transportdisposition zu.[45] Da der Käufer in diesen Fällen bestimmt, zu welchem Zeitpunkt das Transportmittel bereitsteht, muss er auch den konkreten Liefertermin innerhalb der vereinbarten Lieferfrist festlegen können. Die Vereinbarung einer F-Klausel hat mithin zur Folge, dass ein besonderer Umstand im Sinne des Art. 33 lit. b CISG vorliegt, der dazu führt, dass dem Käufer das Bestimmungsrecht hinsichtlich des konkreten Liefertermins innerhalb der vereinbarten Frist zusteht.

cc) C-Klauseln und D-Klauseln

Die C-Klauseln und die D-Klauseln enthalten ebenfalls keine Regelung für den Fall, dass die Vertragsparteien weder einen konkreten Lieferzeitpunkt noch eine Lieferfrist vereinbart haben. Vereinbaren die Parteien eine C- oder D-Klausel in einem Vertag, auf den das CISG Anwendung findet, ist insoweit auf die Regelungen des Art. 33 CISG zurückzugreifen. Auch für den Fall, dass die Parteien zwar eine Lieferfrist, jedoch keine Regelung darüber vereinbart haben, welche Partei den konkreten Liefertermin innerhalb der Lieferfrist bestimmen kann, halten die C-Klauseln und D-Klauseln keine Bestimmung bereit. Findet auf das Vertragsverhältnis das CISG Anwendung, hat diesbezüglich ein Rückgriff auf die Auslegungshilfe des Art. 33 lit. b CISG zu erfolgen. Da die C-Klauseln und D-Klauseln die Organisation des Haupttransports dem Verkäufer zuweisen, besteht – anders als bei Vereinbarung einer F-Klausel – kein Umstand im Sinne des Art. 33 lit. b CISG, der es erforderlich machen würde, dem Käufer das Bestimmungsrecht hinsichtlich des konkreten Liefertermins einzuräumen. Entsprechend der Grundregel des Art. 33 lit. b CISG steht daher dem Verkäufer das Recht zu, den konkreten Liefertermin innerhalb der vereinbarten Lieferfrist zu bestimmen.

C. Besorgung der Beförderung

Im internationalen Handelsverkehr müssen die veräußerten Güter regelmäßig über lange Strecken zu ihrem Bestimmungsort transportiert werden. Der Transport der Waren wird dabei zumeist nicht von den Vertragsparteien selbst durchgeführt, sondern erfolgt unter Mitwirkung eines selbständigen Beförderers. Insbesondere wenn ein multimodaler Transport, d.h. ein Warentransport unter Verwendung verschiedener Transportmittel erforderlich ist, wenn der Transport

---

45 Eine Ausnahme bildet insoweit die Klausel FCA, wenn ausnahmsweise der Verkäufer die Transportdisposition übernimmt, vgl. FCA A3 lit. a / B3 lit. a.

unter Mitwirkung mehrerer voneinander unabhängiger Beförderer durchgeführt werden muss, oder aber wenn die Warenbeschaffenheit eine besondere Handhabung während ihres Transports erfordert, ist die Besorgung der Beförderung mit erheblichem Aufwand verbunden und birgt ein hohes Haftungsrisiko für die Partei, der diese Pflicht obliegt. Von erheblicher Bedeutung ist daher die Frage, welche Partei die Beförderung besorgen, d.h. den Beförderer auswählen und die erforderlichen Beförderungsverträge abschließen muss.

Daneben stellt sich auch die Frage, welchen inhaltlichen Anforderungen der abzuschließende Beförderungsvertrag genügen muss. Von der Pflicht zur Besorgung der Beförderung ist die Pflicht zur Tragung der Kosten der Warenbeförderung zu unterscheiden. Der Frage, welche Vertragspartei die Kosten der Warenbeförderung tragen muss, wird daher später gesondert nachgegangen. Im Folgenden wird zunächst dargestellt, welche Regelungen das CISG hinsichtlich der Besorgung der Beförderung trifft. Anschließend wird untersucht, welche Auswirkungen diesbezüglich die Vereinbarung ausgewählter internationaler Handelsklauseln hat.

I. CISG

1. Pflicht zur Besorgung der Beförderung

Trifft den Käufer eine Holschuld im Sinne des Art. 31 lit. b und lit. c CISG, hat dieser für den Warentransport vom Liefer- bis zum Bestimmungsort zu sorgen. Entscheidet sich der Käufer, den Transport der Ware nicht selbst bzw. mit eigenen Leuten vorzunehmen, sondern von einem selbständigen Beförderer durchführen zu lassen, so hat er die dafür erforderlichen Beförderungsverträge abzuschließen. Vereinbaren die Parteien hingegen einen Versendungskauf im Sinne des Art. 31 lit. a CISG, lässt sich dieser Vereinbarung keine Entscheidung darüber entnehmen, welche Partei die Beförderung besorgen muss. Art. 31 lit. a CISG trifft ausweislich seines Wortlauts insoweit keine Regelung, sondern beschränkt sich auf die Konkretisierung der vom Verkäufer geschuldeten Lieferhandlung und die Festlegung des Lieferorts.

Auch Art. 32 Abs. 2 CISG trifft keine Entscheidung hinsichtlich der Frage, welche Partei verpflichtet ist, die Beförderung der Ware zu besorgen, sondern setzt, wie der Wortlaut deutlich zeigt („Hat der Verkäufer für die Beförderung der Ware zu sorgen…“), das Bestehen einer diesbezüglichen Pflicht seitens des Verkäufers voraus.[46] Es bedarf daher einer vertraglichen Vereinbarung der Parteien darüber, wer von ihnen für die Beförderung der Ware durch Auswahl und Beauftragung eines Beförderers sorgen muss.

2. Anforderungen an die Beförderungsverträge (Art. 32 Abs. 2 CISG)

Obliegt dem Verkäufer die Pflicht zur Besorgung der Beförderung, trifft Art. 32 Abs. 2 CISG eine nähere Ausgestaltung dieser Pflicht und bestimmt, dass die erforderlichen Beförderungsverträge eine Beförderung der Ware mit angemessenen Transportmitteln vorsehen müssen und zu den üblichen Bedingungen abzuschließen sind.

Sinn und Zweck dieser Regelungen ist es, die Interessen des Käufers zu schützen, indem verhindert wird, dass sich die Qualität der veräußerten Ware allein durch die Wahl eines ungeeigneten Transportmittels verschlechtert oder dass aufgrund unüblicher Bedingungen des Beförderungsvertrages kein haftungsmäßiger Rückgriff beim Beförderer möglich ist.[47]

Ob ein Transportmittel angemessen ist, beurteilt sich zum einen nach der Art des gewählten Transportfahrzeugs und zum anderen nach der vereinbarten Transportroute.[48] Je nach Eigenart der Transportgüter kann es erforderlich sein, eine Beförderung in Kühlwagen oder mittels eines besonders schnellen Transportmittels vorzunehmen. Etwaige Gefahren in Transitländern sind zu berücksichtigen und Krisen- oder Streikgebiete nach Möglichkeit zu meiden.

Auch die Beauftragung eines bekanntermaßen unzuverlässigen Beförderers kann zur Unangemessenheit im Sinne des Art. 32 Abs. 2 CISG führen. Die Üblichkeit der Bedingungen des Transportvertrages beurteilt sich insbesondere nach der Höhe des Beförderungsentgelts sowie dem Vorhandensein von Freizeichnungsklauseln, die die Haftung des Beförderers ausschließen oder beschränken.

---

46 MünchKomm-BGB-*Gruber*, Art. 32, Rdnr. 9; Neumayer/Ming, Art. 32, Bem. 6; Staudinger-*Magnus*, Art. 32, Rdnr. 15; a.A. – von einer Verpflichtung des Verkäufers zur Besorgung der Beförderung bei Vorliegen eines Versendungskaufs i.S.d. Art. 31 lit. a CISG ausgehend – Honsell-*Karollus*, Art. 32, Rdnr. 16; Schlechtriem/Schwenzer-*Huber/Widmer*, Art. 32, Rdnr. 1 und 15.

47 Staudinger-*Magnus*, Art. 32, Rdnr. 16.

48 Zum Folgenden: Bianca/Bonell-*Lando*, Art. 32, Bem. 2.3.1.; MünchKomm-HGB-*Benicke*, Art. 32, Rdnr. 11; Schlechtriem/Schwenzer-*Huber/Widmer*, Art. 32, Staudinger-*Magnus*, Art. 32, Rdnr. 17; Rdnr. 19.

II. Internationale Handelsklauseln

1. „Franko/frei... (benannter Bestimmungsort)"

Die internationale Lieferklausel „franko/frei... (benannter Bestimmungsort)" wird, wie bereits zuvor erläutert, bei Vorliegen eines Versendungskaufs verwandt, d.h. in Fällen, in denen die Ware unter Mitwirkung eines Beförderers vom Verkäufer zum Käufer transportiert wird. Die in Teil 5 vorgenommene Auswertung der nationalen und internationalen Rechtsprechung sowie der Literatur hat gezeigt, dass der Verkäufer auch zum Abschluss der erforderlichen Beförderungsverträge verpflichtet ist, sofern die Parteien diesbezüglich keine Regelung getroffen haben. Durch die Vereinbarung der Lieferklausel „franko/frei... (benannter Bestimmungsort)" treffen die Vertragsparteien damit eine Entscheidung über die von den Bestimmungen des CISG – wie bereits erläutert – nicht geregelten Frage, welche der Parteien für die Beförderung der Ware durch die Auswahl und Beauftragung eines Beförderers sorgen muss.
Unterliegt, wie im Rahmen dieser Untersuchung vorausgesetzt, das Vertragsverhältnis den Bestimmungen des CISG, findet Art. 32 Abs. 2 CISG auch bei Geltung der Lieferklausel „franko/frei... (benannter Bestimmungsort)" Anwendung, so dass der Verkäufer verpflichtet ist, die für den Transport der Ware erforderlichen Beförderungsverträge zu den üblichen Bedingungen abzuschließen.

2. „Frei Haus"

Wie die in Teil 5 vorgenommene Untersuchung der nationalen und internationalen Rechtsprechung sowie der Literatur ergeben hat, verlagert die Klausel „frei Haus" den Lieferort an die Niederlassung des Käufers und begründet eine Bringschuld des Verkäufers. Dieser hat seine Lieferpflicht folglich an der Niederlassung des Käufers zu erfüllen und mithin auch für einen Transport der Ware zu diesem Ort zu sorgen. Entscheidet sich der Verkäufer, den Warentransport nicht selbst bzw. mit eigenen Leuten vorzunehmen, sondern von einem selbständigen Beförderer durchführen zu lassen, so hat bei Vereinbarung der Klausel „frei Haus" der Verkäufer die dafür erforderlichen Beförderungsverträge abzuschließen, da dies eine vorbereitende Maßnahme für die von ihm an der Niederlassung des Käufers vorzunehmende Lieferhandlung ist.

Wie bereits erläutert, enthält das CISG keine speziellen Bestimmungen für den Fall, dass den Verkäufer eine Bringschuld trifft. Ist in den Bestimmungen des CISG von einer Besorgung der Warenbeförderung durch den Verkäufer die Rede, dann ist damit grundsätzlich die Organisation eines Versendungskaufs gemeint. Bei Vereinbarung der Lieferklausel „frei Haus“ schuldet der Verkäufer aber eben mehr als die bloße Versendung der Ware, nämlich unter anderem auch eine vertragsgemäße Ankunft der Ware am Lieferort.

Wird die Lieferklausel „frei Haus“ in einem Vertragsverhältnis vereinbart, auf welches das CISG Anwendung findet, ergeben sich vor diesem Hintergrund Bedenken gegen eine Anwendung des Art. 32 Abs. 2 CISG. Da der Verkäufer in einem solchen Fall die Kosten und die Gefahr des Transports der veräußerten Ware bis zu deren Ankunft am Lieferort trägt, wahrt der Verkäufer mit der Auswahl eines zuverlässigen Beförderers und dem Abschluss der Transportverträge zu üblichen Bedingungen seine eigenen Interessen. Schließt der Verkäufer die Transportverträge zu unüblichen Bedingungen ab, beispielsweise indem er eine außergewöhnlich lange oder unsichere Transportroute wählt, tangiert dies daher primär seine Interessen, nicht jedoch diejenigen des Käufers, die zu schützen – wie zuvor bereits eingehend erläutert – Sinn und Zweck des Art. 32 Abs. 2 CISG ist. Vor dem diesem Hintergrund ist daher davon auszugehen, dass die Vereinbarung der Lieferklausel „frei Haus“ die Pflicht des Verkäufers zum Abschluss der Beförderungsverträge zu den üblichen Bedingungen (Art. 32 Abs. 2 CISG) ausschließt.

3. Incoterms 2000

Die Pflicht zur Besorgung einer Beförderung der Ware wird in den Klauseln der Incoterms 2000 unter Ordnungspunkt A3 lit. a bzw. B3 lit. a geregelt.

a) EXW

Als einzige Klausel der Incoterms 2000 trifft die Klausel EXW keine Verpflichtung für eine der Parteien, einen Beförderungsvertrag zum Transport der Ware abzuschließen. Hintergrund für das Fehlen einer diesbezüglichen Regelung ist, dass die Vereinbarung der Klausel EXW eine Holschuld des Käufers begründet. Beabsichtigt der Käufer, die veräußerte Ware unter Mitwirkung eines Beförderers vom Lieferort zum Bestimmungsort zu transportieren, ergibt sich aus der Natur der Klausel EXW als Abholklausel, dass er die dafür erforderlichen Beförderungsverträge selbst abschließen muss.[49]

---

49 So auch: Bredow/Seiffert, Incoterms 2000, EXW, Rdnr. 14.

b) FAS, FOB

Bei Vereinbarung der Klauseln FAS und FOB ist der Käufer verpflichtet, die für die Beförderung der Ware vom Verschiffungshafen zum Bestimmungsort notwendigen Verträge abzuschließen.[50] Werden die Klauseln FAS oder FOB, wie im Rahmen dieser Untersuchung vorausgesetzt, in einem Vertragsverhältnis vereinbart, auf welches das CISG Anwendung findet, treffen die Vertragsparteien damit eine Entscheidung über die von den Bestimmungen des CISG nicht geregelte Frage, welche der Parteien die Beförderung der Ware besorgen muss.

c) FCA

Die Klausel FCA weist grundsätzlich dem Käufer die Pflicht zu, für eine Beförderung der Ware zu sorgen.[51] Findet, wie im Rahmen dieser Untersuchung vorausgesetzt, auf das Vertragsverhältnis das CISG Anwendung, treffen die Vertragsparteien mit Vereinbarung der Klausel FCA damit eine Entscheidung über die von den Bestimmungen des CISG nicht geregelten Frage, welche der Parteien die Beförderung der Ware besorgen muss.
Von der Pflicht des Käufers zur Besorgung der Beförderung normiert die Klausel FCA jedoch zwei Ausnahmen: Zum einen wird dem Käufer die Möglichkeit gegeben, vom Verkäufer den Abschluss der erforderlichen Beförderungsverträge zu verlangen. Zum anderen wird darauf verwiesen, dass sich eine Pflicht des Verkäufers zur Besorgung der Beförderung aus einer bestehenden Handelspraxis ergeben kann, sofern der Käufer nicht eine gegenteilige Anweisung erteilt hat. In beiden Fällen wird dem Verkäufer jedoch das Recht eingeräumt, die Übernahme der Pflicht zum Abschluss der Beförderungsverträge durch eine unverzügliche Nachricht an den Käufer abzulehnen.

Die erste Ausnahmeregelung scheint auf den ersten Blick dem Käufer das Recht einzuräumen, durch eine einseitige Erklärung die Pflicht zum Abschluss der Beförderungsverträge dem Verkäufer aufzubürden. Da der Verkäufer dieses Verlangen des Käufers jedoch durch eine einseitige Erklärung zurückweisen kann, bedarf es im Ergebnis einer einverständlichen Vereinbarung der Parteien, um von der Grundregel der Klausel FCA abzuweichen.
Die zweite Ausnahmeregelung knüpft, wie zuvor dargestellt, an eine etwaige Handelspraxis an, die dem Verkäufer den Abschluss der Beförderungsverträge zuweist. Dieser Hinweis auf eine bestehende Handelspraxis ist als ein Verweis

---

50 Vgl. FAS B3 lit. a, FOB B3 lit. a.
51 Vgl. FCA B3 lit. a.

auf einschlägige Handelsbräuche und Gepflogenheiten zu verstehen.[52] Insoweit besteht eine Übereinstimmung mit der Rechtslage bei Anwendung des CISG, da Art. 9 CISG ebenfalls zur Berücksichtigung einschlägiger Handelsbräuche und Gepflogenheiten verpflichtet. Auch der Vorbehalt in den Erläuterungen der Klausel FCA, dass eine im Widerspruch zum Inhalt einer Handelspraxis stehende Erklärung einer Partei die Berücksichtigung der betreffenden Handelspraxis verhindert, findet seine Entsprechung bei alleiniger Anwendung des CISG: Eine im Widerspruch zum Inhalt eines Handelsbrauchs oder einer bestehenden Gepflogenheit stehende Erklärung einer Vertragspartei verhindert das Vorliegen eines einheitlichen Parteiwillens im Sinne des Art. 9 Abs. 1 CISG und zerstört auch die Fiktion des Art. 9 Abs. 2 CISG.

Hinsichtlich der Berücksichtigung von Handelsbräuchen und Gepflogenheiten besteht somit eine inhaltliche Übereinstimmung zwischen den diesbezüglichen Regelungen der Klausel FCA und der Rechtslage bei unveränderter Anwendung des CISG.

Übernimmt der Verkäufer die Pflicht zur Besorgung der Warenbeförderung, so legt die Klausel FCA fest, dass er den Beförderungsvertrag zu den üblichen Bedingungen abzuschließen hat.[53] Insoweit besteht daher eine Übereinstimmung mit der Regelung des Art. 32 Abs. 2 CISG. Allerdings verpflichtet die Klausel FCA den Verkäufer nicht zur Auswahl eines den Umständen angemessenen Beförderungsmittels. Wird die Klausel FCA, wie im Rahmen dieser Untersuchung vorausgesetzt, in einem Vertragsverhältnis vereinbart, dass den Bestimmungen des CISG unterliegt, greift diesbezüglich die Regelung des Art. 32 Abs. 2 CISG ein.

d) C-Klauseln

Die C-Klauseln verpflichten den Verkäufer, die für den Transport der Ware bis zum benannten Bestimmungsort bzw. Bestimmungshafen erforderlichen Beförderungsverträge abzuschließen.[54] Vereinbaren die Parteien eine C-Klausel in einem Vertrag, auf den das CISG Anwendung findet, treffen die Vertragsparteien damit eine Entscheidung über die von den Bestimmungen des CISG nicht geregelte Frage, welche der Parteien die Beförderung der Ware besorgen muss. Der Beförderungsvertrag muss, wie die Klauselerläuterungen ausdrücklich festlegen, einen Transport der veräußerten Ware auf dem üblichen Weg und zu den üblichen Be-

52 Bredow/Seiffert, Incoterms 2000, FCA, Rdnr. 12.
53 Vgl. FCA A3 lit. a.
54 Vgl. C-Klauseln A3 lit. a.

dingungen[55] gewährleisten. Insoweit besteht damit eine inhaltliche Übereinstimmung mit der Regelung des Art. 32 Abs. 2 CISG.

Zusätzlich bestimmen die beiden Klauseln CFR und CIF, dass das Schiff, mit dem die Ware zum Bestimmungshafen befördert wird, von einer Bauart sein muss, die üblicherweise für den Transport vergleichbarer Ware verwandt wird.[56] Diese beiden Klauseln stellen damit – ebenso wie Art. 32 Abs. 2 CISG – gewisse Mindestanforderungen an das Transportmittel. Werden die Klauseln CPT und CIP in einem Vertragsverhältnis vereinbart, auf welches das CISG Anwendung findet, ergibt sich die Verpflichtung des Verkäufers, eine Beförderung mit angemessenen Transportmitteln sicher zu stellen, aus einem Rückgriff auf Art. 32 Abs. 2 CISG.

e) D-Klauseln

Auch bei Vereinbarung einer der D-Klauseln ist der Verkäufer verpflichtet, die für den Transport der Ware bis zum benannten Bestimmungsort bzw. Bestimmungshafen erforderlichen Beförderungsverträge abzuschließen.[57] Findet eine D-Klausel in einem Vertragsverhältnis Anwendung, dass den Bestimmungen des CISG unterliegt, treffen die Vertragsparteien damit eine Entscheidung über die von den Bestimmungen des CISG nicht geregelte Frage, welche der Parteien die Beförderung der Ware besorgen muss. Eine Pflicht, den Beförderungsvertrag zu den üblichen Bedingungen abzuschließen, wird nach dem Wortlaut der betreffenden Klauseln jedoch nicht begründet.[58]

Wird eine D-Klausel in einem Vertragsverhältnis vereinbart, auf welches das CISG Anwendung findet, stellt sich die Frage, ob insoweit die Regelung des Art. 32 Abs. 2 CISG eingreift. Der Wortlaut des Art. 32 Abs. 2 CISG nennt als einzige Anwendungsvoraussetzung, dass der Verkäufer für die Beförderung der Ware zu sorgen hat. Diese Voraussetzung ist bei Vereinbarung einer der D-Klauseln zwar erfüllt, Bedenken gegen eine Anwendung ergeben sich jedoch aus dem zuvor bereits erläuterten Sinn und Zweck des Art. 32 Abs. 2 CISG, der es ist

---

55 Die deutsche Übersetzung der Incoterms 2000 spricht von einer Beförderung „in der üblichen Weise“, dies ist – wie sich aus der insoweit maßgeblichen englischen Version der Incoterms 2000 ergibt, die von „usual terms“ sprechen – im Sinne üblicher Vertragsbedingungen zu verstehen.

56 Vgl. CFR A3 lit. a, CIF A3 lit. a.

57 Vgl. D-Klauseln A3 lit. a.

58 Anders jedoch Bredow und Seiffert, die zu Unrecht von einem mit der Klausel CPT identischen Wortlaut ausgehen, vgl. Bredow/Seiffert, Incoterms 2000, DDU, Rdnr. 7.

die Interessen des Käufers zu schützen. Da die D-Klauseln als Ankunftsklauseln ausgestaltet sind, trägt der Verkäufer bis zur Übergabe der veräußerten Ware am vereinbarten Bestimmungsort die Kosten (D-Klauseln A3 lit. a) und Gefahren (D-Klauseln A5) des Transports. Schließt der Verkäufer den Beförderungsvertrag zu ungünstigen Bedingungen ab oder wählt er eine außergewöhnlich lange oder unsichere Transportroute, berührt dies die Interessen des Käufers daher bei Geltung einer D-Klausel grundsätzlich nicht, solange die vom Verkäufer gewählten Transportmodalitäten den Käufer nicht in der Erfüllung seiner Abnahmepflicht beeinträchtigen.[59] Unter Berücksichtigung des Sinns und Zwecks des Art. 32 Abs. 2 CISG ist daher davon auszugehen, dass die Vereinbarung einer D-Klausel der Incoterms 2000 die Pflicht des Verkäufers zum Abschluss der Beförderungsverträge zu üblichen Bedingungen aus Art. 32 Abs. 2 CISG ausschließt.

D. Abschluss einer Transportversicherung

Der Transport von Waren birgt die Gefahr einer Verschlechterung oder sogar eines Untergangs der Ware in sich. Neben der Gefahr einer Beschädigung oder Zerstörung der Ware als Folge eines Transportunfalls können auch die klimatischen Bedingungen während des Transports zu Schäden an der Ware führen. Aufgrund der bestehenden Risiken vereinbaren die Vertragsparteien regelmäßig den Abschluss einer Versicherung gegen die Gefahren des Transports.

Der folgende Abschnitt widmet sich der Frage, in welchen Fallkonstellationen eine Pflicht zum Abschluss einer Transportversicherung besteht und welche Vertragspartei in diesen Fällen den Abschluss der Transportversicherung besorgen muss. Von der Pflicht zum Abschluss einer Transportversicherung ist die Pflicht zur Tragung der Kosten einer solchen Versicherung zu trennen. Der Frage, welche Vertragspartei die Kosten der Transportversicherung tragen muss, wird daher später nachgegangen. Im Folgenden wird zunächst dargestellt, welche Regelungen das CISG in Bezug auf den Abschluss einer Transportversicherung trifft. Anschließend wird untersucht, welche Auswirkungen insoweit die Vereinbarung ausgewählter internationaler Handelsklauseln hat.

59 Ramberg, Incoterms 2000, S. 139.

I. CISG

Das CISG enthält keine ausdrücklichen Bestimmungen, die einer der Parteien die Pflicht auferlegen, eine Transportversicherung für die veräußerten Waren abzuschließen. Art. 32 Abs. 3 CISG verpflichtet den Verkäufer lediglich zur Auskunftserteilung, um dem Käufer die Möglichkeit zum Abschluss einer solchen Versicherung zu geben. Eine Pflicht des Verkäufers zum Abschluss einer Transportversicherung lässt sich auch nicht Art. 32 Abs. 2 CISG entnehmen, da dieser nur Mindestanforderungen hinsichtlich der Vertragsbedingungen etwaiger vom Verkäufer abzuschließender Beförderungsverträge aufstellt und keine Pflichten zum Abschluss weiterer, nicht im unmittelbaren Zusammenhang mit der Warenbeförderung stehender Verträge enthält.[60] Bei Anwendung des CISG ist der Verkäufer daher nicht verpflichtet, eine Transportversicherung abzuschließen.[61] Die Parteien können jedoch vertraglich eine solche Versicherungspflicht begründen. Haben die Parteien in einem solchen Fall keine inhaltlichen Anforderungen hinsichtlich der abzuschließenden Transportversicherung bestimmt, muss diese in analoger Anwendung des Art. 32 Abs. 2 CISG zu den üblichen Bedingungen abgeschlossen werden.[62] Dies umfasst neben einem Abschluss der Versicherung zu üblichen Vertragsbedingungen auch die Auswahl eines geeigneten und zuverlässigen Versicherers.

II. Internationale Handelsklauseln

1. „Franko/frei... (benannter Bestimmungsort)"

Der Regelungsinhalt der internationalen Lieferklausel „franko/frei... (benannter Bestimmungsort)" beschränkt sich, wie die in Teil 5 vorgenommene Untersuchung der nationalen und internationalen Rechtsprechung sowie der Literatur ergeben hat, auf eine Verteilung der Transportkosten. Insbesondere kann dieser

---

60 Bianca/Bonell-*Lando*, Art. 32, Bem. 2.4.; Kock, S. 120 f.; Reinhart, Art. 32, Rdnr. 4; Soergel-*Lüderitz/Schüßler-Langeheine*, Art. 32, Rdnr. 10; a.A. – von einer Pflicht des Verkäufers zum Abschluss einer Transportversicherung nach Art. 32 Abs. 2 CISG ausgehend, wenn „vorsichtige und ordentliche Kaufleute" eine Versicherung abschließen würden – Schlechtriem/Schwenzer-*Huber/Widmer*, Art. 32, Rdnr. 26; Witz/Salger/Lorenz-*Witz*, Art. 32, Rdnr. 11.

61 So auch: Bianca/Bonell-*Lando*, Art. 32, Bem. 2.4.; Kock, S. 120 f.; Reinhart, Art. 32, Rdnr. 4; Soergel-*Lüderitz/Schüßler-Langeheine*, Art. 32, Rdnr. 10; Staudinger-*Magnus*, Art. 32, Rdnr. 22.

62 Kock, UN-Kaufrecht, S. 121; Schlechtriem/Schwenzer-*Huber/Widmer*, Art. 32, Rdnr. 26; Staudinger-*Magnus*, Art. 32, Rdnr. 21.

Klausel nicht entnommen werden, dass der Verkäufer die Gefahr einer Beschädigung oder eines Untergangs der Ware bis zur deren Ankunft am benannten Bestimmungsort tragen muss. Für den Käufer besteht daher ein verständliches Interesse an einer Versicherung gegen die Risiken des Warentransports. Die in Teil 5 vorgenommene Untersuchung hat jedoch keinen Anhaltspunkt dafür geliefert, dass die Klausel „franko/frei... (benannter Bestimmungsort)" eine Pflicht des Verkäufers zum Abschluss einer Transportversicherung begründet. Allerdings können die Vertragsparteien, indem sie der Klausel „franko/frei... (benannter Bestimmungsort)" den Zusatz „versichert" beifügen, zum Ausdruck bringen, dass der Verkäufer zum Abschluss einer Transportversicherung verpflichtet sein soll.
Bei Anwendung des CISG besteht, wie zuvor dargestellt, keine Pflicht des Verkäufers, die veräußerte Ware gegen die Risiken des Transports zu versichern. Die Vereinbarung der Lieferklausel „franko/frei... (benannter Bestimmungsort)" ohne Zusätze führt insoweit zu keiner Veränderung der Pflichten der Vertragsparteien.

2. „Frei Haus"

Wie in Teil 5 ausgeführt, beschränkt sich der Reglungsinhalt der Klausel „frei Haus" nicht nur auf eine Verteilung der Transportkosten, sondern verlegt den Lieferort an die Niederlassung des Käufers und weist dem Verkäufer die Gefahrtragung bis zur Ankunft der Ware an der Niederlassung des Käufers zu. Seitens des Käufers besteht daher, anders als bei einem Versendungskauf, kein außergewöhnlich großes Bedürfnis für eine Absicherung gegen die Risiken des Transports. Dementsprechend wird der Klausel „frei Haus" auch keine Verpflichtung des Verkäufers zum Abschluss einer Transportversicherung entnommen. Durch die Verwendung des Klauselzusatzes „versichert" haben die Vertragsparteien jedoch die Möglichkeit, den Verkäufer ausnahmsweise auch zum Abschluss einer Transportversicherung zu verpflichten.
Wird die Klausel „frei Haus" ohne Zusätze in einem Vertrag vereinbart, auf den, wie im Rahmen dieser Untersuchung vorausgesetzt, die Bestimmungen des CISG Anwendung finden, führt dies hinsichtlich des Bestehens einer Pflicht zum Abschluss einer Transportversicherung daher zu keiner Veränderung der Pflichten der Vertragsparteien.

3. Incoterms 2000

Die Pflicht zum Abschluss einer Transportversicherung wird bei den einzelnen Klauseln der Incoterms 2000 unter Ordnungspunkt A3 lit. b bzw B3 lit. b behandelt.

a) EXW, F-Klauseln, CFR, CPT, D-Klauseln

Bei Vereinbarung der Klausel EXW, der F-Klauseln, der Klauseln CFR und CPT sowie der D-Klauseln besteht für keine der Parteien die Verpflichtung, für eine Versicherung der Ware auf dem Transport zu sorgen.[63] Finden die vorstehenden Klauseln in einem Vertragsverhältnis Anwendung, dass den Bestimmungen des CISG unterliegt, führt dies hinsichtlich des Bestehens einer Pflicht zum Abschluss einer Transportversicherung daher zu keiner Veränderung der Pflichten der Vertragsparteien.

b) CIF, CIP

Die Klauseln CIF und CIP verpflichten der Verkäufer eine Transportversicherung abzuschließen.[64] Dabei stellen die Klauseln CIF und CIP auch gewisse Mindestanforderungen hinsichtlich der Auswahl des Versicherers sowie des Inhalts des Versicherungsvertrages auf. Der Verkäufer ist zunächst verpflichtet, die Versicherung bei einem zuverlässigen Versicherer abzuschließen. Des Weiteren muss der abgeschlossene Versicherungsvertrag die „Person mit versichertem Interesse an den Gütern", in der Regel also den Käufer, dazu berechtigen, bei Eintritt des Versicherungsfalles direkt Ansprüche gegenüber dem Versicherer geltend zu machen. Zu diesem Zwecke ist der Verkäufer auch verpflichtet, dem Käufer einen Versicherungsnachweis, in der Regel die Versicherungspolice, zu übermitteln.

Haben die Vertragsparteien keine Regelung hinsichtlich des Deckungsschutzes getroffen, verweisen die Klauseln CIF und CIP hinsichtlich der erforderlichen Mindestdeckung auf die einschlägigen Bedingungswerke, insbesondere die Institute Cargo Clauses[65]. In jedem Fall muss gewährleistet sein, dass eine Mindest-

---

63 Vgl. A3 lit. a und B3 lit b der jeweiligen Klausel.

64 Vgl. CIF A3 lit. b, CIP A3 lit. b.

65 Die Institute Cargo Clauses sind eine von der International Underwriting Association of London (IUA) herausgegebene Sammlung von Versicherungsbedingungen, Policenformen und Klauseln für Transportversicherungsverträge, die in erster Linie Seetransport-, aber auch Landtransportrisiken betreffen. Die Institute Cargo Clauses enthalten drei Klauseltypen, die sich durch einen unterschiedlichen Umfang des Versicherungsschutzes auszeichnen: Die Clause-A gewährt den umfangreichsten Versicherungsschutz nach dem so genannten All-Risk-Prinzip, die Clause-B bietet für alle in der Police ausdrücklich genannten Risiken Versicherungsschutz (so genanntes Named-Peril-Prinzip) und die Clause-C gewährt einen Mindestdeckungsschutz für im Einzelnen genannte Schadensereignisse, beispielsweise Feuer, Strandung oder einen Unfall des Transportmittels. Die Klauseln CIF und CIP der Incoterms 2000 fordern

deckung in Höhe des Kaufpreises zuzüglich 10 % in der Währung des Kaufvertrages besteht.
Hinsichtlich der Versicherungsdauer bestimmt die Klausel CIF, dass der Sendungsverlust zwischen Abgangshafen und Empfangshafen abgesichert sein muss, die Klausel CIP entsprechend zwischen Abgangsort und benanntem Bestimmungsort.

Die Vereinbarung einer der Klauseln CIF oder CIP in einem den Bestimmungen des CISG unterliegenden Vertrag begründet eine Pflicht des Verkäufers zum Abschluss einer Transportversicherung und führt damit zu einer Erweiterung des nach den Regelungen des CISG bestehenden Pflichtenprogramms des Verkäufers.

Wie zuvor dargestellt, ist eine Transportversicherung nach Art. 32 Abs. 2 CISG analog zu den üblichen Bedingungen abzuschließen, wenn die Parteien zwar vertraglich eine Versicherungspflicht begründen, jedoch keine inhaltlichen Anforderungen an die abzuschließende Transportversicherung festlegen. Von diesen Anforderungen weichen die von den Klauseln CIF und CIP aufgestellten Mindestanforderungen an die abzuschließende Transportversicherung nicht ab, da die benannten Anforderungen den üblichen Vertragbedingungen einer Transportversicherung im internationalen Handelsverkehr entsprechen. Auch hinsichtlich der von den Klauseln CIF und CIP begründeten Pflicht zur Auswahl eines zuverlässigen Versicherers ergibt sich kein Unterschied zur zuvor dargestellten Rechtslage bei analoger Anwendung des Art. 32 Abs. 2 CISG.
Dies bedeutet, dass sich die Vereinbarung der Klauseln CIF und CIP in einem Vertrag, auf den das CISG Anwendung findet, hinsichtlich des Bestehens einer Pflicht des Verkäufers zum Abschluss einer Transportversicherung auswirkt, nicht jedoch hinsichtlich der inhaltlichen Anforderungen an die Versicherung.

E. Übergabe von Dokumenten

Der folgende Abschnitt widmet sich der Übergabe von Dokumenten; dabei werden neben der Pflicht zur Dokumentenübergabe auch die Aspekte des Zeitpunkts und des Orts der Dokumentenübergabe berücksichtigt. Zunächst wird dargestellt, welche Regelungen sich diesbezüglich dem CISG entnehmen lassen. Anschlie-

---

einen Mindestversicherungsschutz und verweisen damit auf die Clause-C der Institute Cargo Clauses.

ßend wird untersucht, welche Auswirkungen insoweit die Vereinbarung ausgewählter internationaler Handelsklauseln zeigt.

I. CISG

1. Pflicht zur Dokumentenübergabe

Gemäß Art. 30 CISG ist der Verkäufer verpflichtet, dem Käufer die die Ware betreffenden Dokumente auszuhändigen. Diese Pflicht wird durch die Bestimmungen des Art. 34 CISG näher konkretisiert. Zunächst wird durch Art. 34 S. 1 CISG festgestellt, dass vertragliche Absprachen zwischen den Parteien vorrangig sind. Dies muss als deklaratorischer Hinweis auf das für das gesamte Übereinkommen geltende Prinzip des Vorrangs von Parteivereinbarungen (Art. 6 CISG) angesehen werden. Der Wortlaut des Art. 34 CISG spricht von Dokumenten, „die sich auf die Ware beziehen“. Dies sind neben den Traditionspapieren, wie beispielsweise das Konnossement, insbesondere auch die Handelsrechnung sowie Ursprungs- und Qualitätszeugnisse.[66] Nicht als Dokumente im Sinne des Art. 34 CISG, sondern vielmehr als Teil der Ware selbst sind hingegen Gebrauchsanweisungen und Montageanleitungen zu betrachten.[67]

2. Ort der Dokumentenübergabe

Die Bestimmungen des CISG treffen keine Aussage darüber, an welchem Ort die Dokumente zu übergeben sind. Da der Käufer die Dokumente in der Regel für die Durchführung des Ab- bzw. Weitertransports der Ware benötigt, kann ein Auseinanderfallen des Orts der Warenübergabe und des Orts der Dokumentenübergabe zu Schwierigkeiten führen. Aus diesem Grunde ist mangels anderweitiger Vereinbarungen der Parteien oder sonstiger Anhaltspunkte der Ort der Dokumentenübergabe an den Lieferort der Ware anzuknüpfen.[68]

---

66 Bianca/Bonell-*Lando*, Art. 34, Bem. 2.1.; Piltz, UN-KaufR, § 4, Rdnr. 80 ff.; Staudinger-*Magnus*, Art. 34, Rdnr. 7.

67 Achilles, Art. 34, Rdnr. 1; Honsell-*Karollus*, Art. 34, Rdnr. 3; MünchKomm-BGB-*Gruber*, Art. 34, Rdnr. 3; Piltz, UN-KaufR, § 4 , Rdnr. 77; Staudinger-*Magnus*, Art. 34, Rdnr. 7; a.A. Reinhart, Art. 34, Rdnr. 2.

68 Ebenso: Piltz, UN-KaufR, § 4 Rdnr. 85; Schackmar, Lieferpflicht, S. 189; Staudinger-*Magnus*, Art. 34, Rdnr. 8; Witz/Salger/Lorenz-*Witz*, Art. 34, Rdnr. 6; a.A – für grundsätzliche. Übersendungspflicht des Verkäufers auf eigene Kosten und Gefahr – Honsell-*Karollus*, Art. 34, Rdnr. 7; Schlechtriem/Schwenzer-*Huber/Widmer*, Art. 34, Rdnr. 3.

3. Zeitpunkt der Dokumentenübergabe

Die Bestimmungen des CISG treffen auch keine ausdrückliche Regelung hinsichtlich des Zeitpunkts, zu dem der Verkäufer die Dokumente an den Käufer aushändigen muss. Es kann jedoch als allgemeiner Grundsatz des Übereinkommens im Sinne des Art. 7 Abs. 2 CISG angesehen werden, dass mangels anderweitiger Regelungen eine Dokumentenübergabe in angemessener Frist zu erfolgen hat.[69]

Es besteht Einigkeit darüber, dass bei einem Versendungskauf die Dokumente dem Käufer so rechtzeitig vorliegen müssen, dass dieser in der Lage ist, die Ware beim Beförderer in Empfang zu nehmen, die erforderlichen Zollformalitäten zu erledigen und gegebenenfalls Ansprüche gegen den Beförderer oder den Transportversicherer geltend zu machen.[70]

II. Internationale Handelsklauseln

1. Incoterms 2000

Die Dokumentenübergabe wird bei den Klauseln der Incoterms 2000 unter Ordnungspunkt A8 behandelt.

a) EXW

Die Klausel EXW enthält keine Verpflichtung des Verkäufers zur Übergabe von Dokumenten.[71] Vereinbaren die Parteien die Klausel EXW in einem Vertrag, auf den, wie im Rahmen dieser Untersuchung vorausgesetzt, das CISG Anwendung findet, hat dies hinsichtlich der Pflicht zur Dokumentenübergabe keine Auswirkungen auf die zuvor dargestellten Regelungen des CISG.

---

69 So auch: Honsell-*Karollus*, Art. 34, Rdnr. 6; Neumayer/Ming, Art. 34, Bem. 4; Schlechtriem/Schwenzer-*Huber/Widmer*, Art. 34, Rdnr. 2.

70 Achilles, Art. 34, Rdnr. 2; Bianca/Bonell-*Lando*, Art. 34, Bem. 2.2.; Honsell-*Karollus*, Art. 34, Rdnr. 6; Kock, UN-Kaufrecht, S. 56; Schlechtriem/Schwenzer-*Huber/Widmer*, Art. 34, Rdnr. 2; Staudinger-*Magnus*, Art. 34, Rdnr. 8.

71 Vgl. EXW A8.

b) F-Klauseln

Die F-Klauseln verpflichten den Verkäufer, dem Käufer den üblichen Nachweis der Lieferung zu beschaffen.[72] Diese allgemein gehaltene Formulierung trägt den unterschiedlichen Dokumentationspraktiken der verschiedenen Transportarten Rechnung.[73] Beispielsweise erhält der Verkäufer beim Seetransport bei Anlieferung der Ware als Liefernachweis eine Empfangsbestätigung des Schiffes (so genanntes *Bord-Receipt*[74]) oder des Containerterminals bzw. des Kaibetriebes (so genanntes *Terminal-* oder *Interchange Receipt*).[75] Beim Straßen-, Eisenbahn- und Lufttransport erhält der Verkäufer bei Ablieferung der Ware an den Beförderer in der Regel eine Empfangsbestätigung in Form einer so genannten Absenderausfertigung.[76]

Die F-Klauseln treffen damit hinsichtlich der Pflicht zur Dokumentenübergabe keine von Art. 30 CISG abweichende Regelung, sie bringen jedoch aufgrund der Benennung des erforderlichen Dokuments eine Konkretisierung dieser Pflicht des Verkäufers mit sich. Da die F-Klauseln nicht Ort und Zeitpunkt der Dokumentenübergabe festlegen, ist diesbezüglich auf die im Rahmen des CISG entwickelten Grundsätze zurückzugreifen, sofern dieses auf das Vertragsverhältnis Anwendung findet.

Ist der Liefernachweis kein Transportdokument, verpflichten die F-Klauseln den Verkäufer zudem dazu, den Käufer auf dessen Verlangen bei der Beschaffung eines solchen Transportdokuments zu unterstützen.[77] Eine solche Konstellation, in der der Liefernachweis nicht aus einem Transportdokument besteht, liegt regelmäßig bei der zweistufigen Dokumentenabwicklung im internationalen Seetransport vor. Der Verkäufer erhält bei Ablieferung der Ware im Verschiffungshafen einen Empfangsschein und erst gegen Vorlage dieser Empfangsbestätigung stellt der Seefrachtführer das Transportdokument, in der Regel ein Konnossement, aus.[78]

Das CISG bringt eine solche Unterstützungspflicht des Verkäufers bei der Beschaffung eines Transportdokuments zwar nicht ausdrücklich zum Ausdruck, je-

---

72 Vgl. F-Klauseln A8.
73 Bredow/Seiffert, Incoterms 2000, FCA, Rdnr. 58.
74 Früher auch als „Mate's Receipt" bezeichnet.
75 Bredow/Seiffert, Incoterms 2000, FCA, Rdnr. 59 ff.
76 Eisemann, Incoterms 1980, S. 113.
77 Vgl. F-Klauseln A8.
78 Bredow/Seiffert, Incoterms 2000, FCA, Rdnr. 59 ff.

doch ergibt sich eine solche aus der allgemeinen Kooperationspflicht der Parteien, die als allgemeiner Grundsatz des Übereinkommens im Sinne des Art. 7 Abs. 2 CISG anerkannt ist. Vereinbaren die Parteien eine F-Klausel in einem Vertrag, auf den das CISG Anwendung findet, führt dies daher auch hinsichtlich dieser Unterstützungspflicht des Verkäufers zu keiner inhaltlichen Abweichung.

c) CFR und CIF

Die Klauseln CFR und CIF verpflichten den Verkäufer, dem Käufer das übliche Transportdokument für den Bestimmungshafen zu beschaffen.[79] Dies ist regelmäßig ein Konnossement oder ein Seefrachtbrief. Die Klauseln CFR und CIF stellen zudem gewisse Mindestanforderungen an das Transportdokument: Es muss über die vereinbarte Ware lauten und ein innerhalb der von den Parteien vereinbarten Verschiffungsfrist liegendes Datum tragen. Zudem muss das Transportdokument den Käufer in die Lage versetzen, die Ware „schwimmend", d.h. während des Transports, an Dritte weiterzuverkaufen, sofern die Parteien nicht etwas anderes vereinbart haben. Bestehen mehrere Originalausfertigungen der Transportdokumente, muss der Verkäufer den vollständigen Satz an den Käufer aushändigen.[80]
Die Klauseln CFR und CIF treffen damit hinsichtlich der Pflicht zur Dokumentenübergabe keine von Art. 30 CISG abweichende Regelung, sie führen jedoch aufgrund der Benennung der erforderlichen Dokumente zu einer Konkretisierung dieser Pflicht des Verkäufers. Hinsichtlich des Zeitpunkts der Dokumentenübergabe bestimmen die Klauseln CFR und CIF, dass der Verkäufer die Dokumente unverzüglich zu beschaffen hat.[81] Damit enthalten die betreffenden Klauseln anders als das CISG eine ausdrückliche Regelung hinsichtlich des Zeitpunkts der Dokumentenübergabe.
Es besteht zudem auch ein inhaltlicher Unterschied, da die Pflicht zur unverzüglichen Dokumentenbeschaffung nach den Klauseln CFR und CIF in zeitlicher Hinsicht eine höhere Anforderung an den Verkäufer stellt als die bei alleiniger Anwendung des CISG bestehende Pflicht zur Dokumentenübergabe in angemessener Frist. Die Klauseln CFR und CIF bestimmen hingegen nicht den Ort der Dokumentenübergabe. Findet, wie im Rahmen dieser Untersuchung vorausgesetzt, auf das Vertragsverhältnis das CISG Anwendung, hat diesbezüglich ein Rückgriff auf die im Rahmen des CISG entwickelten Grundsätze zu erfolgen.

---

79 Vgl. CFR A8, CIF A8.
80 Vgl. CFR A8, CIF A8.
81 Vgl. CFR A8, CIF A8.

d) CPT und CIP

Die Klauseln CPT und CIP verpflichten den Verkäufer, dem Käufer das übliche Transportdokument zu beschaffen.[82] Allerdings steht diese Pflicht im Rahmen der Klauseln CPT und CIP unter dem ausdrücklichen Vorbehalt, dass eine solche handelsüblich ist. Damit wird Bezug genommen auf die unterschiedlichen Gepflogenheiten und Handelsbräuche der verschiedenen Branchen und Handelsplätze.
Die Klauseln CPT und CIP treffen damit hinsichtlich der Pflicht zur Dokumentenübergabe keine von Art. 30 CISG abweichende Regelung, sie konkretisieren jedoch aufgrund der Benennung des erforderlichen Dokuments diese Pflicht des Verkäufers. Da auch das CISG gemäß Art. 9 CISG stets zur Beachtung einschlägiger Handelsbräuche und Gepflogenheiten verpflichtet, bedeutet der diesbezügliche Vorbehalt in den Klauseln CPT und CIP im Vergleich zur Rechtslage bei unveränderter Anwendung des CISG keinen inhaltlichen Unterschied. Da die Klauseln CPT und CIP keine Regelungen hinsichtlich Ort und Zeitpunkt der Dokumentenübergabe treffen, ist diesbezüglich, sofern auf das Vertragsverhältnis das CISG Anwendung findet, auf die im Rahmen des CISG entwickelten Grundsätze zurückzugreifen.

e) DAF

Die Klausel DAF verpflichtet den Verkäufer dazu, dem Käufer den üblichen Nachweis über die Lieferung der Ware zu beschaffen.[83] Da die Ware in der Praxis oftmals ohne Umladung mit demselben Transportmittel vom Lieferort, d.h. dem vereinbarten Grenzort, zur Niederlassung des Käufers befördert wird, verpflichtet diese Klausel den Verkäufer zudem, dem Käufer auf Verlangen ein Durchfrachtdokument zu beschaffen.[84]
Die Klausel DAF trifft damit hinsichtlich der Pflicht zur Dokumentenübergabe keine von Art. 30 CISG abweichende Regelung, sie führt jedoch aufgrund der Benennung des erforderlichen Dokuments zu einer Konkretisierung dieser Pflicht des Verkäufers. Da diese Klausel ebenfalls nicht den Ort und den Zeitpunkt der Dokumentenübergabe bestimmt, hat diesbezüglich, sofern auf das Vertragsverhältnis das CISG Anwendung findet, ein Rückgriff auf die im Rahmen des CISG entwickelten Grundsätze zu erfolgen.

82 Vgl. CPT A8, CIP A8.
83 Vgl. DAF A8 Abs. 1.
84 Vgl. DAF A8 Abs. 2.

f) DES, DEQ, DDU, DDP

Bei Vereinbarung der Klauseln DES, DEQ, DDU und DDP ist der Verkäufer verpflichtet, dem Käufer die Dokumente zu beschaffen, die dieser für die Empfangnahme der Ware am Bestimmungsort benötigt.[85] Hinsichtlich der Pflicht zur Dokumentenübergabe treffen diese Klauseln damit keine von Art. 30 CISG abweichende Regelung, sie konkretisieren jedoch aufgrund der Benennung der erforderlichen Dokumente diese Verkäuferpflicht. Da die Klauseln DES, DEQ, DDU und DDP nicht den Ort und den Zeitpunkt der Dokumentenübergabe bestimmen, ist diesbezüglich auf die im Rahmen des CISG entwickelten Grundsätze zurückzugreifen, sofern auf das Vertragsverhältnis das CISG Anwendung findet.

2. „Kasse gegen Dokumente", „Dokumente gegen Akzept"

Vereinbaren die Vertragsparteien die Klausel „Kasse gegen Dokumente" oder die Klausel „Dokumente gegen Akzept", hat die Zahlungsabwicklung, wie in Teil 5 dargestellt, im Wege eines Dokumenteninkassos zu erfolgen. Dabei übermittelt der Verkäufer die Inkassodokumente unter Mitwirkung der Einreicherbank an die Inkassobank. Dort erhält der Käufer die Inkassodokumente Zug um Zug gegen Zahlung des Kaufpreises bzw. gegen Hingabe eines Wechselakzepts ausgehändigt. Der Ort der Dokumentenübergabe ist damit der Ort, an dem sich die Inkassobank befindet. Der Zeitpunkt der Dokumentenübergabe durch die Inkassobank an den Käufer richtet sich nach den von den Parteien vereinbarten Bedingungen des Dokumenteninkassos. In jedem Fall muss dem Käufer die Aufnahme der Dokumente so rechtzeitig möglich sein, dass er in der Lage ist, die ankommende Ware vom Beförderer in Empfang zu nehmen.

Vereinbaren die Parteien die Klausel „Kasse gegen Dokumente" oder die Klausel „Dokumente gegen Akzept" in einem Vertrag, auf den das CISG Anwendung findet, so hat dies keine Auswirkung auf das Bestehen der Pflicht des Verkäufers zur Übergabe der Warendokumente aus Art. 30 CISG. Allerdings wird im Zusammenhang mit der Vereinbarung dieser Zahlungsklauseln regelmäßig eine genaue Festlegung der im Einzelnen vom Verkäufer einzureichenden Dokumente sowie des Zeitpunkts getroffen, ab dem die Inkassodokumente zur Aufnahme durch den Käufer bereitliegen müssen, so dass es insoweit zu einer Konkretisierung der Pflicht des Verkäufers zur Dokumentenübergabe kommt. Anders als bei alleiniger Anwendung des CISG ist der Ort der Dokumentenübergabe bei Ver-

85 Vgl. DES A8, DEQ A8, DDU A8, DDP A8.

einbarung der Klausel „Kasse gegen Dokumente“ oder der Klausel „Dokumente gegen Akzept“ der Ort, an dem die Inkassobank die Dokumente aushändigt, und nicht der Lieferort der Ware.

3. „Dokumente gegen Akkreditiv“

Vereinbaren die Vertragsparteien die Zahlungsklausel „Dokumente gegen Akkreditiv“, hat die Zahlungsabwicklung, wie in Teil 5 dargestellt, mittels Dokumentenakkreditivs zu erfolgen. Dabei hat der Verkäufer die vereinbarten Warendokumente grundsätzlich bei der eröffnenden Bank einzureichen. Da die Stellung und Abwicklung des Dokumentenakkreditivs im Auftrag des Käufers erfolgt, liegt eine Dokumentenübergabe bereits mit Einreichung der vereinbarten Dokumente bei der eröffnenden Bank und nicht erst mit ihrer Aushändigung an den Käufer vor. Der Ort der Dokumentenübergabe befindet sich demnach am Ort der eröffnenden Bank. Wird neben der eröffnenden Bank auch eine avisierende Bank in die Zahlungsabwicklung eingebunden, die im Auftrag der eröffnenden Bank die Dokumente entgegen nimmt, hat die Dokumentenübergabe bei der avisierenden Bank zu erfolgen. Der Übergabezeitpunkt richtet sich nach den von den Parteien vereinbarten Akkreditivbedingungen. In jedem Fall muss der Verkäufer die Dokumente jedoch innerhalb der Laufzeit des Akkreditivs einreichen.

Die Verwendung der Zahlungsklausel „Dokumente gegen Akkreditiv“ in einem Vertrag, auf den das CISG Anwendung findet, hat keine Auswirkung auf das Bestehen der Pflicht des Verkäufers zur Dokumentenübergabe aus Art. 30 CISG, bringt jedoch aufgrund der von den Parteien im Rahmen der Vereinbarung der Akkreditivbedingungen vorgenommenen exakten Festlegung der erforderlichen Dokumente eine Konkretisierung dieser Pflicht des Verkäufers mit sich. Anders als bei alleiniger Anwendung des CISG befindet sich der Ort der Dokumentenübergabe nicht am Lieferort der Ware, sondern – wie dargestellt – je nach konkreter Ausgestaltung des Dokumentenakkreditivs am Ort der eröffnenden bzw. der avisierenden Bank.

F. Vertragsmäßigkeit der Ware

Der folgende Abschnitt widmet sich der Vertragsmäßigkeit der Ware. Dabei findet neben den Aspekten der Warenquantität und -qualität auch der Aspekt der Warenverpackung Berücksichtigung.

I. Warenmenge

Zunächst wird im Folgenden dargestellt, welche Anforderungen die Bestimmungen des CISG an die vom Verkäufer zu liefernde Warenmenge stellen. Daran anschließend wird untersucht, welche Auswirkungen insoweit die Vereinbarung ausgewählter internationaler Handelsklauseln hat.

1. CISG

Der Verkäufer ist gemäß Art. 35 Abs. 1 CISG verpflichtet Ware zu liefern, die hinsichtlich ihrer Menge der vertraglichen Vereinbarung entspricht. Dementsprechend stellt jede Quantitätsabweichung, egal ob in Form einer Zuwenig- oder einer Zuviellieferung, eine Vertragswidrigkeit dar.[86] Dabei ist es unerheblich, ob es im Rahmen der Lieferung von Massenwaren zu Mengenabweichungen kommt, oder ob beim Verkauf einer Sachgesamtheit einzelne Teile nicht geliefert werden, die Verwendung der übrigen Teile jedoch bestimmungsgemäß erfolgen kann.[87]

2. Internationale Handelsklauseln

a) „Circa“

Wie die in Teil 5 vorgenommene Auswertung der Rechtsprechung und Literatur ergeben hat, führt die Vereinbarung der Klausel „circa“ dazu, dass eine quantitative Abweichung von der geschuldeten Warenmenge als zulässig erklärt wird. In welchem Umfang Mengenabweichungen zu tolerieren sind, bestimmt sich nach den jeweiligen Umständen des Einzelfalls und nach den Gepflogenheiten der jeweiligen Branche. Die Vereinbarung der Klausel „circa“ in einem den Bestimmungen des CISG unterliegenden Vertrag hat damit zur Folge, dass eine vom Verkäufer gelieferte Ware auch dann den Anforderungen des Art. 35 Abs. 1 CISG genügt, wenn die Warenmenge zwar von der vertraglich vereinbarten Menge nach oben oder unten abweicht, sie jedoch innerhalb der durch die Klausel „circa“ für zulässig erklärten Spanne liegt.

b) Incoterms 2000

Sämtliche Klauseln der Incoterms 2000 verpflichten den Verkäufer unter Ordnungspunkt A1 zur Lieferung vertragsgemäßer Ware. Dies umfasst selbstver-

---

86 Schlechtriem/Schwenzer-*Schwenzer*, Art. 35, Rdnr. 8.
87 Staudinger-*Magnus*, Art. 35, Rdnr. 9.

ständlich auch die Lieferung der richtigen Warenquantität. Diese Regelung der Incoterms ist lediglich die Bestätigung eines Grundelements eines jeden Kaufvertrags.[88] Es besteht damit kein inhaltlicher Unterschied zu der von Art. 35 Abs. 1 CISG getroffenen Regelung. Wird eine Klausel der Incoterms 2000 in einem Vertragsverhältnis vereinbart, auf das, wie im Rahmen dieser Untersuchung vorausgesetzt, das CISG Anwendung findet, hat dies daher keine Auswirkungen hinsichtlich der vom Verkäufer zu liefernden Warenmenge.

II. Warenqualität

Im Folgenden wird dargestellt, welche Anforderungen die Bestimmungen des CISG an die vom Verkäufer zu liefernde Warenqualität aufstellen. Daran anschließend wird untersucht, welche Auswirkungen die Vereinbarung ausgewählter internationaler Handelsklauseln hat.

1. CISG

Gemäß Art. 35 Abs. 1 CISG muss die gelieferte Ware hinsichtlich ihrer Qualität den vertraglichen Vereinbarungen der Parteien entsprechen. Unter dem Begriff Qualität sind dabei neben der körperlichen Beschaffenheit der Ware auch ihre tatsächlichen oder rechtlichen Beziehungen und Verhältnisse zur Umwelt zu verstehen.[89] Fehlen entsprechende subjektive Parteivereinbarungen hinsichtlich der Warenqualität, so stellt Art. 35 Abs. 2 CISG subsidiäre objektive Kriterien zur Bestimmung der Vertragsmäßigkeit der Ware bereit.

a) Eignung für gewöhnlichen Gebrauchszweck (Art. 35 Abs. 2 lit. a CISG)

Um als objektiv vertragsgemäß angesehen zu werden, muss sich eine Ware nach Art. 35 Abs. 2 lit. a CISG für die Zwecke eignen, für die Ware der gleichen Art gewöhnlich gebraucht wird. Was der gewöhnliche Gebrauch von Ware der gleichen Art ist, bestimmt sich nach der Verkehrsauffassung. Beurteilungsmaßstab ist dabei der normale Gebrauch durch einen durchschnittlichen Erwerber.[90] Die betreffende Ware muss sich für alle üblichen Gebrauchszwecke eignen und nicht

88 Bredow/Seiffert, Incoterms 2000, EXW, Rdnr. 5.
89 Schlechtriem/Schwenzer-*Schwenzer*, Art. 35, Rdnr. 9; Staudinger-*Magnus*, Art. 35, Rdnr. 8.
90 Staudinger-*Magnus*, Art. 35, Rdnr. 18 f.

nur ausgewählte.[91] Jedoch ist die Eignung für eine Verwendung, die von Nutzern gleichartiger Waren zwar gelegentlich praktiziert wird, die aber nicht üblich ist, nicht erforderlich.[92] Handelt es sich um Gattungsware, so muss diese von durchschnittlicher Art und Güte sein.[93]

b) Eignung für bestimmten Gebrauchszweck (Art. 35 Abs. 2 lit. b CISG)

Hat der Käufer den Verkäufer ausdrücklich oder konkludent über die von ihm geplante Verwendung des Kaufgegenstandes unterrichtet, so muss sich die veräußerte Ware gemäß Art. 35 Abs. 2 lit. b CISG für eben diesen Gebrauchszweck eignen, wenn der Verkäufer nicht widersprochen hat und der Käufer auf die Sachkunde des Verkäufers vertrauen durfte. Ein solcher besonderer Gebrauchszweck liegt beispielsweise auch vor, wenn der Verkäufer zum Zeitpunkt des Vertragsschlusses Kenntnis davon hat, dass der Käufer die Ware in einem bestimmten Staat weiterverkaufen möchte und beide Parteien wissen, dass in diesem betreffenden Staat besondere öffentlich-rechtliche Vorgaben für Waren der veräußerten Art bestehen.[94] In diesem Fall muss die Ware diese öffentlich-rechtlichen Vorgaben erfüllen, so dass die geplante Weiterveräußerung möglich ist.[95]

c) Kauf nach Probe oder Muster (Art. 35 Abs. 2 lit. c CISG)

Hat der Verkäufer dem Käufer zur Festlegung der Warenqualität eine Probe oder ein Muster vorgelegt, so muss die später gelieferte Ware gemäß Art. 35 Abs. 2 lit. c CISG die zuvor präsentierten Eigenschaften aufweisen. Eine Probe wird aus der Gesamtheit der zu liefernden Waren entnommen und ist damit Maßstab für alle Wareneigenschaften.[96] Ein Warenmuster hingegen kann sich auch auf einzelne Eigenschaften einer Ware beschränken, beispielsweise ihren Farbton.[97]

---

91 Schlechtriem/Schwenzer-*Schwenzer*, Art. 35, Rdnr. 13; Staudinger-*Magnus*, Art. 35, Rdnr. 20.

92 Heilmann, Mängelgewährleistung, S. 186; Schlechtriem/Schwenzer-*Schwenzer*, Art. 35, Rdnr. 13.

93 Aue, Mängelgewährleistung, S. 75; Achilles, Art. 35, Rdnr. 6; Heilmann, Mängelgewährleistung, S. 201; Otto, UN-Kaufrecht, S. 534; Schlechtriem/Schwenzer-*Schwenzer*, Art. 35, Rdnr. 15; Staudinger-*Magnus*, Art. 35, Rdnr. 19.

94 Herber/Czerwenka, Art. 35, Rdnr. 5; Schlechtriem/Schwenzer-*Schwenzer*, Art. 35, Rdnr. 19 f.

95 Schlechtriem, Beschaffenheit, S 162; Schlechtriem/Schwenzer-*Schwenzer*, Art. 35, Rdnr. 20.

96 Schlechtriem/Schwenzer-*Schwenzer*, Art. 35, Rdnr. 24.

97 Schlechtriem/Schwenzer-*Schwenzer*, Art. 35, Rdnr. 24.

2. Internationale Handelsklauseln

a) „Telle quelle“

Wie die in Teil 5 vorgenommene Auswertung der nationalen und internationalen Rechtsprechung sowie Literatur ergeben hat, führt die Vereinbarung der Klausel „telle quelle“ dazu, dass der Verkäufer berechtigt ist, seine Lieferpflicht durch die Lieferung von Ware zu erfüllen, die die geringwertigste Qualität der vereinbarten Warengattung aufweist.
Im Vergleich zu den Regelungen des CISG die Warenqualität betreffend ergibt sich damit folgendes Bild: Die Regelung des Art. 35 Abs. 2 lit. a CISG bestimmt, dass die Ware im Zweifel nur dann vertragsmäßig ist, wenn sie sich für ihren gewöhnlichen Gebrauchszweck eignet. Dies bedeutet, wie schon dargestellt, im Falle von Gattungsware insbesondere auch, dass die gelieferte Ware qualitativ von mittlerer Art und Güte sein muss. Im Gegensatz dazu ist bei Geltung der Klausel „telle quelle“ auch die Lieferung von Gattungsware der geringwertigsten Qualität vertragsgemäß. Wird die Klausel „telle quelle“ in einem Vertrag vereinbart, auf den, wie im Rahmen dieser Untersuchung vorausgesetzt, das CISG Anwendung findet, verändert dies den Maßstab des Art. 35 Abs. 2 lit. a CISG, indem die Anforderungen an die Qualität der zu liefernden Ware deutlich abgesenkt werden.

b) Incoterms 2000

Sämtliche Klauseln der Incoterms 2000 verpflichten den Verkäufer unter Ordnungspunkt A1 zur Lieferung vertragsgemäßer Ware. Dies umfasst selbstverständlich auch die Lieferung der richtigen Warenqualität. Diese Regelung der Incoterms 2000 ist lediglich die Bestätigung eines Grundelements eines jeden Kaufvertrags.[98] Es besteht damit kein inhaltlicher Unterschied zu der von Art. 35 Abs. 1 CISG getroffenen Regelung. Wird eine Klausel der Incoterms 2000 in einem Vertragsverhältnis vereinbart, auf das, wie im Rahmen dieser Untersuchung vorausgesetzt, das CISG Anwendung findet, hat dies daher keine Auswirkungen hinsichtlich der vom Verkäufer zu liefernden Warenqualität.

III. Verpackung

Als letzter Aspekt der Vertragsmäßigkeit der Ware wird im Folgenden dargestellt, welche Anforderungen die Bestimmungen des CISG hinsichtlich der Ver-

---

98 Bredow/Seiffert, Incoterms 2000, EXW, Rdnr. 5.

packung der Ware stellen und welche Auswirkung die Vereinbarung ausgewählter internationaler Handelsklauseln hat.

1. CISG

Der Verkäufer ist gemäß Art. 35 Abs. 2 lit. d CISG verpflichtet, die veräußerte Ware zu verpacken, sofern nichts anderes vertraglich geregelt wurde. Die Verpackungspflicht des Verkäufers besteht dabei unabhängig davon, ob der Verkäufer die Ware an den Käufer versenden muss, oder ob dieser die Waren an der Niederlassung des Verkäufers abholen muss.[99] Die Verpackung muss grundsätzlich der üblichen Verpackung von Waren der gleichen Art entsprechen.
Bei Kenntnis des Verkäufers von den geplanten Transportmodalitäten kann sich auch die Pflicht ergeben, die Ware in bestimmten Behältnissen, beispielsweise Containern, zu verstauen.[100] Besteht für Waren der gleichen Art keine übliche Verpackung, so ist gemäß Art. 35 Abs. 2 lit. d CISG eine angemessene Verpackung geschuldet. Die Angemessenheit einer gewählten Verpackung beurteilt sich danach, ob sie geeignet ist, die Ware während ihres Transports zum Bestimmungsort vor Schäden zu schützen.[101] Dabei sind insbesondere die Art der Ware, die Beförderungsdauer und die klimatischen Verhältnisse während des Transports zu berücksichtigen.[102] Die Pflicht zur Verpackung kann bei empfindlichen oder leicht verderblichen Waren zusätzlich erfordern, dass besondere Hinweise in Bezug auf die Handhabung der Waren durch den Beförderer angebracht werden.[103]

2. Internationale Handelsklauseln

a) „Franko/frei… (benannter Bestimmungsort)“, „Frei Haus“

Die in Teil 5 vorgenommene Auswertung der Rechtsprechung und Literatur die Klauseln „franko/frei… (benannter Bestimmungsort)“ und „frei Haus“ betreffend hat ergeben, dass diese beiden Lieferklauseln den Verkäufer verpflichten die veräußerte Ware transportgerecht zu verpacken.

---

99 Bamberger/Roth-*Saenger*, Art. 35, Rdnr. 10; Bianca/Bonell-*Bianca*, Art. 35, Bem. 2.7.1.; Schlechtriem/Schwenzer-*Schwenzer*, Art. 35, Rdnr. 30; Staudinger-Magnus, Art. 35, Rdnr. 42.

100 Herber/Czerwenka, Art. 35, Rdnr. 7; Schlechtriem/Schwenzer-*Schwenzer*, Art. 35, Rdnr. 29.

101 Bianca/Bonell-*Bianca*, Art. 35, Bem. 2.7.1.; Staudinger-*Magnus*, Art. 35, Rdnr. 42.

102 Schlechtriem/Schwenzer-*Schwenzer*, Art. 35, Rdnr. 31.

103 Schlechtriem/Schwenzer-*Schwenzer*, Art. 35, Rdnr. 29.

Diese Regelung der Klauseln „franko/frei... (benannter Bestimmungsort)“ und „frei Haus“ entspricht damit Art. 35 Abs. 2 lit. d CISG, der den Verkäufer ebenfalls dazu verpflichtet, die veräußerte Ware zu verpacken. Die Vereinbarung einer dieser beiden Lieferklauseln in einem Vertrag, auf den die Bestimmungen des CISG Anwendung finden, führt damit hinsichtlich der Verpackungspflicht des Verkäufers zu keiner Veränderung der Regelung des Art. 35 Abs. 2 lit. d CISG.

b) Incoterms 2000

Alle Klauseln der Incoterms 2000 verpflichten den Verkäufer unter Ordnungspunkt A9, für eine transportgerechte Verpackung der veräußerten Ware zu sorgen (sofern es nicht handelsüblich ist, die betreffende Ware unverpackt zu transportieren) und die Verpackung in geeigneter Weise zu kennzeichnen. Für die Auswahl einer transportgerechten Verpackung benötigt der Verkäufer hinreichende Kenntnis von den Modalitäten des geplanten Warentransports, insbesondere Informationen über die Art des verwendeten Transportmittels und die Länge des Transportweges. Fehlt es dem Verkäufer an einer hinreichenden Kenntnis von den konkreten Transportmodalitäten, kann er sich darauf beschränken, seine Standardverpackung zu verwenden.[104]

Verglichen mit der in Art. 35 Abs. 2 lit. d CISG normierten Pflicht des Verkäufers zur Besorgung einer üblichen bzw. angemessenen Warenverpackung besteht damit kein inhaltlicher Unterschied. Wird eine Klausel der Incoterms 2000 in einem Vertragsverhältnis vereinbart, auf das, wie im Rahmen dieser Untersuchung vorausgesetzt, das CISG Anwendung findet, führt dies hinsichtlich der Verpackungspflicht des Verkäufers zu keiner Abweichung von der Regelung des Art. 35 Abs. 2 lit. d CISG.

G. Besorgung der Aus-, Durch- und Einfuhrgenehmigungen

Aus wirtschafts- und sicherheitspolitischen Gründen bestehen bei der Aus- und Einfuhr bestimmter Waren oftmals Genehmigungspflichten. Dies gilt insbesondere für strategisch wichtige Waren wie Waffen, Rüstungsgüter und Dual-use-Güter[105].[106] Doch auch bei der Ein- oder Ausfuhr von ausschließlich zu zivilen

104 Bredow/Seiffert, Incoterms 2000, FCA, Rdnr. 71.

105 Dual-use-Güter sind Waren, die sowohl einem zivilen als auch einem militärischen Verwendungszweck zugeführt werden können.

106 In Deutschland ist das Bundesamt für Wirtschaft und Ausfuhrkontrolle (BAFA) für die Erteilung von Ein- und Ausfuhrgenehmigungen zuständig. Die Genehmigungs-

Zwecken nutzbaren Gütern können Genehmigungspflichten bestehen. Eine solche Genehmigungspflicht ergibt sich beispielsweise aufgrund der bestehenden Einfuhrkontingente bei der Einfuhr von Textilwaren aus der Volksrepublik China in Länder der Europäischen Union. Neben Aus- und Einfuhrgenehmigungen sind oftmals auch Genehmigungen der Staaten einzuholen, die die Ware auf ihrem Transport durchquert, so genannte Durchfuhrgenehmigungen.
Die Besorgung der Aus-, Durch- und Einfuhrgenehmigungen kann mit erheblichem Aufwand verbunden sein und birgt ein hohes Haftungsrisiko für die Partei, der diese Pflicht obliegt, da schon geringe Fehler im Genehmigungsverfahren zu einer Verweigerung der Aus- oder Einfuhr der Ware und damit zu Lieferverzögerungen führen können. Von Bedeutung ist daher die Frage, welche Partei die erforderlichen Genehmigungen besorgen muss.

Im Folgenden wird zunächst dargestellt, welche Regelungen sich dem CISG hinsichtlich der Besorgung der Aus-, Durch- und Einfuhrgenehmigungen entnehmen lassen. Daran anschließend wird untersucht, welche Auswirkungen diesbezüglich die Vereinbarung ausgewählter internationaler Handelsklauseln hat.

I. CISG

Das CISG enthält keine ausdrücklichen Regelungen hinsichtlich der Frage, welche Vertragspartei verpflichtet ist, die erforderlichen Genehmigungen für die Aus-, Durch- und Einfuhr der veräußerten Ware zu besorgen. Die bestehende Regelungslücke ist daher gemäß Art. 7 Abs. 2 CISG durch einen Rückgriff auf die allgemeinen Grundsätze des Übereinkommens zu schließen. Teilweise wird vertreten, dass die für die Warenausfuhr erforderliche Ausfuhrgenehmigung grundsätzlich vom Verkäufer und die für die Wareneinfuhr erforderliche Einfuhrgenehmigung grundsätzlich vom Käufer zu besorgen sei.[107] Von dieser Grundregel soll dabei jedoch in zwei Fällen abgewichen werden: Im Falle einer reinen Holschuld habe der Käufer sowohl die Ausfuhrgenehmigung als auch die Einfuhrgenehmigung zu besorgen, während beim Vorliegen einer reinen Bringschuld der Verkäufer verpflichtet sei, alle für die Warenausfuhr und -einfuhr benötigten Genehmigungen zu beschaffen.[108]

---

pflicht einer Warenein- bzw. ausfuhr ergibt sich dabei insbesondere aus den europäischen und nationalen Güterlisten. Daneben gibt es weitere europäische und nationale Genehmigungspflichten für nicht gelistete Güter, die an die Ausfuhr von Ware in bestimmte Länder anknüpfen (so genannte „catch-all"-Regelungen).

107 Schlechtriem/Schwenzer-*Huber/Widmer*, Art. 31, Rdnr. 85.

108 Schlechtriem/Schwenzer-*Huber/Widmer*, Art. 31, Rdnr. 85.

Gegen den vorstehenden Lösungsansatz spricht jedoch, dass er keine Lösung für den wichtigen Bereich der Durchfuhrgenehmigungen bereithält. Im internationalen Handelsverkehr kann jedoch beim Transport der veräußerten Ware durch verschiedene Staaten das Einholen der erforderlichen Genehmigungen mit besonders hohem Aufwand verbunden sein. Mehrheitlich wird daher vertreten, die Pflicht zur Besorgung der erforderlichen Genehmigungen sei an die Lieferpflicht anzuknüpfen.[109] Dies bedeutet, dass der Verkäufer die für den Transport der Ware bis zum Lieferort benötigten Aus-, Durch- und Einfuhrgenehmigungen besorgen muss, der Käufer die für den Weitertransport der Ware vom Lieferort bis zum endgültigen Bestimmungsort.

II. Internationale Handelsklauseln

1. „Frei Haus“

Wie in Teil 5 dargestellt, ist der Verkäufer bei Vereinbarung der Klausel „frei Haus“ verpflichtet, alle erforderlichen Aus-, Durch- und Einfuhrgenehmigungen zu besorgen. Der Verkäufer trägt diese Pflicht demnach bis zum Erreichen der Niederlassung des Käufers, d.h. bis zum Lieferort. Diese Regelung der Klausel „frei Haus“ entspricht damit dem im Rahmen des CISG entwickelten Grundsatz, dass die Pflicht zur Besorgung der erforderlichen Genehmigungen an die Lieferpflicht anzuknüpfen ist und der Verkäufer daher die für den Transport der Ware bis zum Lieferort benötigten Aus-, Durch- und Einfuhrgenehmigungen besorgen muss.

Die Vereinbarung der Klausel „frei Haus“ in einem Vertrag, auf den, wie im Rahmen dieser Untersuchung vorausgesetzt, das CISG Anwendung findet, hat daher keine Auswirkungen hinsichtlich der Pflicht zur Besorgung der erforderlichen Aus-, Durch- und Einfuhrgenehmigungen.

2. Incoterms 2000

Die Besorgung der Aus-, Durch- und Einfuhrgenehmigungen wird bei den Klauseln der Incoterms 2000 unter den Ordnungspunkten A2 und B2 behandelt.

---

109 Herber/Czerwenka, Art. 30, Rdnr. 9; MünchKomm-BGB-*Saenger*, Art. 31, Rdnr. 25; Piltz, Int. KaufR, § 4, Rdnr. 48; Schackmar, Rdnr. 523; Staudinger-*Magnus*, Art. 31, Rdnr. 30.

a) EXW, DAF, DDP

Bei Verwendung der Klausel EXW hat der Käufer alle für die Aus-, Durch- und Einfuhr der Ware erforderlichen Genehmigungen zu beschaffen.[110] Vereinbaren die Vertragsparteien die Klausel DAF, muss der Verkäufer die für die Aus- und Durchfuhr der Ware bis zum benannten Grenzort erforderlichen Genehmigungen beschaffen[111], der Käufer die erforderlichen Genehmigungen für die Wareneinfuhr[112]. Bei Vereinbarung der Klausel DDP hat der Verkäufer alle für den Transport der Ware zum vereinbarten Bestimmungsort benötigten Aus-, Durch- und Einfuhrgenehmigungen zu besorgen.[113] Bei Vereinbarung der Klauseln EXW, DAF und DDP stimmt der Ort, bis zu dem der Verkäufer bzw. ab dem der Käufer die erforderlichen Genehmigungen beschaffen muss, mit dem jeweiligen Lieferort der betreffenden Klauseln überein.
Diese Regelung entspricht dem im Rahmen des CISG entwickelten Grundsatz, dass die Pflicht zur Besorgung der erforderlichen Aus-, Durch- und Einfuhrgenehmigungen an die Lieferpflicht anzuknüpfen ist und diese Pflicht daher am Lieferort vom Verkäufer auf den Käufer übergeht. Die Vereinbarung der Klauseln EXW, DAF und DDP in einem Vertrag, der dem CISG unterliegt, hat daher keine Auswirkungen hinsichtlich der Pflicht zur Besorgung der erforderlichen Aus-, Durch- und Einfuhrgenehmigungen.

b) F-Klauseln, C-Klauseln

Die F-Klauseln und die C-Klauseln verpflichten den Verkäufer, die für die Warenausfuhr erforderliche Genehmigung zu besorgen.[114] Dem Käufer obliegt die Besorgung der für die Durchfuhr der Ware durch ein Drittland und für die Wareneinfuhr ins Zielland erforderlichen Genehmigungen.[115] Der bei alleiniger Anwendung des CISG für die Verteilung der Pflicht zur Besorgung der Aus-, Durch- und Einfuhrgenehmigung maßgebliche Lieferort befindet sich im Falle der Klauseln FCA, FAS und CPT an dem Ort, an dem der Frachtführer die Ware vom Verkäufer übernimmt und im Falle der Klauseln FOB, CFR und CIF an Bord des Schiffes im Verschiffungshafen. Dem im Rahmen des CISG entwickelten Grundsatz folgend, dass ab dem Lieferort die Pflicht zur Besorgung der Aus-, Durch- und Einfuhrgenehmigungen vom Verkäufer auf den Käufer übergeht, wä-

110 Vgl. EXW B2.
111 Vgl. DAF A2.
112 Vgl. DAF B2.
113 Vgl. DDP A2.
114 Vgl. F-Klauseln A2, C-Klauseln A2.
115 Vgl. F-Klauseln B2, C-Klauseln B2.

re in den zuvor beschriebenen Fallkonstellationen jeweils der Käufer auch für die Besorgung der Ausfuhrgenehmigung zuständig. Im Gegensatz dazu legen die C- und F-Klauseln diese Verpflichtung, wie dargestellt, dem Verkäufer auf.
Die Vereinbarung einer C- oder F-Klausel in einem Vertrag, auf den, wie im Rahmen dieser Untersuchung vorausgesetzt, das CISG Anwendung findet, führt damit hinsichtlich der Pflicht zur Besorgung der erforderlichen Aus-, Durch- und Einfuhrgenehmigungen zu einer Erweiterung des Pflichtenprogramms des Verkäufers.

c) DES, DEQ, DDU

Die Klauseln DES, DEQ und DDU legen dem Verkäufer die Verpflichtung auf, die für die Aus- und Durchfuhr der veräußerten Ware benötigten Genehmigungen zu besorgen.[116] Der Käufer hat die für die Wareneinfuhr erforderliche Genehmigung zu besorgen.[117] Vor diesem Hintergrund ergibt sich im Vergleich zur diesbezüglichen Rechtslage bei unveränderter Anwendung des CISG folgendes Bild: Der bei alleiniger Anwendung des CISG für die Verteilung der Pflicht zur Besorgung der Aus-, Durch- und Einfuhrgenehmigung maßgebliche Lieferort befindet sich im Falle der Klauseln DES, DEQ und DDU am Bestimmungsort bzw. im Bestimmungshafen. Dem im Rahmen des CISG entwickelten Grundsatz folgend, dass ab dem Lieferort die Pflicht zur Besorgung der Aus-, Durch- und Einfuhrgenehmigungen vom Verkäufer auf den Käufer übergeht, wäre in den zuvor beschriebenen Fallkonstellationen jeweils der Verkäufer auch für die Besorgung der Einfuhrgenehmigung zuständig. Im Gegensatz dazu legen die Klauseln DES, DEQ und DDU diese Verpflichtung jedoch, wie dargestellt, dem Käufer auf. Die Vereinbarung einer der Klauseln DES, DEQ oder DDU in einem Vertrag, auf den, wie im Rahmen dieser Untersuchung vorausgesetzt, das CISG Anwendung findet, führt damit hinsichtlich der Pflicht zur Besorgung der erforderlichen Aus-, Durch- und Einfuhrgenehmigungen zu einer Erweiterung des Pflichtenprogramms des Käufers.

H. Abnahme der Ware und der Dokumente

Der folgende Abschnitt widmet sich der Waren- und Dokumentenabnahme durch den Käufer. Zunächst wird dargestellt, welche Regelungen insoweit das CISG

116 Vgl. DES A2, DEQ A2, DDU A2.
117 Vgl. DES B2, DEQ B2, DDU B2.

trifft und anschließend wird untersucht, welche Auswirkungen die Vereinbarung ausgewählter internationaler Handelsklauseln zeigt.

I. CISG

Der Käufer ist gemäß Art. 53 CISG verpflichtet die veräußerte Ware abzunehmen. Diese Pflicht wird durch die Regelungen des Art. 60 CISG inhaltlich näher konkretisiert.

1. Abnahmepflicht (Art. 60 lit. b CISG)

Gemäß Art. 60 lit. b CISG erfüllt der Käufer seine Pflicht zur Abnahme der veräußerten Ware, indem er diese übernimmt. Dies bedeutet die körperliche Abnahme der Ware.[118] Dabei hat der Käufer die Ware im Falle einer Bring- oder Holschuld am jeweiligen Lieferort abzunehmen.[119] Erfolgt der Warentransport vom Verkäufer zum Käufer unter Mitwirkung eines selbständigen Beförderers und ist dabei der Verkäufer verpflichtet, die Beförderung der Ware zu besorgen, hat der Käufer seine Abnahmepflicht am Bestimmungsort zu erfüllen.[120]

Fraglich ist jedoch, ob dies auch dann gilt, wenn die Parteien einen Versendungskauf vereinbaren, bei dem der Käufer verpflichtet ist, den Transport der Ware durch einen selbständigen Beförderer zu besorgen. Sinn und Zweck der Abnahmeverpflichtung seitens des Käufers ist es, dem Verkäufer einen Anspruch darauf zu geben, dass der Käufer die veräußerte Ware übernimmt und den Verkäufer dadurch von den Lasten befreit, die mit der Innehabung des Gewahrsams an der Ware verbunden sind. Dieser Zweck wäre gefährdet, wenn der Verkäufer zwar einen Anspruch darauf hätte, dass der Käufer die Ware am Bestimmungsort abnimmt, er es aber nicht selber in der Hand hat, die Ware zum Bestimmungsort zu schaffen, da nur der Käufer durch die Beauftragung eines Beförderers die vertragsgemäße Übernahme der Ware sicherstellen kann. Aus diesem Grunde ist davon auszugehen, dass in Fällen, in denen der Käufer verpflichtet ist, für einen Transport der Ware durch einen selbständigen Beförderer zu sorgen, der Ort der

---

118 Herber/Czerwenka, Art. 60, Rdnr. 6; Schlechtriem/Schwenzer-*Hager*, Art. 60, Rdnr. 2a; Staudinger-*Magnus*, Art. 60, Rdnr. 5.

119 LG Aachen, RIW 1993, 760 (761); Schlechtriem/Schwenzer-*Hager*, Art. 60, Rdnr. 2a; Staudinger-*Magnus*, Art. 60, Rdnr. 5.

120 Audit, Vente internationale, Bem. 143; Schlechtriem/Schwenzer-*Hager*, Art. 60, Rdnr. 2a.

Abnahme im Sinne des Art. 60 lit. b CISG der Versendungsort ist.[121] Der Wortlaut des Art. 60 lit. b CISG spricht zwar ausschließlich von einer Übernahme der „Ware“, nach allgemeiner Auffassung besteht eine entsprechende Übernahmepflicht jedoch auch für die vom Verkäufer angedienten Dokumente.[122]

2. Mitwirkungshandlungen (Art. 60 lit. a CISG)

Der Käufer ist gemäß Art. 60 lit. a CISG über die bloße Abnahme der Ware hinaus verpflichtet, alle Mitwirkungshandlungen vorzunehmen, die für eine erfolgreiche Warenübernahme erforderlich sind. Dies ist eine Ausprägung der allgemeinen Kooperationspflicht der Parteien, die als allgemeiner Grundsatz des Übereinkommens im Sinne des Art. 7 Abs. 2 CISG anerkannt ist. Welche konkreten Handlungen der Käufer vornehmen muss, richtet sich nach den Umständen des Einzelfalles. Dabei muss stets geprüft werden, ob die jeweilige Handlung dem Käufer objektiv zumutbar ist.[123]Als Mitwirkungshandlung im Sinne des Art. 60 lit. a CISG kann der Käufer unter anderem dazu verpflichtet sein, dem Verkäufer bestimmte Informationen zukommen zu lassen, sofern der Verkäufer diese benötigt, um seine Lieferpflicht ordnungsgemäß erfüllen zu können.[124]

II. Internationale Handelsklauseln

1. Incoterms 2000

Sämtliche Klauseln der Incoterms 2000 verpflichten den Käufer zur Abnahme der veräußerten Ware[125] und zur Abnahme der angedienten Dokumente[126]. Hinsichtlich des Bestehens einer Pflicht des Käufers zur Abnahme von Ware und

---

121 In diesem Sinne auch: Heuzé, Droit uniforme, Anm. 334; a.A. – für eine Pflicht zur Warenabnahme am Bestimmungsort – Schlechtriem/Schwenzer-*Hager*, Art. 60, Rdnr. 2a.

122 Bamberger/Roth-*Saenger*, Art. 60, Rdnr. 2; Herber/Czerwenka, Art. 60, Rdnr. 7; Piltz, Int. KaufR, § 4, Rdnr. 163; Schlechtriem/Schwenzer-*Hager*, Art. 60, Rdnr. 2b; Soergel-*Lüderitz/Budzikiewicz*, Art. 60, Rdnr. 5; Staudinger-*Magnus*, Art. 60, Rdnr. 6.

123 Bianca/Bonell-*Maskow*, Art. 60, Bem. 2.3.; Herber/Czerwenka, Art. 60, Rdnr. 4; MünchKomm-HGB-*Benicke*, Art. 60, Rdnr. 3; Staudinger-*Magnus*, Art. 60, Rdnr. 10.

124 Bianca/Bonell-*Maskow*, Art. 60, Bem. 2.4.2.; Witz/Salger/Lorenz-*Witz*, Art. 60, Rdnr. 4.

125 Vgl. Ordnungspunkt B4.

126 Vgl. Ordnungspunkt B8.

Dokumenten weichen die Regelungen der Incoterms 2000 damit nicht von der Regelung des Art. 53 CISG ab. Im Rahmen der Incoterms ist unter Abnahme die körperliche Übernahme der Ware zu verstehen.[127] Es besteht damit eine inhaltliche Übereinstimmung mit der Regelung des Art. 60 lit. b CISG.
Als Abnahmeort bestimmen die Klauseln EXW, DAF, DES, DEQ, DDU und DDP den Lieferort. Im Falle der F-Klauseln, die jeweils dem Käufer die Pflicht auferlegen, die Beförderung der Ware zu besorgen (vgl. B3 lit. a), hat der Käufer seine Abnahmepflicht ebenfalls am Lieferort zu erfüllen, der in diesen Fallkonstellationen der Versendungsort ist. Vereinbaren die Parteien eine der C-Klauseln, die dem Verkäufer die Pflicht auferlegen die Beförderung der Ware zu besorgen (vgl. A3 lit. a), hat der Käufer seine Abnahmepflicht hingegen am Bestimmungsort zu erfüllen.
Auch insoweit besteht damit kein inhaltlicher Unterschied zu der zuvor dargestellten Abnahmepflicht des Käufers bei unveränderter Anwendung des CISG.
Wird eine Klausel der Incoterms 2000 in einem Vertragsverhältnis vereinbart, auf das, wie im Rahmen dieser Untersuchung vorausgesetzt, das CISG Anwendung findet, hat dies keine Auswirkungen hinsichtlich der Pflicht des Käufers zur Abnahme der Ware und der Dokumente.

Vereinbaren die Parteien eine F-Klausel, hat der Käufer die Beförderung der Ware zu besorgen. Aus diesem Grunde ist er verpflichtet dem Verkäufer den genauen Verladeort und Verladezeitpunkt mitzuteilen.[128] Da der Verkäufer auf die betreffenden Informationen zwingend angewiesen ist, um seine Lieferpflicht erfüllen zu können, würde sich eine entsprechende Auskunftspflicht des Käufers bei unveränderter Anwendung des CISG aus der gemäß Art. 60 lit. a CISG bestehenden Mitwirkungspflicht des Käufers ergeben. Daher führt die Vereinbarung einer F-Klausel in einem dem CISG unterliegenden Vertrag insoweit zu keiner inhaltlichen Veränderung der Rechtslage.

2. „Kasse gegen Dokumente“, „Dokumente gegen Akzept“

Wie in Teil 5 dargestellt, hat die Zahlungsabwicklung bei Vereinbarung der Klauseln „Kasse gegen Dokumente“ und „Dokumente gegen Akzept“ im Wege eines Dokumenteninkassos zu erfolgen. Der Käufer hat dabei seine Pflicht zur Dokumentenabnahme durch Aufnahme der Inkassodokumente bei der Inkassobank zu erfüllen. Im Anschluss muss der Käufer seine Pflicht zur Warenabnahme durch Übernahme der Ware vom Beförderer erfüllen. Wird die Klausel „Kasse

127 Bredow/Seiffert, Incoterms 2000, FCA, Rdnr. 14.
128 Vgl. FCA B7, FAS B7, FOB B7.

gegen Dokumente“ oder die Klausel „Dokumente gegen Akzept“ in einem Vertragsverhältnis vereinbart, auf welches das CISG Anwendung findet, hat dies keine Auswirkung auf das Bestehen der Pflicht des Käufers zur Abnahme der Ware und der Dokumente aus Art. 53 CISG i.V.m. Art. 60 CISG. Allerdings führt die Vereinbarung dieser beiden Zahlungsklauseln dazu, dass Ort und Zeitpunkt der Dokumentenabnahme, anders als bei unveränderter Anwendung des CISG, nicht mit Ort und Zeitpunkt der Warenabnahme zusammenfallen.

3. „Dokumente gegen Akkreditiv“

Wie in Teil 5 dargestellt, ist bei Vereinbarung der Klausel „Dokumente gegen Akkreditiv“ die Zahlung mittels Dokumentenakkreditivs abzuwickeln. Der Käufer muss durch die Beauftragung einer Bank mit der Stellung und Durchführung eines Dokumentenakkreditivs dafür sorgen, dass die vom Verkäufer eingereichten Transportdokumente entgegengenommen und an ihn weitergeleitet werden, um seine Pflicht zur Dokumentenabnahme zu erfüllen. Im Anschluss muss der Käufer seine Pflicht zur Warenabnahme durch Übernahme der Ware vom Beförderer erfüllen.

Vereinbaren die Parteien die Klausel „Dokumente gegen Akkreditiv“ in einem Vertrag, auf den, wie im Rahmen dieser Untersuchung vorausgesetzt, die Bestimmungen des CISG Anwendung finden, hat dies keine Auswirkung auf das Bestehen der Pflicht des Käufers zur Abnahme der Ware und der Dokumente aus Art. 53 CISG i.V.m. Art. 60 CISG. Allerdings führt die Vereinbarung dieser Zahlungsklausel dazu, dass Ort und Zeitpunkt der Dokumentenabnahme, anders als bei unveränderter Anwendung des CISG, nicht mit Ort und Zeitpunkt der Warenabnahme zusammenfallen.

I. Zahlung des Kaufpreises

Die vertragsgemäße Zahlung des Kaufpreises gehört zu den zentralen Leistungspflichten des Käufers. Dabei gliedert sich die Kaufpreiszahlung in verschiedene Teilaspekte: Neben dem konkreten Inhalt der Zahlungspflicht, dem Zahlungsort und dem Zeitpunkt der Kaufpreiszahlung wird auch der Frage nachgegangen, ob dem Käufer ein Recht zur Untersuchung der gelieferten Ware vor der Zahlung des Kaufpreises zusteht.

I. Zahlungspflicht

Zunächst wird im Folgenden die Ausgestaltung der Zahlungspflicht durch die Regelungen des CISG dargestellt, anschließend wird untersucht, welche Auswirkungen die Vereinbarung ausgewählter internationaler Handelsklauseln zur Folge hat.

1. CISG

Der Käufer ist gemäß Art. 53 CISG verpflichtet, den vereinbarten Kaufpreis zu zahlen. Diese Verpflichtung wird in den Art. 54 ff. CISG näher ausgestaltet und konkretisiert. Der Käufer ist gemäß Art. 54 CISG insbesondere verpflichtet, die für eine Zahlung erforderlichen Maßnahmen zu treffen und Förmlichkeiten zu erfüllen. Der Kaufpreis ist in Geld und zwar in der von den Parteien vereinbarten Währung zu leisten.[129] Grundsätzlich ist in einer Summe zu zahlen, zu einer Ratenzahlung ist der Käufer nur bei Vorliegen einer entsprechenden Vereinbarung der Parteien berechtigt.[130] Die Zahlung kann durch die Übergabe von Bargeld oder durch Überweisung erfolgen[131]; eine Zahlung mittels Schecks ist nur bei Vorliegen einer entsprechenden Parteivereinbarung oder bei Bestehen eines entsprechenden Handelsbrauchs zulässig.[132]

2. Internationale Handelsklauseln

a) Incoterms 2000

Sämtliche Klauseln der Incoterms 2000 verpflichten den Käufer unter Ordnungspunkt B1 zur vertragsgemäßen Zahlung des Kaufpreises. Diese Regelung ist lediglich die Bestätigung eines Grundelements eines jeden Kaufvertrags.[133] Es besteht kein inhaltlicher Unterschied zu der von Art. 53 CISG getroffenen Regelung. Die Vereinbarung einer Klausel der Incoterms 2000 in einem Vertrag, der

---

129 Bianca/Bonell-Maskow, Art. 53, Bem. 2.5.; Staudinger-*Magnus*, Art. 53, Rdnr. 20. Hinsichtlich der Frage, in welcher Währung die Kaufpreiszahlung bei Fehlen einer solchen Vereinbarung der Parteien zu erfolgen hat, vgl. Staudinger-*Magnus*, Art. 53, Rdnr. 20 ff. m.w.N.

130 Staudinger-*Magnus*, Art. 53, Rdnr. 7.

131 Achilles, Art. 53, Rdnr. 1; Herber/Czerwneka, Art. 53, Rdnr. 3; Staudinger-*Magnus*, Art. 53, Rdnr. 7; Witz/Salger/Lorenz-*Witz*, Art. 53, Rdnr. 8.

132 Honsell-*Schnyder/Straub*, Art. 54, Rdnr. 13; Staudinger-*Magnus*, Art. 53, Rdnr. 8; Witz/Salger/Lorenz-*Witz*, Art. 53, Rdnr. 8.

133 Bredow/Seiffert, Incoterms 2000, EXW, Rdnr. 5.

den Bestimmungen des CISG unterliegt, führt hinsichtlich der Pflicht des Käufers zur Zahlung des Kaufpreises daher zu keinen Abweichungen.

b) Kassa-Klauseln

Viele der im internationalen Handelsverkehr typischerweise verwendeten Zahlungsklauseln sind so genannte Kassa-Klauseln, d.h. Klauseln, die den Bestandteil „Kasse“ oder „cash“ enthalten; dies sind die Zahlungsklauseln „netto Kasse“, „Kasse gegen Faktura“, „Lieferung gegen Nachnahme“ („cash on delivery“) und „Kasse gegen Dokumente“. Wie die in Teil 5 vorgenommene Auswertung der nationalen und internationalen Literatur und Rechtsprechung ergeben hat, kann der Käufer bei Geltung einer Kassa-Klausel den Kaufpreis in bar, durch Überweisung oder auch mittels eines gedeckten Schecks leisten.
Vereinbaren die Parteien eine Kassa-Klausel in einem Vertrag, auf den, wie im Rahmen dieser Untersuchung vorausgesetzt, das CISG Anwendung findet, hat dies damit zur Folge, dass die möglichen Zahlungsmodalitäten erweitert werden, indem auch eine Zahlung des Kaufpreises mittels gedeckten Schecks als zulässig erklärt wird.

c) „Dokumente gegen Akkreditiv“

Die in Teil 5 vorgenommene Auswertung der Rechtsprechung und Literatur hat ergeben, dass bei Vereinbarung der Zahlungsklausel „Dokumente gegen Akkreditiv“ der Käufer verpflichtet ist, eine Bank mit der Stellung und Durchführung eines Dokumentenakkreditivs zu beauftragen. Vereinbaren die Parteien die Klausel „Dokumente gegen Akkreditiv“ in einem Vertrag, auf den die Bestimmungen des CISG Anwendung finden, wird damit eine Pflicht des Käufers zur Vornahme einer Maßnahme im Sinne des Art. 54 begründet, deren Erfüllung erforderlich ist, damit Zahlung geleistet werden kann.

II. Zahlungsort

Der Zahlungsort ist der Ort, an dem der Käufer die von ihm geschuldete Kaufpreiszahlung vorzunehmen hat. Neben der materiellrechtlichen Bedeutung kann die Bestimmung des Zahlungsorts auch in prozessrechtlicher Hinsicht relevant werden, wenn das anzuwendende Prozessrecht für vertragliche Streitigkeiten einen Gerichtsstand des Erfüllungsorts vorsieht und sich die Bestimmung des insoweit maßgeblichen Orts nach dem in der Sache anwendbaren materiellen Recht richtet.[134] Im Folgenden wird dargestellt, an welchem Ort der Käufer die Kaufpreiszahlung nach den Bestimmungen des CISG vornehmen muss. Anschließend wird untersucht, welche Auswirkungen diesbezüglich die Vereinbarung ausgewählter internationaler Handelsklauseln hat.

1. CISG

An welchem Ort der Käufer den Kaufpreis zu leisten hat, bestimmt sich nach Art. 57 Abs. 1 CISG. Vorrangig sind gemäß Art. 57 Abs. 1, 1. HS CISG vertragliche Vereinbarungen der Parteien über den Zahlungsort.

a) Niederlassung des Verkäufers (Art. 57 Abs. 1 lit. a CISG)

Fehlt es an einer vertraglichen Festlegung des Zahlungsorts, so bestimmt Art. 57 Abs. 1 lit. a CISG, dass die Zahlung des Kaufpreises grundsätzlich an der Niederlassung des Verkäufers zu erfolgen hat. Für den Fall, dass ein Verkäufer keine oder mehrere Niederlassungen hat, ist zur Bestimmung des dann maßgeblichen Ortes auf die Auslegungshilfe des Art. 10 CISG zurückzugreifen. Art. 57 Abs. 1 lit. a CISG gestaltet die Zahlungspflicht als Bringschuld aus.[135] Demnach trägt der Käufer das Risiko eines Verlustes oder einer Verspätung der Zahlung.[136] Ihm obliegt daher auch die Erledigung der erforderlichen Zahlungsformalitäten.[137]

b) Ort der Waren- bzw. Warendokumentenübergabe (Art. 57 Abs. 1 lit. b CISG)

Art. 57 Abs. 1 lit. b CISG trifft eine von der Regel des Art. 57 Abs. 1 lit. a CISG abweichende Bestimmung des Zahlungsorts für Fälle, in denen die Zahlung Zug

---

134 Schlechtriem/Schwenzer-*Hager*, Art. 57, Rdnr. 9; Staudinger-*Magnus*, Art. 57, Rdnr. 20. Bei Anwendung des Art. 5 Nr. 1 lit. a EuGVO ist jedoch zu beachten, dass dieser nunmehr an den Erfüllungsort der vertragscharakteristischen Leistung anknüpft, die regelmäßig nicht die Zahlungspflicht des Käufers sondern die Nichtgeldleistung des Verkäufers darstellt.

135 OLG München, CISG-online Nr. 282; Herber/Czerwenka, Art. 57, Rdnr. 3; Schlechtriem/Schwenzer-*Hager*, Art. 57, Rdnr. 4; Staudinger-*Magnus*, Art. 57, Rdnr. 14.

136 Bianca/Bonell-*Maskow*, Art. 57, Bem. 2.5.; Schlechtriem/Schwenzer-*Hager*, Art. 57, Rdnr. 4; Soergel-*Lüderitz/Budzikiewicz*, Art. 57, Rdnr. 6.

137 Audit, Vente internationale, Bem. 150; Schlechtriem/Schwenzer-*Hager*, Art. 57, Rdnr. 4.

um Zug gegen Übergabe der Ware bzw. der Warendokumente[138] erfolgen soll. In diesen Fallkonstellationen ist der Zahlungsort gemäß Art. 57 Abs. 1 lit. b CISG der Ort, an dem die Übergabe der Ware bzw. der Warendokumente erfolgt. Der Ort der Warenübergabe, an den Art. 57 Abs. 1 lit. b CISG anknüpft, ist vom Lieferort zu unterscheiden. Bei einer Hol- oder Bringschuld fällt der Lieferort mit dem Ort der Warenübergabe zusammen. Bei einem Versendungskauf befindet sich der Lieferort hingegen am Ort der Warenübergabe an den Beförderer; die Warenübergabe im Sinne des Art. 57 Abs. 1 lit. b CISG erfolgt erst mit Ablieferung der Ware beim Käufer.[139]

2. Internationale Handelsklauseln

a) „Vorkasse“

Eine Bestimmung des Zahlungsorts lässt sich der Zahlungsklausel „Vorkasse“ nicht entnehmen. Wird diese Zahlungsklausel, wie im Rahmen dieser Untersuchung vorausgesetzt, in einem Vertragsverhältnis vereinbart, auf welches das CISG Anwendung findet, hat diesbezüglich ein Rückgriff auf Art. 57 Abs. 1 CISG zu erfolgen.

Die in Teil 5 vorgenommene Auswertung der nationalen und internationalen Rechtsprechung sowie der Literatur hat ergeben, dass der Verkäufer bei Vereinbarung der Zahlungsklausel „Vorkasse“ die Ware erst liefern muss, wenn der Käufer den Kaufpreis gezahlt hat. Da diese Zahlungsklausel damit eine Vorleistungspflicht des Käufers begründet, liegen die Voraussetzungen des Art. 57 Abs. 1 lit. b CISG nicht vor, so dass sich der Zahlungsort gemäß Art. 57 Abs. 1 lit. a CISG an der Verkäuferniederlassung befindet.

b) „Netto Kasse“

Der Zahlungsklausel „netto Kasse“ lässt sich ebenfalls keine Bestimmung des Zahlungsorts entnehmen. Findet auf das Vertragsverhältnis das CISG Anwendung, hat diesbezüglich ein Rückgriff auf Art. 57 Abs. 1 CISG zu erfolgen. Die in Teil 5 vorgenommene Untersuchung der Literatur und Rechtsprechung hat ergeben, dass bei Vereinbarung der Zahlungsklausel „netto Kasse“ der Käufer verpflichtet ist, den Kaufpreis innerhalb einer kurzen Frist nach Erhalt der Ware und

---

138 Warendokumente im Sinne des Art. 57 Abs. 1 lit. b CISG sind nur solche, die die Ware vertreten und eine Empfangnahme der Ware vom Beförderer ermöglichen, so genannte Traditionspapiere, vgl. MünchKomm-HGB-*Benicke*, Art. 57, Rdnr. 6; Staudinger-*Magnus*, Art. 57, Rdnr. 13.

139 Schlechtriem/Schwenzer-*Hager*, Art. 57, Rdnr. 15.

der Rechnung zu zahlen. Da der Verkäufer bei Geltung dieser Zahlungsklausel somit in Vorleistung tritt, ist Art. 57 Abs. 1 lit. a CISG einschlägig, der Zahlungsort befindet sich demnach an der Niederlassung des Verkäufers.

c) „Kasse gegen Faktura“

Eine Bestimmung des Zahlungsorts lässt sich auch der Zahlungsklausel „Kasse gegen Faktura“ nicht entnehmen. Wird diese Zahlungsklausel, wie im Rahmen dieser Untersuchung vorausgesetzt, in einem Vertrag vereinbart, auf den das CISG Anwendung findet, hat diesbezüglich ein Rückgriff auf Art. 57 Abs. 1 CISG zu erfolgen.
Wie die in Teil 5 vorgenommene Auswertung der Rechtsprechung und Literatur gezeigt hat, muss der Käufer bei Vereinbarung der Klausel „Kasse gegen Faktura“ den Kaufpreis bei Zugang der Faktura zahlen. Geht dem Käufer die Rechnung zusammen mit der Warenlieferung oder später zu, tritt der Verkäufer in Vorleistung; erhält der Käufer die Rechnung vor Eintreffen der Ware, muss hingegen der Käufer in Vorleistung treten. Dies bedeutet, dass der Leistungsaustausch zwischen Käufer und Verkäufer nicht Zug um Zug erfolgt, sondern stets eine der beiden Vertragsparteien in Vorleistung tritt. Aus diesem Grunde ist Art. 57 Abs. 1 lit. a CISG einschlägig, der Zahlungsort befindet sich demnach an der Verkäuferniederlassung.

d) „Lieferung gegen Nachnahme“

Bei Vereinbarung der Zahlungsklausel „Lieferung gegen Nachnahme“ muss der Käufer, wie die in Teil 5 vorgenommene Auswertung der nationalen und internationalen Literatur und Rechtsprechung ergeben hat, den Kaufpreis vor Aushändigung der Ware an den vom Verkäufer zur Einziehung des Kaufpreises ermächtigten Beförderer zahlen. Der Zahlungsort liegt damit am Ort der Warenübergabe an den Käufer. Im Vergleich zur Rechtslage bei alleiniger Anwendung des CISG ergibt sich damit folgendes Bild: Der für die Bestimmung des Zahlungsorts einschlägige Art. 57 Abs. 1 CISG differenziert danach, ob eine der Parteien in Vorleistung tritt (Art. 57 Abs. 1 lit. a CISG) oder ob ein Leistungsaustausch Zug um Zug erfolgt (Art. 57 Abs. 1 lit. b CISG).
Im Fall der Klausel „Lieferung gegen Nachnahme“ tritt – wie die Auswertung der Rechtsprechung und Literatur gezeigt hat – der Käufer kurzzeitig in Vorleistung, so dass nach der Regel des Art. 57 Abs. 1 CISG der Zahlungsort an der Verkäuferniederlassung läge. Mit der Bestimmung des Orts der Warenübergabe als Zahlungsort weicht die Klausel „Lieferung gegen Nachnahme“ damit von dem in Art. 57 Abs. 1 CISG normierten Prinzip der Bestimmung des Zahlungsorts ab.

e) „Kasse gegen Dokumente"

Bei Vereinbarung der Klausel „Kasse gegen Dokumente" ist die Zahlung, wie die Untersuchung der Rechtsprechung und Literatur gezeigt hat, im Wege eines Dokumenteninkassos abzuwickeln. Die Zahlung des Kaufpreises erfolgt bei der Inkassobank, die dem Käufer die Warendokumente Zug um Zug gegen Einzahlung des entsprechenden Geldbetrages aushändigt. Der Zahlungsort liegt daher bei Geltung der Klausel „Kasse gegen Dokumente" am Ort der Dokumentenübergabe. Insoweit besteht eine inhaltliche Übereinstimmung mit der Regelung des Art. 57 Abs. 1 lit. b CISG.

f) „Dokumente gegen Akzept"

Die Zahlungsklausel „Dokumente gegen Akzept" verpflichtet, wie die Auswertung der Rechtsprechung und Literatur gezeigt hat, ebenfalls zu einer Zahlungsabwicklung mittels Dokumenteninkasso, wobei die Aushändigung der Inkassodokumente durch die Inkassobank an den Käufer jedoch Zug um Zug gegen Erteilung eines Wechselakzepts und nicht gegen Zahlung des Kaufpreises erfolgt. Eine Bestimmung des Orts, an dem die Kaufpreiszahlung erfolgen muss, lässt sich der Zahlungsklausel „Dokumente gegen Akzept" nicht entnehmen.
Ist auch in dem vom Käufer akzeptierten Wechsel kein Zahlungsort festgelegt, dann hat, sofern auf das Vertragsverhältnis, wie im Rahmen dieser Untersuchung vorausgesetzt, das CISG Anwendung findet, ein Rückgriff auf Art. 57 Abs. 1 CISG zu erfolgen. Da der Käufer den Kaufpreis erst zu dem in dem Wechsel niedergelegten Termin zahlen muss, erfolgt die Zahlung bei Vereinbarung der Klausel „Dokumente gegen Akzept" nicht Zug um Zug mit der Übergabe der Inkassodokumente. Es ist daher Art. 57 Abs. 1 lit. a CISG einschlägig, so dass die Niederlassung des Verkäufers der Zahlungsort ist.

g) „Dokumente gegen Akkreditiv"

Durch die Zahlungsklausel „Dokumente gegen Akkreditiv" wird, wie die in Teil 5 vorgenommene Untersuchung der Rechtsprechung und Literatur gezeigt hat, eine Zahlungsabwicklung mittels Dokumentenakkreditivs vereinbart. Dabei wird das Akkreditiv von der eröffnenden Bank gestellt. Die Auszahlung des Kaufpreises erfolgt Zug um Zug gegen Vorlage der Transportdokumente seitens des Verkäufers. Der Zahlungsort ist daher der Ort der Dokumentenübergabe. An welchem konkreten Ort die Einreichung der Transportdokumente und in Folge dessen die Auszahlung des Kaufpreises erfolgt, richtet sich danach, ob die Zahlungsabwicklung vollständig von der eröffnenden Bank übernommen wird oder ob daneben auch eine avisierende Bank eingeschaltet wird. Im ersteren Fall reicht der Verkäufer die Transportdokumente direkt bei der eröffnenden Bank ein und erlangt im Gegenzug die Auszahlung, so dass der Zahlungsort bei der eröffnenden Bank liegt. Wird eine avisierende Bank in die Zahlungsabwicklung eingebunden, nimmt diese im Auftrag der eröffnenden Bank die Dokumente vom Verkäufer entgegen und zahlt im Gegenzug den Kaufpreis aus, so dass sich der Zahlungsort in dieser Konstellation bei der avisierenden Bank befindet. Da der Zahlungsort bei Vereinbarung der Klausel „Dokumente gegen Akkreditiv“ stets der Ort der Dokumentenübergabe ist, besteht eine inhaltliche Übereinstimmung mit der Regelung des Art. 57 Abs. 1 lit. b CISG.

h) „Franko/frei… (benannter Bestimmungsort)“

Der Regelungsinhalt der Klausel „franko/frei“… (benannter Bestimmungsort)“ betrifft, wie die in Teil 5 vorgenommene Auswertung der Rechtsprechung und Literatur ergeben hat, ausschließlich die Lieferung der Ware und enthält daher keine Regelung hinsichtlich des Zahlungsorts. Wird die Lieferklausel „franko/frei“… (benannter Bestimmungsort)“ in einem Vertrag vereinbart, auf den das CISG Anwendung findet, kann diese Lieferklausel jedoch im Rahmen des Art. 57 Abs. 1 lit. b CISG Bedeutung erlangen, da dieser für die Bestimmung des Zahlungsorts an den Ort der Warenübergabe anknüpft. Der Ort der Warenübergabe ist nämlich bei Vereinbarung der Klausel „franko/frei“… (benannter Bestimmungsort)“ der von den Parteien benannte Bestimmungsort.

i) „Frei Haus“

Die Klausel „frei Haus“ trifft als Lieferklausel ebenfalls keine unmittelbare Regelung hinsichtlich des Orts, an dem der Käufer seine Zahlungsverpflichtung erfüllen muss. Vereinbaren die Parteien diese Lieferklausel in einem Vertrag, der den Bestimmungen des CISG unterliegt, kann sie jedoch bei Anwendung des Art. 57 Abs. 1 lit. b CISG mittelbar Bedeutung erlangen. Wie die in Teil 5 vorgenommene Auswertung der Rechtsprechung und Literatur ergeben hat, bestimmt die Lieferklausel „frei Haus“ nämlich, dass sich der Ort der Warenübergabe, an den Art. 57 Abs. 1 lit. b CISG für die Bestimmung des Zahlungsorts anknüpft, an der Niederlassung des Käufers befindet.

j) Incoterms 2000

Sämtliche Klauseln der Incoterms 2000 verpflichten den Käufer unter Ordnungspunkt B1 zur vertragsgemäßen Zahlung des Kaufpreises. Dies umfasst selbstver-

ständlich auch die Zahlung am richtigen Ort. Diese Regelung der Incoterms ist lediglich die Bestätigung eines Grundelements eines jeden Kaufvertrags. Keine ausdrückliche Regelung treffen die Klauseln der Incoterms 2000 jedoch für den Fall, dass es an einer Vereinbarung der Parteien über den Zahlungsort fehlt.
Wird eine Klausel der Incoterms, wie im Rahmen dieser Untersuchung vorausgesetzt, in einem Vertragsverhältnis vereinbart, auf welches das CISG Anwendung findet, hat in diesen Fällen ein Rückgriff auf Art. 57 Abs. 1 CISG zu erfolgen. Wie bereits dargestellt, knüpft Art. 57 Abs. 1 lit. b CISG für die Bestimmung des Zahlungsorts an den Ort der Warenübergabe an. In diesem Zusammenhang können die Klauseln der Incoterms 2000 mittelbar Bedeutung erlangen: Vereinbaren die Parteien eine Klausel der Incoterms 2000, umfasst dies nämlich – mit Ausnahme der F-Klauseln – auch eine Vereinbarung über den Ort der Warenübergabe an den Käufer.

III. Zahlungszeit

Als weiterer Aspekt der Zahlungspflicht des Käufers wird im Folgenden der Zeitpunkt der Kaufpreiszahlung erörtert. Zunächst wird dargestellt, welche Regelungen das CISG bezüglich der Zahlungszeit trifft. Daran anschließend wird untersucht, welche Auswirkungen insoweit die Vereinbarung ausgewählter internationaler Handelsklauseln hat.

1. CISG

Mangels einer vertraglichen Festlegung des Zahlungszeitpunkts hat der Käufer gemäß Art. 58 Abs. 1 S. 1 CISG den Kaufpreis Zug um Zug mit pflichtgemäßer Zurverfügungstellung der Ware bzw. der Warendokumente durch den Verkäufer zu entrichten. Art. 58 Abs. 1 S. 1 CISG knüpft damit nicht an den Zeitpunkt der tatsächlichen Übernahme der Ware bzw. der Warendokumente durch den Käufer an, sondern an die zeitlich frühere Bereitstellungshandlung des Verkäufers. Dies verhindert, dass der Käufer durch ein bloßes Unterlassen der Entgegennahme der Ware bzw. der Warendokumente die Fälligkeit der Kaufpreiszahlung hinausschieben oder verhindern kann.[140] Im Gegenzug kann nur eine pflichtgemäße Zurverfügungstellung durch den Verkäufer die Fälligkeit der Kaufpreiszahlungspflicht begründen. Die Ware bzw. die Warendokumente sind zur richtigen Zeit und am richtigen Ort bereitzustellen.

140 Staudinger-*Magnus*, Art. 58, Rdnr. 4.

Liegt ein Versendungskauf vor, stellt nicht schon die Übergabe der Ware an den Beförderer ein Zur-Verfügung-Stellen im Sinne des Art. 58 Abs. 1 S. 1 CISG dar. Erst das Übergabeangebot des Beförderers am Bestimmungsort löst die Fälligkeit der Kaufpreiszahlungspflicht aus.[141] Ebenso verhält es sich mit Warendokumenten, die dem Käufer von einer Bank am Bestimmungsort vorgelegt werden.[142] Ist dem Käufer der genaue Bereitstellungszeitpunkt der Ware bzw. der Warendokumente im Voraus nicht bekannt, so tritt die Fälligkeit der Kaufpreiszahlungspflicht erst mit Ablauf einer kurzen Frist ein, die es dem Käufer ermöglicht, die Zahlung zu bewirken.[143]

2. Internationale Handelsklauseln

a) „Vorkasse"

Vereinbaren die Vertragsparteien die Zahlungsklausel „Vorkasse", hat der Käufer, wie in Teil 5 dargestellt, mit der Kaufpreiszahlung in Vorleistung zu treten. Erst wenn er die Zahlung des Kaufpreises bewirkt hat, muss der Verkäufer die Ware liefern. Wird die Zahlungsklausel „Vorkasse" in einem Vertrag vereinbart, auf den, wie im Rahmen dieser Untersuchung vorausgesetzt, das CISG Anwendung findet, bedeutet dies eine Abwahl des in Art. 58 Abs. 1 S. 1 CISG niedergelegten Prinzips der Leistung Zug um Zug.

b) „Netto Kasse"

Bei Vereinbarung der Zahlungsklausel „Netto Kasse" ist der Käufer, wie in Teil 5 dargestellt, dazu verpflichtet, den Kaufpreis innerhalb einer kurzen Frist nach Erhalt der Ware und der Rechnung zu leisten. Fehlt eine Vereinbarung der Parteien über die konkrete Länge der Zahlungsfrist, sind die üblichen Gepflogenheiten der jeweiligen Branche maßgeblich. In der Regel bedeutet dies, wie die in Teil 5 vorgenommene Auswertung der Rechtsprechung und Literatur gezeigt hat, dass die Zahlung 10 – 14 Tage nach Lieferung der Ware und Vorlage der Rechnung zu erfolgen hat. Der Verkäufer tritt bei Vereinbarung der Zahlungsklausel „netto Kasse" folglich in Vorleistung und gibt die Ware aus der Hand, ohne im direkten Gegenzug den Kaufpreis zu erhalten. Wird die Zahlungsklausel „netto Kasse" in einem Vertrag vereinbart, auf den das CISG Anwendung findet, bedeu-

---

141 Schlechtriem/Schwenzer-*Hager*, Art. 58, Rdnr. 7; Soergel-*Lüderitz/Budzikiewicz*, Art. 58, Rdnr. 3; Staudinger-*Magnus*, Art. 58, Rdnr. 15.

142 Schlechtriem/Schwenzer-*Hager*, Art. 58, Rdnr. 9.

143 Bianca/Bonell-*Maskow*, Art. 58, Bem. 2.4.; Staudinger-*Magnus*, Art. 58, Rdnr. 11.

tet dies eine Abwahl des in Art. 58 Abs. 1 S. 1 CISG niedergelegten Prinzips der Leistung Zug um Zug.

c) „Kasse gegen Faktura“

Vereinbaren die Parteien die Zahlungsklausel „Kasse gegen Faktura“, muss der Käufer den Kaufpreis zahlen, sobald ihm der Verkäufer die Faktura zugesandt hat. Wie die in Teil 5 vorgenommene Auswertung der einschlägigen Rechtsprechung und Literatur ergeben hat, muss der Käufer den Kaufpreis grundsätzlich bei Erhalt der Rechnung zahlen, auch wenn ihm diese bereits vor Eintreffen der Ware zugeht. In diesem Fall hat der Käufer folglich mit seiner Zahlung in Vorleistung zu treten. Erhält der Käufer die Rechnung hingegen zusammen mit der Warenlieferung oder danach, liegt eine Vorleistung des Verkäufers vor, denn er gibt den Kaufgegenstand aus seiner Verfügungsgewalt, ohne im direkten Gegenzug den Kaufpreis zu erhalten.
In keiner Fallkonstellation erfolgt also ein Leistungsaustausch Zug um Zug, so dass die Vereinbarung der Klausel „Kasse gegen Faktura“ in einem Vertrag, auf den das CISG Anwendung findet, eine Abweichung von dem in Art. 58 Abs. 1 S. 1 CISG niedergelegten Prinzip der Leistung Zug um Zug zur Folge hat.

d) „Lieferung gegen Nachnahme“

Vereinbaren die Parteien die Zahlungsklausel „Lieferung gegen Nachnahme“, ist der Käufer, wie in Teil 5 dargestellt, dazu verpflichtet, den vereinbarten Kaufpreis vor Aushändigung der Ware an den vom Verkäufer mit der Einziehung des Kaufpreises beauftragten Beförderer zu zahlen. Nach Zahlung des Kaufpreises erhält der Käufer im Gegenzug vom Beförderer die veräußerte Ware ausgehändigt. Bei Vereinbarung der Klausel „Lieferung gegen Nachnahme“ muss der Käufer mit der Kaufpreiszahlung somit kurzzeitig in Vorleistung treten. Dies bedeutet bei Verwendung dieser Zahlungsklausel in einem dem CISG unterliegenden Vertrag mithin eine Abweichung vom Prinzip des Leistungsaustauschs Zug um Zug, wie es Art. 58 Abs. 1 S. 1 CISG vorsieht.

e) „Kasse gegen Dokumente“

Vereinbaren die Parteien die Zahlungsklausel „Kasse gegen Dokumente“, erhält der Käufer, wie in Teil 5 dargestellt, die Inkassodokumente Zug um Zug gegen Einzahlung des vereinbarten Kaufpreises von der Inkassobank. Der Zahlungszeitpunkt ist bei Vereinbarung dieser Zahlungsklausel damit der Zeitpunkt der

Dokumentenübergabe, so dass eine inhaltliche Übereinstimmung mit Art. 58 Abs. 1 S. 1 CISG besteht.

f) „Dokumente gegen Akzept“

Vereinbaren die Vertragsparteien die Zahlungsklausel „Dokumente gegen Akzept“ erfolgt die Zahlungsabwicklung, wie in Teil 5 dargestellt, ebenfalls im Wege des Dokumenteninkassos, die Aushändigung der Warendokumente durch die Inkassobank erfolgt Zug um Zug gegen Erteilung eines Wechselakzepts durch den Käufer. Die Zahlung des Kaufpreises hat jedoch erst zu dem in dem Wechsel niedergelegten Termin zu erfolgen. Der Zeitpunkt der Kaufpreiszahlung und der Zeitpunkt der Dokumentenübergabe fallen daher auseinander. Vereinbaren die Parteien die Klausel „Dokumente gegen Akzept“ in einem Vertrag, auf den die Bestimmungen des CISG Anwendung finden, bedeutet dies somit eine Abweichung von dem in Art. 58 Abs. 1 S. 1 CISG niedergelegten Prinzip der Kaufpreiszahlung Zug um Zug gegen Aushändigung der Ware bzw. der Warendokumente.

g) „Dokumente gegen Akkreditiv“

Die Zahlungsklausel „Dokumente gegen Akkreditiv“ verpflichtet die Vertragsparteien, wie die in Teil 5 vorgenommene Auswertung der Rechtsprechung und Literatur ergeben hat, zu einer Zahlungsabwicklung mittels Dokumentenakkreditivs. Der Verkäufer erlangt eine Auszahlung aus dem Akkreditiv zu dem Zeitpunkt, zu dem er die Warendokumente bei der eröffnenden bzw. avisierenden Bank einreicht. Der Zahlungszeitpunkt ist bei Vereinbarung der Klausel „Dokumente gegen Akkreditiv“ damit der Zeitpunkt der Dokumentenübergabe, so dass eine inhaltliche Übereinstimmung mit Art. 58 Abs. 1 S. 1 CISG besteht.

IV. Recht zur Untersuchung der Ware vor Kaufpreiszahlung

Im Folgenden wird erörtert, ob dem Käufer ein Recht zusteht, die Ware vor Zahlung des Kaufpreises zu untersuchen. Zunächst wird dargestellt, welche Regelungen das CISG hinsichtlich eines Untersuchungsrechts des Käufers vor Zahlung des Kaufpreises enthält. Im Anschluss wird untersucht, welche Auswirkungen diesbezüglich die Vereinbarung ausgewählter internationaler Handelsklauseln zeigt.

1. CISG

Dem Käufer muss gemäß Art. 58 Abs. 3 CISG vom Verkäufer grundsätzlich die Möglichkeit eingeräumt werden, die gelieferte Ware zu untersuchen. Erst wenn der Käufer die Ware hinsichtlich ihrer Mangelfreiheit in Augenschein nehmen konnte, ist er zur Zahlung des Kaufpreises verpflichtet. Der Käufer ist aber nur zu einer kurzen, oberflächlichen Begutachtung der Ware berechtigt.[144] Aus diesem Grund lässt das Untersuchungsrecht nach Art. 58 Abs. 3 CISG die gemäß Art. 38 CISG bestehende Obliegenheit des Käufers, eine ausführliche Untersuchung der Ware durchzuführen, unberührt.[145] Der Käufer soll durch das Untersuchungsrecht nach Art. 58 Abs. 3 CISG lediglich in die Lage versetzt werden, bei Anlieferung offensichtlich vertragswidriger Ware die Zahlung des Kaufpreises verweigern zu können.[146]

Ort der Untersuchung im Sinne des Art. 58 Abs. 3 CISG ist regelmäßig der Übergabeort der Ware.[147] Liegt ein Versendungskauf oder eine Veräußerung reisender Ware vor, so muss der Verkäufer den Beförderer anweisen, dem Käufer am Bestimmungsort eine Untersuchung der Ware zu ermöglichen.[148]

Grundsätzlich bedarf es keiner ausdrücklichen Geltendmachung des Untersuchungsrechts durch den Käufer. Der Wortlaut des Art. 58 Abs. 3 CISG weist jedoch ausdrücklich darauf hin, dass die vertragliche Ausgestaltung der Zahlungs- und Liefermodalitäten durch die Parteien gegebenenfalls zu einem Ausschluss des Untersuchungsrechts führen kann.

2. Internationale Handelsklauseln

a) „Vorkasse"

Vereinbaren die Vertragsparteien die Zahlungsklausel „Vorkasse", ist der Käufer, wie in Teil 5 dargestellt, dazu verpflichtet mit der Kaufpreiszahlung in Vorleistung zu treten. Da der Käufer die Zahlung des Kaufpreises zeitlich vor dem Ver-

---

144 Schlechtriem/Schwenzer-*Hager*, Art. 58, Rdnr. 11; Staudinger-*Magnus*, Art. 58, Rdnr. 22.

145 Herber/Czerwenka, Art. 58, Rdnr. 8; Schlechtriem/Schwenzer-*Hager*, Art. 58, Rdnr. 11.

146 Schlechtriem, Int. UN-KaufR, Rdnr. 217.

147 Schlechtriem/Schwenzer-*Hager*, Art. 58, Rdnr. 11.

148 Herber/Czerwenka, Art. 58, Rdnr. 5; Schlechtriem/Schwenzer-*Hager*, Art. 58, Rdnr. 11; Soergel-*Lüderitz/Budzikiewicz*, Art. 58, Rdnr. 6; Staudinger-*Magnus*, Art. 58, Rdnr. 16.

sand der Ware leisten muss, besteht für ihn keine Möglichkeit, die Ware zuvor zu untersuchen.
Die Vereinbarung der Klausel „Vorkasse“ in einem Vertrag, auf den, wie im Rahmen dieser Untersuchung vorausgesetzt, das CISG Anwendung findet, führt damit zu einem Ausschluss des Untersuchungsrechts des Käufers aus Art. 58 Abs. 3 CISG.

b) „Netto Kasse“

Die Zahlungsklausel „netto Kasse“ verpflichtet den Käufer, wie in Teil 5 dargestellt, den Kaufpreis innerhalb einer kurzen Frist nach Erhalt der Ware und der Rechnung zu leisten. Dies bedeutet, dass der Verkäufer in Vorleistung treten und die Ware dem Käufer zusenden muss, bevor er anschließend vom Käufer den Kaufpreis erhält. Aufgrund der Vorleistungspflicht des Verkäufers hat der Käufer die Möglichkeit, die Ware vor Zahlung des Kaufpreises auf Mängel zu untersuchen.
Vereinbaren die Parteien die Zahlungsklausel „netto Kasse“ in einem Vertrag, auf den das CISG Anwendung findet, hat dies folglich keine Auswirkungen auf das Untersuchungsrecht des Käufers aus Art. 58 Abs. 3 CISG.

c) „Kasse gegen Faktura“

Vereinbaren die Parteien die Zahlungsklausel „Kasse gegen Faktura“, muss der Käufer den Kaufpreis zahlen, sobald ihm der Verkäufer die Faktura zugesandt hat. Wie die in Teil 5 vorgenommene Auswertung der einschlägigen Rechtsprechung und Literatur ergeben hat, muss der Käufer den Kaufpreis grundsätzlich auch dann bei Erhalt der Rechnung zahlen, wenn ihm diese bereits vor Eintreffen der Ware zugeht. In diesen Fällen hat der Käufer daher mit der Kaufpreiszahlung in Vorleistung zu treten, was in einem Vertrag, auf den das CISG Anwendung findet, einen Ausschluss des Untersuchungsrechts aus Art. 58 Abs. 3 CISG zur Folge hat.
Erhält der Käufer die Rechnung hingegen zusammen mit der Ware oder später, tritt der Verkäufer in Vorleistung und der Käufer hat die Möglichkeit, die gelieferte Ware vor Zahlung zu untersuchen. In dieser Konstellation hat die Vereinbarung der Klausel „Kasse gegen Faktura“ in einem Vertrag, der den Bestimmungen des CISG unterliegt, folglich keine Auswirkungen auf das Untersuchungsrecht des Käufers aus Art. 58 Abs. 3 CISG.

d) „Lieferung gegen Nachnahme“

Vereinbaren die Vertragsparteien eines internationalen Kaufvertrages die Klausel „Lieferung gegen Nachnahme“, ist der Käufer, wie in Teil 5 dargestellt, dazu verpflichtet, den Kaufpreis vor Aushändigung der Ware an den Beförderer zu zahlen. Da der Käufer, wenn auch nur kurzzeitig, in Vorleistung tritt, hat er kein Recht, die Ware vor Zahlung des Kaufpreises an den Beförderer zu untersuchen.
Die Vereinbarung der Klausel „Lieferung gegen Nachnahme“ in einem Vertrag, auf den das CISG Anwendung findet, führt mithin zu einem Ausschluss des Untersuchungsrechts des Käufers aus Art. 58 Abs. 3 CISG.

e) „Kasse gegen Dokumente“

Bei Vereinbarung der Zahlungsklausel „Kasse gegen Dokumente“ ist die Kaufpreiszahlung, wie in Teil 5 dargestellt, durch ein Dokumenteninkasso abzuwickeln. Der Käufer erhält dabei die Inkassodokumente Zug um Zug gegen Zahlung des Kaufpreises von der Inkassobank ausgehändigt und kann erst anschließend die Ware beim Beförderer gegen Vorlage der Inkassodokumente in Empfang nehmen. Aus diesem Grunde hat der Käufer bei Vereinbarung der Klausel „Kasse gegen Dokumente“ kein Recht, die Ware vor Erfüllung seiner Zahlungspflicht zu untersuchen.
Vereinbaren die Parteien eines Vertrags, auf den das CISG Anwendung findet, diese Zahlungsklausel, hat dies daher einen Ausschluss des Untersuchungsrechts des Käufers aus Art. 58 Abs. 3 CISG zur Folge.

f) „Dokumente gegen Akzept“

Die Klausel „Dokumente gegen Akzept“ verpflichtet, wie in Teil 5 dargestellt, ebenfalls zu einer Zahlungsabwicklung im Wege eines Dokumenteninkassos, wobei die Aushändigung der Inkassodokumente durch die Inkassobank Zug um Zug gegen Hingabe eines Wechselakzepts durch den Käufer erfolgt. Der Käufer erhält erst nach Erteilung des Wechselakzepts die Transportdokumente ausgehändigt, mit denen er die Warenlieferung beim Beförderer in Empfang nehmen kann. Den Kaufpreis hat der Käufer dabei nicht schon bei Erhalt der Inkassodokumente, sondern erst zu dem in dem Wechsel niedergelegten Termin zu leisten. Dies bedeutet, dass der Käufer die veräußerte Ware zeitlich vor der tatsächlichen Zahlung des Kaufpreises erhält. Durch das Akzept erlangt der Verkäufer jedoch eine Wechselforderung, die er ohne Rückgriff auf den zugrunde liegenden Kaufvertrag einklagen kann.

Maßgeblicher Zeitpunkt für die Frage, ob dem Käufer bei Vereinbarung der Zahlungsklausel „Dokumente gegen Akzept" ein Untersuchungsrecht im Sinne des Art. 58 Abs. 3 CISG zusteht, ist daher die Erteilung des Wechselakzepts durch den Käufer. Da der Käufer insoweit in Vorleistung tritt, hat er bei Vereinbarung der Klausel „Dokumente gegen Akzept" kein Recht, die Ware vor Erteilung des Akzepts zu untersuchen. Die Vereinbarung dieser Zahlungsklausel in einem Vertrag, auf den die Bestimmungen des CISG Anwendung finden, führt daher zu einem Ausschluss des Untersuchungsrechts des Käufers im Sinne des Art. 58 Abs. 3 CISG.

g) „Dokumente gegen Akkreditiv"

Vereinbaren die Parteien die Zahlungsklausel „Dokumente gegen Akkreditiv", ist die Kaufpreiszahlung, wie in Teil 5 dargestellt, mittels eines Dokumentenakkreditivs abzuwickeln. Der Käufer erhält dabei die Transportdokumente, die ihn zur Empfangnahme der Warenlieferung berechtigen, erst ausgehändigt, nachdem der Verkäufer eine Zahlung aus dem Akkreditiv erlangt hat. Aus diesem Grund hat der Käufer keine Möglichkeit zur Untersuchung der Ware, bevor der Verkäufer den Kaufpreis erhält.
Findet die Klausel „Dokumente gegen Akkreditiv" in einem Vertrag Verwendung, auf den das CISG Anwendung findet, hat dies daher einen Ausschluss des Untersuchungsrechts des Käufers aus Art. 58 Abs. 3 CISG zur Folge.

J. Gefahrtragung

Der folgende Abschnitt widmet sich der Frage, welche Partei das Risiko einer zufälligen, d.h. von keiner der beiden Vertragsparteien zu vertretenden Beschädigung oder Zerstörung der veräußerten Ware tragen muss. Zunächst werden die Gefahrtragungsregeln des CISG dargestellt, danach wird untersucht, welche Auswirkungen die Vereinbarung ausgewählter internationaler Handelsklauseln hinsichtlich der Gefahrtragung zeigt.

I. CISG

1. Wirkung des Gefahrübergangs (Art. 66 CISG)

Gemäß Art. 66 CISG hat der Gefahrübergang auf den Käufer zur Folge, dass dieser auch im Fall eines Untergangs oder einer Beschädigung der Ware grundsätzlich zur Zahlung des vereinbarten Kaufpreises verpflichtet bleibt. Ausgenommen sind gemäß Art. 66 CISG jedoch Fälle, in denen die Beschädigung bzw. der Untergang der Ware auf eine Handlung oder Unterlassung des Verkäufers zurückzuführen ist. Die Handlung oder die Unterlassung muss dabei nicht nur kausal für Beschädigung oder Untergang der Ware gewesen sein, sie muss vielmehr einen Verstoß gegen eine objektive Sorgfaltspflicht darstellen.[149] Ein rechtmäßiges Verhalten des Verkäufers, wie beispielsweise die berechtigte Ausübung des Anhalterechts nach Art. 71 Abs. 2 CISG, kann die Grundregel des Art. 66 CISG nicht außer Kraft setzen.[150]

Der Zeitpunkt des Gefahrübergangs wird durch Art. 66 CISG nicht geregelt. Insoweit sind die Art. 67 – 69 CISG einschlägig.

2. Gefahrübergang bei Beförderung der Ware (Art. 67 CISG)

Art. 67 CISG bestimmt den Zeitpunkt des Gefahrübergangs für Fälle, in denen die Parteien eine Beförderung der Ware vertraglich vereinbart haben; d.h. bei Vorliegen eines Versendungskaufs. Dabei erfolgt der Gefahrübergang gemäß Art. 67 Abs. 1 S. 1 CISG mit Übergabe der Ware durch den Verkäufer an den ersten Beförderer. Wurde ein bestimmter Versendungsort vereinbart, so erfordert der Gefahrübergang gemäß Art. 67 Abs. 1 S. 2 CISG die Warenübergabe an dem benannten Ort. Für den Gefahrübergang ist es gemäß Art. 67 Abs. 1 S. 3 CISG unerheblich, wenn der Verkäufer die zur Verfügung über die Ware berechtigenden Dokumente zurückbehält. Diese Regelung unterstreicht, dass der Gefahrübergang alleinig an den Wechsel der tatsächlichen Sachherrschaft anknüpft und nicht an den Übergang des Eigentums oder die Verfügungsbefugnis über die Ware.[151]
Art. 67 Abs. 2 CISG stellt für den Gefahrübergang nach Art. 67 Abs. 1 CISG die Bedingung auf, dass die Ware dem betreffenden Vertrag zugeordnet wurde, im Falle von Gattungsware ist daher eine Konkretisierung erforderlich. Ziel dieser Regelung ist es sicherzustellen, dass die Gefahr des Untergangs oder der Beschä-

149 Achilles, Art. 66, Rdnr. 4; Bianca/Bonell-*Nicholas*, Art. 66, Bem. 2.2.; Karollus, UN-Kaufrecht, S. 187 f.; Staudinger-*Magnus*, Art. 66, Rdnr. 13 ff.; Schlechtriem/Schwenzer-*Hager*, Art. 66, Rdnr. 5 ff.

150 Schlechtriem/Schwenzer-*Hager*, Art. 66, Rdnr. 7; Staudinger-*Magnus*, Art. 66, Rdnr. 16.

151 Bianca/Bonell-*Nicholas*, Art. 67, Bem. 2.7.; MünchKomm-BGB-*Huber*, Art. 67, Rdnr. 16; Staudinger-*Magnus*, Art. 67, Rdnr. 23.

digung der Ware nur dann auf den Käufer übergeht, wenn eben diese betreffende Warenlieferung auch tatsächlich für ihn bestimmt ist.[152]

Art. 67 Abs. 1 CISG knüpft den Gefahrübergang an die erfolgreiche Übergabe der Ware an den Beförderer, enthält aber keine Regelung für den Fall, dass die Warenübergabe aufgrund eines Fehlverhaltens oder eines Versäumnisses des Käufers scheitert. Es ist jedoch als ein allgemeiner Grundsatz im Sinne des Art. 7 Abs. 2 CISG anzusehen, dass ein Gefahrübergang vom Verkäufer auf den Käufer auch dann erfolgt, wenn die Voraussetzungen des Gefahrübergangs alleine aufgrund einer Pflichtverletzung des Käufers nicht erfüllt sind.[153]

3. Gefahrübergang beim Verkauf von auf dem Transport befindlicher Ware (Art. 68 CISG)

Wird Ware veräußert, die sich bereits zum Zeitpunkt des Verkaufs auf dem Transport befindet, erfolgt der Gefahrübergang gemäß Art. 68 S. 1 CISG grundsätzlich mit Abschluss des Kaufvertrags. Der genaue Zeitpunkt des Vertragsschlusses bestimmt sich nach dem Zugang der Annahmeerklärung, vgl. Art. 23 i.V.m. Art. 18 Abs. 2 S. 1 CISG.

Ausnahmsweise erfolgt der Gefahrübergang gemäß Art. 68 S. 2 CISG rückwirkend auf den Zeitpunkt der Warenübergabe an den Beförderer, wenn die Umstände des konkreten Falls dies nahe legen. Hintergrund dieser Anknüpfung des Gefahrübergangs an einen zeitlich vor dem Vertragsschluss liegenden Zeitpunkt ist, dass es sich oftmals als sehr schwierig erweist, bei auf dem Transport befindlichen Waren den genauen Zeitpunkt eines Schadenseintritts zu ermitteln.[154] Dies gilt insbesondere dann, wenn sich die Ware während der Beförderung uneinsehbar in verschlossenen Behältern, beispielsweise Containern, befindet. Besteht eine Transportversicherung seit dem Zeitpunkt der Warenübergabe an den ersten Beförderer, werden die Voraussetzungen des Art. 68 S. 2 CISG allgemein als erfüllt erachtet, denn in diesem Fall ist der Käufer hinreichend abgesichert.[155]

Ein Gefahrübergang auf den Käufer ist gemäß Art. 68 S. 3 CISG jedoch ausgeschlossen, wenn der Verkäufer bei Abschluss des Kaufvertrags wusste oder hätte wissen müssen, dass die veräußerte Ware bereits beschädigt oder untergegangen

---

152 Enderlein/Maskow/Strohbach-*Maskow*, Art. 67, Bem. 9; Karollus, UN-Kaufrecht, S. 195; Staudinger-*Magnus*, Art. 67, Rdnr. 25.

153 Achilles, Art. 69, Rdnr. 3; Bamberger/Roth-*Saenger*, Art. 69, Rdnr. 1; Karollus, UN-Kaufrecht, S. 192; Schlechtriem/Schwenzer-*Hager*, Art. 69, Rdnr. 9.

154 Staudinger-*Magnus*, Art. 68, Rdnr. 10.

155 Achilles, Art. 68, Rdnr. 3; Bianca/Bonell-*Nicholas*, Art. 68, Bem. 2.2.; MünchKomm-BGB-*Huber*, Art. 68, Rdnr. 8; MünchKomm-HGB-*Benicke*, Art. 68, Rdnr. 5; Piltz, int. KaufR, § 5, Rdnr. 196; Staudinger-*Magnus*, Art. 68, Rdnr. 11.

war. Diese Regelung betrifft dabei nur Art. 68 S. 2 CISG, da im Fall des Art. 68 S. 1 mit Vertragsschluss der Gefahrübergang erfolgt, und sich die Vertragsmäßigkeit der Ware zu diesem Zeitpunkt daher gemäß Art. 36 CISG nach Art. 35 CISG beurteilt und nicht nach den Regelungen hinsichtlich der Gefahrtragung.[156]

4. Gefahrübergang in anderen Fällen (Art. 69 CISG)

In Fällen, die nicht in den Anwendungsbereich der Art. 67 und 68 CISG fallen, erfolgt der Gefahrübergang gemäß Art. 69 Abs. 1, 1. Alt. CISG mit der Übernahme der Ware durch den Käufer. Befindet sich der Käufer im Annahmeverzug, da er seiner Pflicht zur Warenabnahme nicht rechtzeitig nachkommt, erfolgt der Gefahrübergang bereits mit Zurverfügungstellung der Ware durch den Verkäufer, vgl. Art. 69 Abs. 1, 2. Alt. CISG. Nach weit überwiegender Ansicht ist Art. 69 Abs. 1, 2. Alt. CISG analog auf Fälle anzuwenden, in denen die Warenübergabe aufgrund einer anderen Vertragsverletzung des Käufers scheitert.[157]

Ist der Käufer verpflichtet, die Ware an einem anderen Ort als der Niederlassung des Verkäufers zu übernehmen, erfolgt der Gefahrübergang gemäß Art. 69 Abs. 2 CISG, wenn die Lieferung fällig ist und der Käufer davon Kenntnis hat, dass die Ware am vereinbarten Ort zur Verfügung steht. Bei nicht individualisierter Ware setzt das Zur-Verfügung-Stellen gemäß Art. 69 Abs. 3 CISG voraus, dass eine Konkretisierung der Ware erfolgt ist.

II. Internationale Handelsklauseln

1. „Franko/frei… (benannter Bestimmungsort)"

Die in Teil 5 vorgenommene Auswertung der nationalen und internationalen Rechtsprechung sowie der Literatur betreffend die Lieferklausel „franko/frei… (benannter Bestimmungsort)" hat gezeigt, dass der betreffenden Klausel keine Regelung hinsichtlich der Gefahrtragung entnommen werden kann. Wird diese Lieferklausel, wie im Rahmen dieser Untersuchung vorausgesetzt, in einem Vertragsverhältnis vereinbart, auf welches das CISG Anwendung findet, ist insoweit auf die Art. 66 ff. CISG zurückzugreifen. Da die Lieferklausel „franko/frei…

---

156 Herber/Czerwenka, Art. 68, Rdnr. 7; MünchKomm-HGB-*Benicke*, Art. 68, Rdnr. 9; Schlechtriem/Schwenzer-*Hager*, Art. 68, Rdnr. 5; Staudinger-*Magnus*, Art. 68, Rdnr. 17; Witz/Salger/Lorenz-*Witz*, Art. 68, Rdnr. 11.

157 Achilles, Art. 69, Rdnr. 3; Staudinger-*Magnus*, Art. 69, Rdnr. 16; Witz/Salger/Lorenz-*Witz*, Art. 69, Rdnr. 8.

(benannter Bestimmungsort)", wie bereits erläutert, grundsätzlich in Fällen eines Versendungskaufs vereinbart wird, in denen die veräußerte Ware unter Mitwirkung eines Beförderers vom Verkäufer zum Käufer transportiert wird, ist Art. 67 Abs. 1 S. 1 CISG einschlägig. Der Gefahrübergang erfolgt demnach zum Zeitpunkt der Warenübergabe vom Verkäufer an den Beförderer.

2. „Frei Haus"

Der Lieferklausel „frei Haus" wird, wie die in Teil 5 vorgenommene Untersuchung der einschlägigen Rechtsprechung und Literatur ergeben hat, auch eine Regelung hinsichtlich des Gefahrübergangs entnommen. Danach trägt der Verkäufer die Gefahr einer Beschädigung oder eines Untergangs der veräußerten Ware bis zu ihrer Ablieferung an der Niederlassung des Käufers. Vereinbaren die Parteien die Klausel „frei Haus" in einem Vertrag, der den Bestimmungen des CISG unterliegt, besteht daher hinsichtlich des Gefahrübergangs eine inhaltliche Übereinstimmung mit der Regelung des Art. 69 Abs. 2 CISG.

3. Incoterms 2000

Der Zeitpunkt des Gefahrübergangs wird bei den Klauseln der Incoterms 2000 unter den Ordnungspunkten A5 und B5 behandelt. Die Incoterms treffen jedoch keine Regelung hinsichtlich der Wirkung des Gefahrübergangs. Vereinbaren die Vertragsparteien eine Klausel der Incoterms 2000 in einem Rechtsverhältnis, auf welches das CISG Anwendung findet, muss hinsichtlich der Wirkung des Gefahrübergangs daher auf Art. 66 CISG zurückgegriffen werden.

a) EXW

Vereinbaren die Parteien die Klausel EXW, erfolgt der Gefahrübergang mit Lieferung der Ware.[158] Wie zuvor bereits ausgeführt, schuldet der Verkäufer eine Übergabe der veräußerten Ware an den Käufer am Lieferort, der sich im Falle der Klausel EXW grundsätzlich an der Niederlassung des Verkäufers befindet. Die Regelung des Gefahrübergangs durch die Klausel EXW entspricht damit der Regelung des Art. 69 Abs. 1, 1. Alt. CISG. Die Vereinbarung der Klausel EXW in einem dem CISG unterliegenden Vertrag führt daher zu keinen inhaltlichen Veränderungen hinsichtlich des Gefahrübergangs.

158 Vgl. EXW A5.

b) FCA, FAS, CPT, CIP

Die Klauseln FCA, FAS, CPT und CIP knüpfen den Gefahrübergang an den Abschluss der vom Verkäufer geschuldeten Lieferhandlung.[159] Im Fall der Klauseln FCA, CPT, CIP bedeutet dies, dass die Gefahr einer Beschädigung oder eines Untergangs der veräußerten Ware mit ihrer Übergabe an die mit dem Transport beauftragte Person auf den Käufer übergeht.[160] Bei Vereinbarung der Klausel FAS erfolgt der Gefahrübergang auf den Käufer mit der Übergabe der Ware an die mit dem Seetransport beauftragte Person an der Längsseite des Schiffes im vereinbarten Verschiffungshafen.[161]
Die Regelung des Gefahrübergangs durch die Klauseln FCA, FAS, CPT und CIP entspricht damit der Regelung des Art. 67 Abs. 1 CISG. Da bei Verwendung der betreffenden Klauseln grundsätzlich ein bestimmter Übergabeort von den Parteien benannt wird, besteht eine inhaltliche Übereinstimmung mit Art. 67 Abs. 1 S. 2 CISG. Die Vereinbarung der Klauseln FCA, FAS, CPT und CIP in einem Vertrag, auf den das CISG Anwendung findet, führt daher hinsichtlich des Gefahrübergangs zu keinen inhaltlichen Veränderungen.

c) FOB, CFR, CIF

Im Falle der Klauseln FOB, CFR und CIF vollzieht sich der Gefahrübergang in dem Moment, in dem die veräußerte Ware die Schiffsreling im Verschiffungshafen überschreitet.[162] Maßgeblich ist dabei das erstmalige Überschreiten der Reling.[163] Dies bedeutet, dass ein Gefahrübergang auch dann erfolgt, wenn die Ware nach Überschreiten der Schiffsreling nicht auf dem Schiff platziert, sondern wieder auf dem Kai abgesetzt wird.[164] Da der Verkäufer die veräußerte Ware gemäß Ordnungspunkt A4 der Klauseln FOB, CFR und CIF an Bord des Schiffes liefern muss, erfolgt der Gefahrübergang bereits zu einem vor dem Abschluss der Lieferhandlung liegenden Zeitpunkt.
Die Anknüpfung des Gefahrübergangs an das Überschreiten der Schiffsreling ist historisch begründet: In den Anfängen des internationalen Seehandels wurde erst mit dem Überschreiten der Schiffsreling von einer zweifelsfreien Konkretisierung der Gattungsware ausgegangen und dementsprechend der Gefahrübergang an

159 Vgl. FCA A5, FAS A5, CPT, A5, CIP A5.
160 Vgl. FCA A5 i.V.m. A4, CPT A5 i.V.m. A4, CIP A5 i.V.m. A4.
161 Vgl. FAS A5 i.V.m. A4.
162 Vgl. FOB A5, CFR A5, CIF A5.
163 Bredow/Seiffert, Incoterms 2000, FOB, Rdnr. 16.
164 Bredow/Seiffert, Incoterms 2000, FOB, Rdnr. 16.

diesen Moment geknüpft.[165] Diese weit verbreitete Handelspraxis wurde von den Incoterms übernommen.

Die Regelung des Gefahrübergangs durch die Klauseln FOB, CFR und CIF weicht damit von der Regelung des Art. 67 Abs. 1 S. 2 CISG ab, der den Gefahrübergang an den Abschluss der Lieferhandlung durch den Verkäufer anknüpft. Die Vereinbarung der Klauseln FOB, CFR und CIF in einem Vertrag, der den Bestimmungen des CISG unterliegt, bewirkt daher hinsichtlich der Gefahrtragung eine Mehrbelastung des Käufers, da die Gefahr bereits mit Überschreiten der Schiffsreling auf ihn übergeht und nicht erst an Bord des Schiffes, d.h. mit Abschluss der Lieferhandlung.

d) D-Klauseln

Vereinbaren die Parteien eine D-Klausel, erfolgt der Gefahrübergang mit Abschluss der vom Verkäufer geschuldeten Lieferhandlung.[166] Dies bedeutet im Fall der Klausel DAF, dass die Gefahr einer Beschädigung oder eines Untergangs der veräußerten Ware mit der Übergabe der Ware am vereinbarten Grenzort auf den Käufer übergeht.[167] Bei Vereinbarung der Klauseln DES, DEQ, DDU und DDP erfolgt der Gefahrübergang bei Übergabe der Ware im Bestimmungshafen bzw. am Bestimmungsort.[168]

Die Regelung des Gefahrübergangs durch die D-Klauseln ähnelt damit der Regelung des Art. 69 Abs. 2 CISG. Allerdings reicht für einen Gefahrübergang gemäß Art. 69 Abs. 2 CISG ein Zur-Verfügung-Stellen der veräußerten Ware durch den Verkäufer aus, während nach den Bestimmungen der D-Klauseln, wie zuvor bereits dargestellt, eine Übergabe der Ware erforderlich ist. Die Vereinbarung einer D-Klausel in einem Vertrag, auf den das CISG Anwendung findet, führt daher hinsichtlich der Gefahrtragung zu einer Mehrbelastung des Verkäufers, da dieser für den Eintritt des Gefahrübergangs die Ware übergeben und nicht nur zur Verfügung stellen muss.

e) CIF „schwimmend"

In Kaufverträgen über Ware, die sich zum Zeitpunkt des Vertragsschlusses bereits an Bord eines Seeschiffes befindet, wird oftmals die Klausel CIF mit dem

---

165 Bredow/Seiffert, Incoterms 2000, FOB, Rdnr. 12.
166 Vgl. D-Klauseln A5.
167 Vgl. DAF A5 i.V.m. A4.
168 Vgl. DES A5 i.V.m. A4, DEQ A5 i.V.m. A4, DDU A5 i.V.m. A4, DDP A5 i.V.m. A4.

Zusatz „schwimmend" vereinbart.[169] Da die Klausel CIF keine spezielle Regelung hinsichtlich des Gefahrübergangs für den Fall enthält, dass „schwimmende" Ware veräußert wird, weist die offizielle Einleitung der Incoterms 2000 darauf hin, dass sich bei Vereinbarung des Klausel CIF mit dem Zusatz „schwimmend", der Gefahrübergang nach dem auf das betreffende Vertragsverhältnis anwendbaren Recht richtet.[170] Ist dies, wie im Rahmen dieser Untersuchung vorausgesetzt, das CISG, dann findet Art. 68 CISG Anwendung.

Gemäß Art. 68 S. 2 CISG erfolgt der Gefahrübergang rückwirkend auf den Zeitpunkt der Warenübergabe an den Beförderer, wenn die Umstände des konkreten Falles dies nahe legen. Wie bereits dargestellt, ist vom Vorliegen derartiger Umstände grundsätzlich dann auszugehen, wenn eine Transportversicherung seit dem Zeitpunkt der Warenübergabe an den ersten Beförderer besteht.
In diesem Zusammenhang erlangt die Klausel CIF mittelbar Bedeutung, da der Verkäufer gemäß CIF A3 lit. b zum Abschluss einer Transportversicherung verpflichtet ist. Vereinbaren die Parteien in einem den Bestimmungen des CISG unterliegenden Vertrag über den Verkauf von auf dem Transport befindlicher Ware die Klausel CIF „schwimmend", so hat dies demnach zur Folge, dass der Gefahrübergang auf den Käufer gemäß Art. 68 S. 2 CISG rückwirkend auf den Zeitpunkt der Warenübergabe an den Beförderer erfolgt.

f) Gefahrübergang bei vertragswidrigem Verhalten des Käufers

Oftmals ist der Verkäufer für die Herbeiführung des Ereignisses, an das die Klauseln der Incoterms 2000 den Gefahrübergang anknüpfen, auf eine Mithilfe des Käufers angewiesen. Beispielsweise muss der Käufer bei Vereinbarung der Klausel FCA die erforderlichen Transportverträge abschließen[171] sowie dem Verkäufer Lieferstelle und Lieferzeit mitteilen[172], damit dieser die für den Gefahrübergang erforderliche Warenübergabe an den Frachtführer vornehmen kann. Aus diesem Grunde bestimmen die Klauseln der Incoterms 2000 unter Ordnungspunkt B5, dass die Gefahr einer Zerstörung oder einer Beschädigung der Ware mit Verstreichen des vereinbarten Lieferzeitpunkts bzw. mit Ablauf der vereinbarten Lieferfrist auf den Käufer übergeht, wenn das Ereignis, an das die jeweilige Klausel den Gefahrübergang anknüpft, aufgrund eines vertragswidrigen Verhaltens des Käufers nicht eintritt. Der Gefahrübergang steht dabei jedoch unter

169 Vgl. dazu auch die Erläuterungen in der Einleitung der Inocterms 2000, S. 17 f.
170 Vgl. Incoterms 2000, Einleitung, Bem. 9.3, S. 18.
171 Vgl. FCA B3 lit. a.
172 Vgl. FCA B7.

dem Vorbehalt, dass die veräußerte Ware durch den Verkäufer hinreichend konkretisiert wurde.[173]

Wie zuvor dargestellt, erfolgt bei Anwendung des CISG der Gefahrübergang im Fall des Art. 69 CISG bereits mit Zurverfügungstellung der Ware durch den Verkäufer, wenn eine Übergabe der Ware daran scheitert, dass der Käufer diese nicht abnimmt (Art. 69 Abs. 1, 2. Alt. CISG) oder eine andere Vertragsverletzung begeht (Art. 69 Abs. 1, 2. Alt. CISG analog). Auch in Fällen des Versendungskaufs ist es, wie dargestellt, als ein allgemeiner Grundsatz im Sinne des Art. 7 Abs. 2 CISG anzusehen, dass ein Gefahrübergang auch dann erfolgt, wenn eine Warenübergabe an den Beförderer alleine aufgrund einer Pflichtverletzung des Käufers nicht erfolgt. Gemäß 67 Abs. 2 CISG und Art. 69 Abs. 3 CISG setzt ein Gefahrübergang voraus, dass der Verkäufer im Falle von Gattungsware eine Konkretisierung vorgenommen hat.
Wird eine Klausel der Incoterms 2000 in einem Vertrag vereinbart, auf den das CISG Anwendung findet, führt dies zu keinen inhaltlichen Veränderungen hinsichtlich eines Gefahrübergangs bei vertragswidrigem Verhalten des Käufers.

4. „Kasse gegen Dokumente“, „Dokumente gegen Akzept“, „Dokumente gegen Akkreditiv“

Vereinbaren die Vertragsparteien eine der dokumentären Zahlungsklauseln „Kasse gegen Dokumente“, „Dokumente gegen Akzept“ oder „Dokumente gegen Akkreditiv“, übergibt der Verkäufer – wie in Teil 5 bereits dargestellt – die Ware dem Beförderer zwecks Transports zum Käufer, behält die Warendokumente, die zur Verfügung über die Ware berechtigen, jedoch zunächst zurück. Wie bereits erläutert, erhält der Käufer die Warendokumente im Falle der Klausel „Kasse gegen Dokumente“ erst Zug um Zug gegen Zahlung des Kaufpreises, bei Vereinbarung der Zahlungsklausel „Dokumente gegen Akzept“ gegen Erteilung eines Wechselakzepts. Im Falle der Klausel „Dokumente gegen Akkreditiv“ erhält der Käufer die Warendokumente, die ihn zur Empfangnahme der Warenlieferung vom Beförderer berechtigen, erst nach Auszahlung des Akkreditivs an den Verkäufer.

Für den Gefahrübergang ist es, wie Art. 67 Abs. 1 S. 3 CISG ausdrücklich klarstellt, unerheblich, ob der Verkäufer die zur Verfügung über die Ware berechtigenden Dokumente zurückbehält. Werden die Klauseln „Kasse gegen Dokumente“, „Dokumente gegen Akzept“ und „Dokumente gegen Akkreditiv“ in einem

173 Vgl. Ordnungspunkt B5 der jeweiligen Klausel.

Vertrag vereinbart, auf den das CISG Anwendung findet, hat dies mithin keine Auswirkungen hinsichtlich des Gefahrübergangs; dieser erfolgt daher grundsätzlich mit Übergabe der Ware an den Beförderer.

K. Rechtsbehelfe

Der folgende Abschnitt widmet sich den Rechtsbehelfen der Parteien im Falle einer Vertragsverletzung der jeweils anderen Vertragspartei. Dabei werden die Rechtsbehelfe des Käufers, die des Verkäufers und der gemeinsame Rechtsbehelf der Parteien – der Schadensersatz – dargestellt.

I. Rechtsbehelfe des Käufers wegen Vertragsverletzung

Im Folgenden wird erörtert, welche Rechtsbehelfe dem Käufer nach den Bestimmungen des CISG zustehen. Dabei wird zunächst auf die gemeinsame Grundvoraussetzung der Rechtsbehelfe des Käufers eingegangen und untersucht, welche Auswirkungen insoweit die Vereinbarung internationaler Handelsklauseln zeigt. Anschließend werden ausgewählte Rechtsbehelfe des Käufers im Einzelnen dargestellt und die diesbezüglichen Auswirkungen der Vereinbarung internationaler Handelsklauseln untersucht.

1. Pflichtverletzung des Verkäufers

a) CISG

Die wichtigsten Rechtsbehelfe des Käufers finden sich in Art. 45 Abs. 1 CISG aufgelistet: Danach hat der Käufer einen Anspruch auf Erfüllung in Form einer Ersatzlieferung bzw. einer Nachbesserung (Art. 46 CISG), ein Recht zur Vertragsaufhebung (Art. 49 CISG), ein Recht zur Minderung (Art. 50 CISG) sowie ein Recht auf Schadensersatz (Art. 45 Abs. 1 lit. b CISG i.V.m. Art. 74 ff. CISG).
Einheitliche Voraussetzung der benannten Rechtsbehelfe ist gemäß Art. 45 Abs. 1 CISG das Vorliegen einer Pflichtverletzung des Verkäufers. Dabei kann es sich bei den verletzten Pflichten des Verkäufers um solche handeln, die sich aus den Bestimmungen des CISG ergeben, oder um solche, die aus den vertraglichen Vereinbarungen der Parteien resultieren. Eine Differenzierung nach Art bzw. Charakter der Verkäuferpflicht erfolgt nicht, so dass nicht nur bei Verletzung einer Hauptpflicht, sondern auch im Falle der Verletzung einer Neben- oder Zu-

satzpflicht des Verkäufers die Grundvoraussetzung des Art. 45 Abs. 1 CISG erfüllt ist.[174]

b) Internationale Handelsklauseln

Wie bereits erwähnt, weist der Wortlaut des Art. 45 Abs. 1 CISG ausdrücklich darauf hin, dass sich eine Pflichtverletzung des Verkäufers insbesondere auch aus einem Verstoß gegen eine vertraglich vereinbarte Pflicht ergeben kann. Daher gilt es zu berücksichtigen, dass insbesondere auch durch die Vereinbarung internationaler Handelsklauseln eine Vielzahl entscheidender Pflichten des Verkäufers begründet werden, die im Falle einer Nichterfüllung den Tatbestand des Art. 45 Abs. 1 CISG eröffnen und bei Vorliegen der weiteren Voraussetzungen dem Käufer die im Art. 45 Abs. 1 CISG benannten Rechtsbehelfe geben.
Besondere Beachtung ist solchen durch die Vereinbarung internationaler Handelsklauseln begründeten Verkäuferpflichten zu widmen, die keine unmittelbare Entsprechung in den Bestimmungen des CISG haben. Eine derartige Verkäuferpflicht ist beispielsweise die Pflicht zum Abschluss einer Transportversicherung bei Vereinbarung der Klauseln CIF und CIP der Incoterms 2000.[175]
Die Vereinbarung einer internationalen Handelsklausel kann jedoch auch zur Folge haben, dass ein Verhalten des Verkäufers als vertraggemäß anzusehen ist, welches bei unveränderter Anwendung des CISG eine Pflichtverletzung darstellen würde. Beispielhaft sei auf die bereits dargestellten Auswirkungen der Lieferklausel „circa“ bei Mengenabweichungen und die Auswirkungen der Lieferklausel „telle quelle“ hinsichtlich der Anforderungen an die Warenqualität verwiesen.

2. Recht zur Vertragsaufhebung

a) CISG

Der Käufer hat nach Art. 49 Abs. 1 lit. a CISG das Recht, die Aufhebung des Vertrages zu erklären, wenn der Verkäufer eine ihm obliegende Pflicht nicht erfüllt und sich diese Pflichtverletzung als eine wesentliche Vertragsverletzung darstellt. Eine Vertragsverletzung ist gemäß Art. 25 CISG als wesentlich anzusehen, wenn sie dazu führt, dass die betroffene Vertragspartei einen Nachteil erleidet,

---

174 Handelsgericht des Kantons Zürich, CISG-online Nr. 488; Achilles, Art. 45, Rdnr. 2; Herber/Czerwenka, Art. 45, Rdnr. 2; Schlechtriem/Schwenzer-*Müller-Chen*, Art. 45, Rdnr. 3; Staudinger-*Magnus*, Art. 45, Rdnr. 9 f.; Witz/Salger/Lorenz-*Witz*, Art. 45, Rdnr.7.

175 Vgl. CIF A3 lit. b, CIP A3 lit. b.

der ihr die nach dem Vertrag zu erwartenden Leistungen im Wesentlichen entzieht.
Eine Ausnahme ergibt sich, wenn der eingetretene Nachteil für die vertragsbrüchige Partei zum Zeitpunkt des Vertragsschlusses objektiv nicht vorhersehbar war. Der von Art. 25 CISG geforderte Nachteil ist dabei nicht im Sinne eines konkret bezifferbaren Schadens zu verstehen, sondern im Sinne einer Beeinträchtigung der vertraglichen Interessen und Erwartungen der verletzten Partei.[176]

Das CISG stellt für die Beurteilung darüber, ob es sich bei einer Vertragsverletzung um eine wesentliche handelt, alleine auf die Schwere der Auswirkungen des Vertragsbruchs ab und differenziert nicht nach dem Charakter der verletzten Pflicht.[177] Grundsätzlich kann daher auch die Verletzung einer untergeordneten Pflicht bei entsprechend schweren Folgen eine wesentliche Vertragsverletzung im Sinne des Art. 25 CISG darstellen.

Ob die Verletzung einer bestimmten Vertragspflicht der verletzten Partei im Wesentlichen das entzieht, was diese nach dem Vertrag erwarten durfte, richtet sich primär nach der Bedeutung, welche die Parteien der verletzten Vertragspflicht beigemessen haben. Fehlen entsprechende vertragliche Vereinbarungen der Parteien und lassen sich auch durch eine Auslegung des Vertrages keine diesbezüglichen Anhaltspunkte finden, ist ausgehend vom jeweiligen Vertragszweck zu prüfen, ob die Folge der begangenen Pflichtverletzung aus objektiver Sicht das Interesse der verletzten Partei an der Vertragsdurchführung entfallen lässt.[178]

Durch die Anknüpfung des Aufhebungsrechts des Käufers nach Art. 49 Abs. 1 lit. a CISG an das Vorliegen einer wesentlichen Vertragsverletzung wird die Ausübung dieses Rechtsbehelfs auf Pflichtverletzung des Verkäufers mit besonders schwerwiegenden Folgen begrenzt. Pauschale oder abstrakte Feststellungen darüber, dass die Nichterfüllung bestimmter Verkäuferpflichten stets zu einem Aufhebungsrecht des Käufers nach Art. 49 Abs. 1 lit. a CISG führt, lassen sich nicht treffen. Vielmehr muss anhand der konkreten Umstände des Einzelfalls ermittelt

---

176 Bamberger/Roth-*Saenger*, Art. 25, Rdnr. 2; Schlechtriem, Einheitliches UN-Kaufrecht, S. 111; Schlechtriem/Schwenzer-*Schlechtriem*, Art. 25, Rdnr. 9; Staudinger-*Magnus*, Art. 25, Rdnr. 11.

177 OLG Frankfurt a.M., NJW 1992, 633 (634); Herber/Czerwenka, Art. 25, Rdnr. 5; Schlechtriem/Schwenzer-*Schlechtriem*, Art. 25, Rdnr. 7; Staudinger-*Magnus*, Art. 25, Rdnr. 7.

178 BGH, NJW 1995, 2099 (2100); Bianca/Bonell-*Will*, Art. 25, Bem. 2.1.2.1. f.; Enderlein/Maskow/Strohbach-*Maskow*, Art. 25, Bem. 3 ff.; Schlechtriem/Schwenzer-*Schlechtriem*, Art. 25, Rdnr. 9; Staudinger-*Magnus*, Art. 25, Rdnr. 13.

werden, ob mit der Pflichtverletzung des Verkäufers auch eine wesentliche Vertragsverletzung im Sinne des Art. 25 CISG vorliegt.[179]

Die Rechtsfolgen einer wirksamen Vertragsaufhebung werden in Art. 81 – 84 CISG geregelt. Die Ausübung des Aufhebungsrechts führt zu einer Umwandlung des Vertragsverhältnisses in ein Rückgewährschuldverhältnis bzw. ein Abwicklungsverhältnis und nicht zu einer Auflösung desselben.[180] Wurden die wechselseitig geschuldeten Leistungen noch nicht ausgetauscht, so erlöschen die entsprechenden Leistungspflichten der Vertragspartner gemäß Art. 81 Abs. 1 CISG mit Ausübung des Aufhebungsrechts, bereits erbrachte Leistungen sind gemäß Art. 81 Abs. 2 CISG grundsätzlich Zug um Zug herauszugeben.

b) Internationale Handelsklauseln

aa) „Fix"

Wie die in Teil 5 vorgenommene Auswertung der nationalen und internationalen Rechtsprechung sowie Literatur ergeben hat, wird durch die Vereinbarung der Handelsklausel „fix" in Verbindung mit einem exakten Liefertermin zum Ausdruck gebracht, dass die termingerechte Lieferung der veräußerten Ware ein wesentlicher Teil der vom Verkäufer geschuldeten Leistung ist und der Vertrag mit Einhaltung der benannten Lieferzeit stehen und fallen soll. Die Klausel „fix" begründet daher in Verbindung mit einer konkreten Terminangabe grundsätzlich das Vorliegen eines relativen Fixgeschäfts.

Findet die Klausel „fix" in einem Vertragsverhältnis Verwendung, das den Bestimmungen des CISG unterliegt, hat dies zur Folge, dass dem benannten Liefertermin eine so entscheidende Bedeutung beigemessen wird, dass eine zu späte Lieferung des Verkäufers eine wesentliche Vertragsverletzung darstellt, und dem Käufer folglich das Aufhebungsrecht aus Art. 49 Abs. 1 lit. a CISG zusteht.

---

179 Staudinger-*Magnus*, Art. 49, Rdnr. 9. Einen Überblick über die in der Rechtsprechung und Literatur entwickelten Fallgruppen geben: Schlechtriem/Schwenzer-*Müller-Chen*, Art. 49, Rdnr. 5 ff.; Staudinger-*Magnus*, Art. 49, Rdnr. 10 ff.

180 OGH, CISG-online Nr. 483; LG Düsseldorf, CISG-online Nr. 180; Handelsgericht des Kantons St. Gallen, CISG-online Nr. 727; MünchKomm-HGB-*Benicke*, Art. 81, Rdnr. 10; Piltz, Int. KaufR, § 5, Rdnr. 285; Schlechtriem/Schwenzer-*Hornung*, Art. 81, Rdnr. 8 f.; Staudinger-*Magnus*, Vorbem. Art. 81 ff., Rdnr. 2; Witz/Salger/Lorenz-*Salger*, Art. 81, Rdnr. 2.

bb) „Prompt“

Wie die in Teil 5 vorgenommene Auswertung der nationalen und internationalen Rechtsprechung sowie Literatur ergeben hat, verpflichtet die Vereinbarung der Klausel „prompt“ den Verkäufer dazu, die veräußerte Ware möglichst schnell und ohne schuldhafte Verzögerung im Rahmen des gewöhnlichen Geschäftsganges an den Käufer zu liefern. Da durch die Klausel „prompt“ der Verkäufer jedoch nicht dazu verpflichtet wird, die Ware an einem bestimmten Termin zu liefern, sondern ihm für die Warenlieferung einen gewisse Zeitspanne einräumt wird, begründet die Vereinbarung der betreffenden Klausel kein Fixgeschäft.
Aus diesem Grunde kann alleine der Vereinbarung der Klausel „prompt“ in einem Vertrag, auf den das CISG Anwendung findet, nicht entnommen werden, dass die Lieferzeit für das Vertragsverhältnis eine derart zentrale Bedeutung hat, dass jede Verzögerung eine wesentliche Vertragsverletzung darstellt, in deren Folge der Käufer ein Recht zur Vertragsaufhebung nach Art. 49 Abs. 1 lit. a CISG hätte.

3. Zuweniglieferung

a) CISG

Liefert der Verkäufer nur einen Teil der geschuldeten Ware, bestimmt Art. 51 Abs. 1 CISG, dass dem Käufer hinsichtlich des fehlenden Teils die Rechte aus den Art. 46 bis 50 CISG zustehen. Art. 51 Abs. 1 CISG setzt voraus, dass es sich bei der Leistung des Verkäufers um eine teilbare Leistung handelt. Dies bedeutet, dass die Warenlieferung aus physisch und wirtschaftlich trennbaren Sachen bestehen muss.[181] Diese Voraussetzung ist regelmäßig bei der Veräußerung von Massengütern, insbesondere Rohstoffen, gegeben. Hingegen liegt keine Teilbarkeit im Sinne des Art. 51 CISG vor, wenn bei einer aus zahlreichen Einzelteilen zusammengesetzten einheitlichen Sache, beispielsweise einer Maschine, einzelne Komponenten fehlen.[182]

Der Verweis des Art. 51 Abs. 1 CISG auf die benannten Rechtsbehelfe des Käufers ist eine Rechtsgrundverweisung, so dass die Anwendungsvoraussetzungen der betreffenden Vorschriften, beispielsweise das Erfordernis einer rechtzeitigen

---

181 Bianca/Bonell-*Will*, Art. 51, Bem. 2.1.1.; Schlechtriem/Schwenzer-*Müller-Chen*, Art. 51, Rdnr. 2; Soergel-Lüderitz/Schüßler-Langeheine, Art. 51, Rdnr. 2; Staudinger-*Magnus*, Art. 51, Rdnr. 4.

182 Achilles, Art. 51, Rdnr. 1; Herber/Czerwenka, Art. 51, Rdnr. 3; Schlechtriem/ Schwenzer-*Müller-Chen*, Art. 51, Rdnr. 2; Staudinger-*Magnus*, Art. 51, Rdnr. 4.

Rüge nach Art. 39 CISG, zu beachten sind.[183] Die Rechtsbehelfe des Käufers sind grundsätzlich auf den fehlenden Teil der Warenlieferung beschränkt[184]; eine Aufhebung des gesamten Vertrages kommt gemäß Art. 51 Abs. 2 CISG nur in Betracht, wenn die teilweise Nichterfüllung eine wesentliche Vertragsverletzung darstellt.

b) Internationale Handelsklausel „Circa“

Die in Teil 5 vorgenommene Auswertung der nationalen und internationalen Rechtsprechung und Literatur hat ergeben, dass die Vereinbarung der Klausel „circa“ bezüglich der zu liefernden Warenmenge dazu führt, dass eine quantitative Abweichung von der geschuldeten Warenmenge zulässig ist. Dabei erlaubt die Klausel „circa“ eine gewisse Mehr- oder Minderlieferung. Der genaue Umfang der zu tolerierenden Mengenabweichungen bestimmt sich, wie in Teil 5 dargestellt, nach den jeweiligen Umständen des Einzelfalls unter Berücksichtigung der Gepflogenheiten der betreffenden Branche.

Die Vereinbarung der Handelsklausel „circa“ in einem Vertrag, auf den das CISG Anwendung findet, wirkt sich ganz entscheidend auf die Rechte des Käufers im Falle einer Zuweniglieferung aus. Die vom Verkäufer gelieferte Warenmenge ist nämlich auch dann vertragsgemäß, wenn die tatsächlich gelieferte Warenmenge zwar von der vertraglich vereinbarten Menge nach unten abweicht, jedoch die durch die Klausel „circa“ für zulässig erklärte Untergrenze nicht unterschreitet. In einem solchen Fall sind daher die Voraussetzungen des Art. 51 Abs. 1 CISG nicht erfüllt. Dementsprechend stehen dem Käufer hinsichtlich des nicht gelieferten Teils der Ware die Rechtsbehelfe der Art. 46 bis 50 CISG nicht zu. Unterschreitet die vom Verkäufer gelieferte Warenmenge jedoch die durch die Klausel „circa“ für zulässig erklärte Untergrenze, so stehen dem Käufer hinsichtlich dieses Teils der Minderlieferung die in Art. 51 Abs. 1 CISG benannten Rechtsbehelfe zu.

---

183 Bamberger/Roth-*Saenger*, Art. 51, Rdnr. 2; Herber/Czerwenka, Art. 51, Rdnr. 3; Schlechtriem/Schwenzer-*Müller-Chen*, Art. 51, Rdnr. 8; Staudinger-*Magnus*, Art. 51, Rdnr. 7.

184 Schlechtriem/Schwenzer-*Müller-Chen*, Art. 51, Rdnr. 1; Staudinger-*Magnus*, Art. 51, Rdnr. 7.

4. Zurückweisungsrecht bei Zuviellieferung

a) CISG

Liefert der Verkäufer eine größere Warenmenge als mit dem Käufer vereinbart war, räumt Art. 52 Abs. 2 S. 1 CISG dem Käufer das Recht ein, die Mehrlieferung zurückzuweisen. Eine Zuviellieferung im Sinne des Art. 52 Abs. 2 S. 1 CISG stellt dabei sowohl die Lieferung einer zu großen Gesamtmenge als auch die Lieferung einer zu hohen Stückzahl dar.[185] Das Zurückweisungsrecht nach Art. 52 Abs. 2 S. 1 CISG erfasst grundsätzlich nur den über die vereinbarte Warenmenge hinausgehenden Teil der Warenlieferung.[186] Eine Zurückweisung der gesamten Warenlieferung ist jedoch ausnahmsweise als zulässig anzusehen, wenn die alleinige Zurückweisung der Zuviellieferung aufgrund der von den Parteien vereinbarten Lieferungs- oder Zahlungsmodalitäten nicht möglich ist.[187]

Die Ausübung des Zurückweisungsrechts durch den Käufer bedeutet keine Vertragsaufhebung, auch wenn der Käufer ausnahmsweise berechtigt ist, die gesamte Warenlieferung zurückzuweisen.[188] Eine Vertragsaufhebung kann der Käufer gemäß 49 Abs. 1 lit. a CISG nur erklären, wenn die Zuviellieferung eine wesentliche Vertragsverletzung im Sinne des Art. 25 darstellt. Entscheidet sich der Käufer, die Mehrlieferung zu behalten, so ist er gemäß Art. 52 Abs. 2 S. 2 CISG verpflichtet, hierfür den entsprechenden Kaufpreis zu zahlen.

b) Internationale Handelsklauseln

aa) „Circa“

Wie bereits erläutert, führt die Vereinbarung der Klausel „circa“ dazu, dass eine quantitative Abweichung von der geschuldeten Warenmenge als zulässig erklärt wird. Wird diese Klausel in einem Vertragsverhältnis vereinbart, das den Be-

---

185 Schlechtriem/Schwenzer-*Müller-Chen*, Art. 52, Rdnr. 6; Staudinger-*Magnus*, Art. 52, Rdnr. 17.

186 Bianca/Bonell-*Will*, Art. 52, Bem. 2.2.1.; Karollus, UN-Kaufrecht, S. 174; Schlechtriem/Schwenzer-*Müller-Chen*, Art. 52, Rdnr. 7; Staudinger-*Magnus*, Art. 52, Rdnr. 22.

187 Schlechtriem/Schwenzer-*Müller-Chen*, Art. 52, Rdnr. 8; Staudinger-*Magnus*, Art. 52, Rdnr. 22.

188 Achilles, Art. 52, Rdnr. 6; Herber/Czerwenka, Art. 52, Rdnr. 7; MünchKomm-BGB-*Huber*, Art. 52, Rdnr. 20; Schlechtriem/Schwenzer-*Müller-Chen*, Art. 52, Rdnr. 9; Staudinger-*Magnus*, Art. 52, Rdnr. 22.

stimmungen des CISG unterliegt, hat dies deutliche Auswirkungen hinsichtlich des Zurückweisungsrechts des Käufers aus Art. 52 Abs. 2 S. 1 CISG: Die vom Verkäufer gelieferte Ware ist nämlich auch dann vertragsgemäß, wenn die Warenmenge zwar von der vertraglich vereinbarten Menge nach oben hin abweicht, jedoch die durch die Klausel „circa“ für zulässig erklärte Obergrenze nicht überschreitet. Aus diesem Grunde liegt in einem solchen Fall keine Zuviellieferung im Sinne des Art. 52 Abs. 2 S. 1 CISG vor. Das Zurückweisungsrecht des Käufers nach Art. 52 Abs. 2 S. 1 CISG wird durch die Klausel „circa“ insoweit ausgeschlossen.
Überschreitet die vom Verkäufer gelieferte Warenmenge jedoch die durch die Klausel „circa“ für zulässig erklärte Obergrenze, so stellt dieser Teil der Warenlieferung eine echte Zuviellieferung dar, hinsichtlich derer der Käufer von seinem Zurückweisungsrecht nach Art. 52 Abs. 2 S. 1 CISG Gebrauch machen kann.

bb) „Kasse gegen Dokumente“

Die Zahlungsklausel „Kasse gegen Dokumente“ verpflichtet, wie die in Teil 5 vorgenommene Auswertung der Rechtsprechung und Literatur gezeigt hat, zu einer Zahlungsabwicklung im Wege eines Dokumenteninkassos. Dabei erhält der Käufer die Warendokumente, die er für die Empfangnahme der Ware beim Beförderer benötigt, Zug um Zug gegen Zahlung des Kaufpreises ausgehändigt. Weisen die von der Inkassobank vorgelegten Warendokumente eine Zuviellieferung des Verkäufers aus, kann der Käufer diese nur im Ganzen aufnehmen oder im Ganzen zurückweisen. Die durch die Vereinbarung der Klausel „Kasse gegen Dokumente“ vereinbarte Form der Zahlungsabwicklung lässt eine Zurückweisung nur der Zuviellieferung nicht zu.
Vereinbaren die Parteien diese Klausel in einem Vertrag, auf den das CISG Anwendung findet, besteht für den Käufer daher ausnahmsweise ein Zurückweisungsrecht nach Art. 52 Abs. 2 S. 1 CISG für die gesamte Warenlieferung, das er durch Nichtaufnahme der Warendokumente ausüben kann.

cc) „Dokumente gegen Akzept“

Die Zahlungsklausel „Dokumente gegen Akzept“ verpflichtet, wie die in Teil 5 vorgenommene Untersuchung der Rechtsprechung und Literatur ergeben hat, ebenfalls zu einer Zahlungsabwicklung im Wege eines Dokumenteninkassos. Der Käufer erhält die Warendokumente, die ihn zur Empfangnahme der Ware berechtigen, Zug um Zug gegen die Erteilung eines Wechselakzepts. Für den Käufer besteht auch hier die Schwierigkeit, dass er die von der Inkassobank vorgelegten Warendokumente, sofern diese eine Zuviellieferung ausweisen, nur im Ganzen

aufnehmen oder zurückweisen kann. Auch die durch die Klausel „Dokumente gegen Akzept“ vereinbarte Form der Zahlungsabwicklung lässt eine Zurückweisung nur der Zuviellieferung nicht zu.
Wird diese Zahlungsklausel in einem Vertragsverhältnis vereinbart, das den Bestimmungen des CISG unterliegt, besteht für den Käufer daher ausnahmsweise ein Zurückweisungsrecht nach Art. 52 Abs. 2 S. 1 CISG für die gesamte Warenlieferung, das er durch die Nichtaufnahme der Warendokumente ausüben kann.

dd) „Dokumente gegen Akkreditiv“

Vereinbaren die Vertragsparteien die Zahlungsklausel „Dokumente gegen Akkreditiv“, dann hat, wie bereits dargestellt, eine Zahlungsabwicklung mittels Dokumentenakkreditivs zu erfolgen. Dabei reicht der Verkäufer die Warendokumente bei der eröffnenden bzw. der avisierenden Bank ein und erhält im Gegenzug den Kaufpreis ausgezahlt. Allerdings kann die Zahlung aus dem Akkreditiv nur erfolgen, wenn die vom Verkäufer eingereichten Dokumente exakt den Akkreditivbedingungen entsprechen. Weisen die vom Verkäufer eingereichten Warendokumente nicht die von den Vertragsparteien vereinbarte Warenmenge sondern eine Mehrlieferung aus, wird die mit der Dokumentenprüfung betraute Bank diese als nicht den Akkreditivbedingungen entsprechend zurückweisen. Dies hat zur Folge, dass der Käufer bei Geltung der Klausel „Dokumente gegen Akkreditiv“ nur solche Warendokumente durch seine Bank weitergeleitet erhält, die den Akkreditivbedingungen entsprechen, d.h. solche, die über vertragsgemäße Ware lauten. Aus diesem Grunde kommt der Käufer bei Geltung der Klausel „Dokumente gegen Akkreditiv“ nicht in die missliche Situation, dass ihm Warendokumente übermittelt werden, die eine Zuviellieferung ausweisen, er diese jedoch nur im Ganzen aufnehmen oder zurückweisen kann.

II. Rechtsbehelfe des Verkäufers wegen Vertragsverletzung

Im Folgenden wird dargestellt, welche Rechtsbehelfe dem Verkäufer nach den Bestimmungen des CISG zustehen. Dabei wird zunächst auf die gemeinsame Grundvoraussetzung der Rechtsbehelfe des Verkäufers eingegangen und untersucht, welche Auswirkungen insoweit die Vereinbarung internationaler Handelsklauseln zeigt. Anschließend wird das Recht des Verkäufers zur Vertragsaufhebung erörtert und untersucht, welche Auswirkungen diesbezüglich die Vereinbarung internationaler Handelsklauseln hat.

1. Pflichtverletzung des Käufers

a) CISG

Die wichtigsten Rechtsbehelfe des Verkäufers finden sich in Art. 61 Abs. 1 CISG aufgelistet: Danach hat der Verkäufer einen Erfüllungsanspruch hinsichtlich der Kaufpreiszahlung und der Warenabnahme (Art. 62 CISG), ein Recht zur Vertragsaufhebung (Art. 64 CISG), ein Recht zur Vornahme der Warenspezifikation (Art. 65 CISG) sowie ein Recht auf Schadensersatz (Art. 61 Abs. 1 lit. b CISG i.V.m. Art. 74 ff. CISG).
Gemeinsame Voraussetzung der in Art. 61 Abs. 1 CISG benannten Rechtsbehelfe ist eine Pflichtverletzung des Käufers. Dabei bestimmt Art. 61 Abs. 1 CISG, dass es sich bei der verletzten Pflicht des Käufers um eine solche handeln muss, die sich aus den Bestimmungen des CISG oder aus der vertraglichen Vereinbarung der Parteien ergibt. Ebenso wie bei Art. 45 Abs. 1 CISG erfolgt keine Differenzierung nach Art oder Charakter der Käuferpflicht, so dass auch bei Verletzung einer Neben- oder Zusatzpflicht die Grundvoraussetzung des Art. 61 Abs. 1 CISG erfüllt ist.[189]

b) Internationale Handelsklauseln

Der Wortlaut des Art. 61 Abs. 1 CISG weist ausdrücklich darauf hin, dass sich eine Pflichtverletzung des Käufers insbesondere auch aus einem Verstoß gegen eine vertraglich vereinbarte Pflicht ergeben kann. Wie bei der Darstellung des Art. 45 Abs. 1 CISG erläutert, gilt es auch bei Art. 61 Abs. 1 CISG zu berücksichtigen, dass insbesondere durch die Vereinbarung internationaler Handelsklauseln Pflichten des Käufers begründet werden, die im Falle einer Nichterfüllung den Anwendungsbereich des Art. 61 Abs. 1 CISG eröffnen. Ein besonderes Augenmerk ist dabei auf solche zu richten, die keine unmittelbare Entsprechung in den Bestimmungen des CISG haben; beispielsweise die Pflicht des Käufers zur Eröffnung eines Akkreditivs bei Vereinbarung der Zahlungsklausel „Dokumente gegen Akkreditiv".

---

189 Achilles, Art. 61, Rdnr. 3; Schlechtriem/Schwenzer-*Hager*, Art. 61, Rdnr. 2; Staudinger-*Magnus*, Art. 61, Rdnr. 11.

2. Vertragsaufhebung

a) CISG

Der Verkäufer hat gemäß Art. 64 Abs. 1 lit. a CISG das Recht, die Aufhebung des Vertrages zu erklären, wenn der Käufer eine ihm obliegende Pflicht nicht erfüllt und sich diese Pflichtverletzung als eine wesentliche Vertragsverletzung darstellt. Die Rechtsfolgen einer wirksamen Vertragsaufhebung seitens des Verkäufers ergeben sich aus den Bestimmungen der Art. 81 – 84 CISG. Wie zuvor im Rahmen der Darstellung des Aufhebungsrechts des Käufers (Art. 49 Abs. 1 lit. a CISG) erläutert, ist eine Vertragsverletzung als wesentlich anzusehen, wenn diese dazu führt, dass die betroffene Vertragspartei einen Nachteil erleidet, der ihr die nach dem Vertrag zu erwartenden Leistungen im Wesentlichen entzieht.[190]
Ob diese Voraussetzung bei Verletzung einer bestimmten Vertragspflicht vorliegt, bestimmt sich mangels diesbezüglicher Anhaltspunkte im Vertrag danach, ob die Pflichtverletzung aus objektiver Sicht das Interesse der verletzten Partei an der Vertragsdurchführung entfallen lässt.[191]

b) Internationale Handelsklauseln

aa) „Fix“

Die in Teil 5 vorgenommene Auswertung der nationalen und internationalen Rechtsprechung und Literatur hat ergeben, dass durch die Vereinbarung der Handelsklausel „fix“ in Verbindung mit einem exakten Liefertermin zum Ausdruck gebracht wird, dass die Parteien einer termingerechten Lieferung eine zentrale Bedeutung beimessen und die betreffende Klausel daher grundsätzlich das Vorliegen eines relativen Fixgeschäfts begründet. Die zuvor vorgenommene Untersuchung der Auswirkung der Klausel „fix“ auf das Aufhebungsrecht des Käufers aus Art. 49 Abs. 1 lit. a CISG hat ergeben, dass eine zu späte Warenlieferung grundsätzlich eine wesentliche Vertragsverletzung darstellt, die den Käufer zur Vertragsaufhebung berechtigt.
Es stellt sich die Frage, ob auch dem Verkäufer stets ein Aufhebungsrecht zusteht, wenn bei Vereinbarung der Klausel „fix“ der Käufer die ordnungsgemäß gelieferte Ware nicht zur vereinbarten Zeit abnimmt.

---

190 Schlechtriem/Schwenzer-*Hager*, Art. 64, Rdnr. 4; Staudinger-*Magnus*, Art. 64, Rdnr. 9.

191 Staudinger-*Magnus*, Art. 64, Rdnr. 9.

In der Regel resultiert die besondere Betonung der zeitlichen Komponente der Warenlieferung, die durch die Vereinbarung der Klausel „fix“ zum Ausdruck gebracht wird, aus einem besonders hohen Interesse des Käufers an einer pünktlichen Lieferung. Insbesondere wenn der Käufer Ware bestellt, die im Rahmen eines Just-in-Time-Verfahrens ohne Zwischenlagerung direkt in die Produktion geliefert werden soll, wird er darauf drängen, dass sein hohes Interesse an der Einhaltung des vereinbarten Liefertermins auch im Vertragstext durch die Verwendung der Klausel „fix“ zum Ausdruck gebracht wird. In der Regel wird daher die Auslegung der vertraglichen Vereinbarung ergeben, dass nur der Warenlieferung Fixschuldcharakter zukommt, nicht jedoch der Warenabnahme.
Es sind jedoch auch Fallkonstellationen denkbar, in denen die Vereinbarung der Klausel „fix“ in einem Vertragsverhältnis, das den Bestimmungen des CISG unterliegt, auf ein Betreiben des Verkäufers zurückgeht, da dieser ein zentrales Interesse an einer fristgerechten Warenabnahme durch den Käufer hat. Ein solches Interesse des Verkäufers kann beispielsweise bei der Veräußerung leicht verderblicher Ware bestehen oder sich aus einer sehr begrenzten Lagerkapazität des Verkäufers ergeben.[192] Liegt ein solcher Fall vor, begründet die verspätete Warenabnahme eine wesentliche Vertragsverletzung des Käufers, die den Verkäufer zur Vertragsaufhebung nach 64 Abs. 1 lit. a CISG berechtigt.

bb) Incoterms 2000

Bei unveränderter Anwendung des CISG begründet eine verspätete Kaufpreiszahlung bzw. Warenabnahme durch den Käufer grundsätzlich keine wesentliche Vertragsverletzung, die den Verkäufer zur Vertragsaufhebung berechtigt.[193] Es stellt sich die Frage, ob insoweit die Vereinbarung einer Klausel der Incoterms 2000 Auswirkungen zeigt. Alle Klauseln der Incoterms 2000 benennen die Zahlungspflicht und die Pflicht zur Warenabnahme als zentrale Pflichten des Käufers.[194] Insbesondere im Falle der als Ankunftsklauseln ausgestalteten D-Klauseln hat der Verkäufer regelmäßig erhebliche Anstrengungen unternommen, um die Ware auf seine Kosten und Gefahr zum vereinbarten Bestimmungsort bzw.

192 Herber/Czerwenka, Art. 64, Rdnr. 3; Schlechtriem/Schwenzer-*Hager*, Art. 64, Rdnr. 6; Soergel-*Lüderitz/Budzikiewicz*, Art. 64, Rdnr. 4; Staudinger-*Magnus*, Art. 64, Rdnr. 17.

193 Cour d'appele de Grenoble, TranspR-IHR 1999, 43 (43); Herber/Czerwenka, Art. 64, Rdnr. 3; MünchKomm-BGB-*Huber*, Art. 64, Rdnr. 6; Piltz, Int. KaufR, § 5, Rdnr. 377; Schlechtriem/Schwenzer-*Hager*, Art. 64, Rdnr. 5 f.; Staudinger-*Magnus*, Art. 64, Rdnr. 10 und 17.

194 Vgl. Ordnungspunkte B1 und B4 der jeweiligen Klausel.

-hafen zu schaffen[195]. Trotz dieses Umstandes wird der Verkäufer alleine aufgrund einer zeitlichen Verzögerung der Kaufpreiszahlung bzw. der Warenabnahme durch den Käufer in der Regel nicht das Interesse an der Vertragsdurchführung als solcher verlieren, insbesondere auch da ihm die entstandenen Nachteile im Wege des Schadensersatzes ausgeglichen werden können.
Auch bei Vereinbarung einer Klausel der Incoterms 2000 in einem Vertrag, auf den das CISG Anwendung findet, bedarf es daher für das Vorliegen einer wesentlichen Vertragsverletzung im Sinne des Art. 64 Abs. 1 lit. a CISG neben der bloßen zeitlichen Verzögerung zusätzlicher Gründe, die ein außergewöhnlich hohes Interesse des Verkäufers an einer pünktlichen Kaufpreiszahlung und Warenabnahme begründen.

cc) „Dokumente gegen Akkreditiv"

Wie in Teil 5 dargestellt, hat bei Vereinbarung der Klausel „Dokumente gegen Akkreditiv" eine Zahlungsabwicklung mittels Dokumentenakkreditivs zu erfolgen. Dabei ist der Käufer verpflichtet eine Bank damit zu beauftragen, ein den Vereinbarungen der Parteien entsprechendes Akkreditiv zu stellen. Findet die Zahlungsklausel „Dokumente gegen Akkreditiv" in einem Vertragsverhältnis Verwendung, das den Bestimmungen des CISG unterliegt, stellt sich die Frage, ob eine nicht rechtzeitige Akkreditiveröffnung durch den Käufer eine wesentliche Vertragsverletzung im Sinne des Art. 64 Abs. 1 lit. a CISG darstellt.
Die Vorteile, die eine Zahlungsabwicklung mittels Dokumentenakkreditivs für den Verkäufer bietet, beziehen sich jedoch nicht auf den Zeitpunkt der Kaufpreiszahlung, sondern darauf, dass der Verkäufer die Sicherheit hat, den Kaufpreis unabhängig von der Zahlungsfähigkeit und Zahlungswilligkeit des Käufers zu erhalten. Der Vereinbarung der Zahlungsklausel „Dokumente gegen Akkreditiv" kann dementsprechend nur entnommen werden, dass der Verkäufer ein besonderes Interesse an einer für ihn sicheren Form des Leistungsaustausches hat, jedoch nicht, dass er zugleich auch ein über das gewöhnliche Maß hinausgehendes Interesse an einer pünktlichen Kaufpreiszahlung hat. Aus diesem Grunde ist nicht davon auszugehen, dass eine nicht rechtzeitige Akkreditiveröffnung stets eine Vertragsverletzung des Käufers darstellt, die dem Verkäufer im Wesentlichen das entzieht, was dieser nach dem Vertrag erwarten durfte.
Vereinbaren die Parteien die Klausel „Dokumente gegen Akkreditiv" in einem Vertrag, auf den das CISG Anwendung findet, begründet allein eine Verspätung der Akkreditiveröffnung ohne das Hinzutreten weiterer Umstände daher kein Aufhebungsrecht des Verkäufers nach Art. 64 Abs. 1 lit. a CISG.

195 Vgl. D-Klauseln A3 lit. a, A5, A6.

III. Gemeinsamer Rechtsbehelf Schadensersatz

Im Folgenden wird der den Vertragsparteien gemeinsame Rechtsbehelf Schadensersatz erörtert und die diesbezügliche Auswirkung der Vereinbarung ausgewählter internationaler Handelsklauseln untersucht.

1. CISG

Art. 45 Abs. 1 lit. b CISG und Art. 61 Abs. 1 lit. b CISG benennen einen Schadenseratzanspruch als Rechtsbehelf im Falle einer Vertragsverletzung der jeweils anderen Partei. Der Umfang des Schadensersatzes richtet sich dabei nach den Bestimmungen der Art. 74 ff. CISG. Zentrale Vorschrift ist Art. 74 CISG, der die Grundsätze der Schadensberechnung festlegt. Dem Geschädigten sind gemäß Art. 74 S. 1 CISG alle durch die Vertragsverletzung entstandenen Nachteile einschließlich eines entgangenen Gewinns auszugleichen, so genannter Grundsatz der Totalreparation[196]. Der Ersatzanspruch ist gemäß Art. 74 S. 2 CISG jedoch auf den Schaden begrenzt, der für die vertragsbrüchige Partei bei Abschluss des Vertrages als mögliche Folge eines Vertragsbruchs vorhersehbar war, so genannte Voraussehbarkeitsregel[197]. Zur Berechnung der Schadensersatzsumme ist die Differenz zwischen der tatsächlich bestehenden Vermögenslage des Gläubigers und derjenigen bei ordnungsgemäßer Vertragsdurchführung zu ermitteln.[198]

2. Internationale Handelsklausel „Circa"

Die in Teil 5 vorgenommene Auswertung der nationalen und internationalen Rechtsprechung und Literatur hat ergeben, dass die Vereinbarung der Klausel „circa" bezüglich der zu liefernden Warenmenge dazu führt, dass eine quantitative Abweichung von der geschuldeten Warenmenge als zulässig erklärt wird. Liefert der Verkäufer eine zu geringe Waremenge, liegt die Quantitätsabweichung jedoch innerhalb der durch die Klausel „circa" für zulässig erklärten Spanne, ist die Lieferung des Verkäufers – wie zuvor bereits eingehend erläutert – dennoch als vertragsgemäß anzusehen. In diesem Fall führt die Vereinbarung der Klausel

---

196 OGH, CISG-online Nr. 573; Bamberger/Roth-*Saenger*, Art. 74, Rdnr. 2; Herber/Czerwenka, Art. 74, Rdnr. 4; MünchKomm-BGB-*Huber*, Art. 74, Rdnr. 17; MünchKomm-HGB-*Benicke*, Art. 74, Rdnr. 10; Schlechtriem/Schwenzer-*Stoll/Gruber*, Art. 74, Rdnr. 2; Staudinger-*Magnus*, Art. 74, Rdnr. 19.

197 Schlechtriem/Schwenzer-*Stoll/Gruber*, Art. 74, Rdnr. 3; Staudinger-*Magnus*, Art. 74, Rdnr. 31 ff.

198 Achilles, Art. 74, Rdnr. 6; MünchKomm-HGB-*Benicke*, Art. 74, Rdnr. 16; Staudinger-*Magnus*, Art. 74, Rdnr. 26.

„circa“ in einem Vertrag, auf den das CISG Anwendung findet, folglich dazu, dass keine Vertragsverletzung seitens des Verkäufers vorliegt und dem Käufer daher trotz quantitativer Minderlieferung kein Schadensersatzanspruch nach Art. 45 Abs. 1 lit. b i.V.m. Art. 74 ff. CISG zusteht. Liegt hingegen eine Nichtlieferung vor, steht dem Käufer auch bei Vereinbarung der Klausel „circa“ ein Schadensersatzanspruch nach Art. 45 Abs. 1 lit. b i.V.m. Art. 74 ff. CISG zu.

Wie die in Teil 5 vorgenommene Untersuchung der Rechtsprechung und Literatur ergeben hat, erstreckt sich die Wirkung der Klausel „circa“ auch auf die Schadensersatzebene und ist nicht auf die Erfüllungsebene beschränkt. Vereinbaren die Parteien diese Klausel in einem Vertrag, der den Bestimmungen des CISG unterliegt, bedeutet dies für einen Schadensersatzanspruch des Käufers wegen Nichtlieferung damit Folgendes: Durch den Schadensersatz soll der Käufer so gestellt werden, wie er bei ordnungsgemäßer Erfüllung durch den Verkäufer stünde. Bei vertragsgemäßer Lieferung hätte der Käufer aber eine quantitative Minderlieferung innerhalb der durch die Klausel „circa“ vorgegebenen Toleranzbreite akzeptieren müssen. Die Berechnung der Höhe des Schadensersatzes nach Art. 74 S. 1 CISG hat daher auf Grundlage der durch die Klausel „circa“ als vertragsgemäß erklärten Mindestliefermenge zu erfolgen. Dies gilt insbesondere auch deswegen, weil nur ein Schaden in diesem Umfang für den Verkäufer bei Vereinbarung der Klausel „circa“ vorhersehbar im Sinne des Art. 74 S. 2 CISG sein konnte.
Die Vereinbarung der Klausel „circa“ in einem den Bestimmungen des CISG unterliegenden Vertragsverhältnis wirkt sich damit auch auf die Berechnung der Höhe eines Schadensersatzanspruchs des Käufers wegen Nichtlieferung aus.

L. Befreiung von der Leistungspflicht

Im internationalen Handelsverkehr besteht ein besonders hohes Risiko unvorhersehbarer Leistungshindernisse, die den Verkäufer an der Vertragserfüllung hindern können. Im Folgenden wird daher dargestellt, in welchen Fällen nach den Bestimmungen des CISG eine Befreiung von der Leistungspflicht in Betracht kommt und welche Auswirkungen insoweit die Vereinbarung ausgewählter internationaler Handelsklauseln zeigt.

I. CISG

Das Haftungssystem des CISG verzichtet auf das Erfordernis eines Verschuldens seitens der vertragsbrüchigen Partei.[199] Bei uneingeschränkter Geltung dieses Grundsatzes einer verschuldensunabhängigen Garantiehaftung würde der Schuldner jedoch mit einem für ihn unkalkulierbaren Haftungsrisiko belastet. Um eine unangemessen weite Haftung zu vermeiden, sieht Art. 79 CISG daher unter engen Voraussetzungen eine Haftungsbefreiung vor.

1. Befreiungsvoraussetzungen (Art. 79 Abs. 1 CISG)

Art. 79 Abs. 1 CISG benennt drei Voraussetzungen für eine Entlastung des Schuldners, die kumulativ vorliegen müssen.

a) Unbeherrschbarer Hinderungsgrund

Voraussetzung für eine Haftungsbefreiung ist zunächst, dass ein Grund vorliegt, der eine ordnungsgemäße Vertragsdurchführung verhindert. Die Ursache des Hinderungsgrundes muss gemäß Art. 79 Abs. 1 CISG auf Umständen beruhen, die außerhalb des Einfluss- und Verantwortungsbereichs des Schuldners liegen. Ob ein bestimmter Hinderungsgrund der Risikosphäre des Schuldners angehört, ist primär auf Grundlage der von den Parteien vorgenommenen vertraglichen Risikoverteilung zu beurteilen.[200] Eine Haftungsbefreiung ist ausgeschlossen, wenn das Risiko, welches sich in der Vertragsverletzung verwirklicht hat, durch die vertragliche Vereinbarung der Parteien ausdrücklich dem Schuldner zugewiesen wurde.[201]

Daneben besteht ein typischer Verantwortungsbereich der Parteien eines Kaufvertrages, für dessen Risiken diese grundsätzlich einzustehen haben: Die Parteien sind zunächst dafür verantwortlich, dass sie ihren Bereich so organisiert und überwacht haben, dass eine störungsfreie Erfüllung ihrer vertraglichen Pflichten gewährleistet ist.[202] Beim Gattungskauf zählt das Beschaffungsrisiko zum zentra-

---

199 OLG Zweibrücken, CISG-online Nr. 481; Schlechtriem/Schwenzer-*Stoll/Gruber*, Art. 79, Rdnr. 1; Staudinger-*Magnus*, Art. 79, Rdnr. 1.

200 Staudinger-*Magnus*, Art. 79, Rdnr. 16.

201 Staudinger-*Magnus*, Art. 79, Rdnr. 7.

202 Achilles, Art. 79, Rdnr. 5; Bamberger/Roth-*Saenger*, Art. 79, Rdnr. 4; Herber/Czerwenka, Art. 79, Rdnr. 8; Schlechtriem/Schwenzer-*Stoll/Gruber*, Art. 79, Rdnr. 17; Staudinger-*Magnus*, Art. 79, Rdnr. 18.

len Verantwortungsbereich des Verkäufers.[203] Der Ausfall eines Lieferanten führt daher grundsätzlich nicht zu einer Haftungsbefreiung nach Art. 79 CISG, sondern der Verkäufer muss alternative Bezugsquellen suchen und ausschöpfen, um seine Lieferpflicht zu erfüllen. Zum Verantwortungsbereich des Käufers zählt insbesondere die Gewährleistung seiner finanziellen Leistungsfähigkeit.[204]
Ebenfalls zum typischen Verantwortungsbereich der Parteien gehört das Personalrisiko.[205] Die Einstandspflicht für von eigenen Leuten verursachte Hinderungsgründe besteht dabei unabhängig davon, ob die Beschäftigten schuldhaft oder weisungswidrig gehandelt haben.[206] Hingegen zählen Arbeitsniederlegungen[207] und vorsätzliche Sabotageakte[208] von Mitarbeitern nicht mehr zum gewöhnlichen Personalrisiko. Außerhalb des Verantwortungs- und Einflussbereichs des Leistungsschuldners stehen auch Erfüllungshindernisse, die verursacht wurden durch Naturereignisse oder -katastrophen.[209] Ebenfalls als unbeherrschbare Hinderungsgründe anerkannt sind kriegerische Auseinandersetzungen und staatliche Eingriffe wie beispielsweise Ausfuhrsperren oder Importverbote.[210]

---

203 BGHZ 141, 129 (134); Achilles, Art. 79, Rdnr. 5; Keil, Haftungsbefreiung ,S. 124; MünchKomm-HGB-*Benicke*, Art. 79, Rdnr. 32; Schlechtriem/Schwenzer-*Stoll/Gruber*, Art. 79, Rdnr. 18; Soergel-*Lüderitz/Dettmeier*, Art. 79, Rdnr. 6; Staudinger-*Magnus*, Art. 79, Rdnr. 22.

204 Bianca/Bonell-*Tallon*, Art. 79, Bem. 2.6.5.; Bamberger/Roth-*Saenger*, Art. 79, Rdnr. 4; Piltz, Int. KaufR, § 4, Rdnr. 230; Schlechtriem/Schwenzer-*Stoll/Gruber*, Art. 79, Rdnr. 16; Soergel- *Lüderitz/Dettmeier*, Art. 79, Rdnr. 6 f.; Staudinger-*Magnus*, Art. 79, Rdnr. 18.

205 Achilles, Art. 79, Rdnr. 9; Herber/Czerwenka, Art. 79, Rdnr. 6 und 15; MünchKomm-HGB-*Benicke*, Art. 79, Rdnr. 28; Rathjen, Haftungsentlastung, S. 563; Schlechtriem/Schwenzer-*Stoll/Gruber*, Art. 79, Rdnr. 21; Soergel- *Lüderitz/Dettmeier*, Art. 79, Rdnr. 5; Staudinger-*Magnus*, Art. 79, Rdnr. 19 f.

206 Herber/Czerwenka, Art. 79, Rdnr. 15; Piltz, Int. KaufR, § 4, Rdnr. 230; Schlechtriem/Schwenzer-*Stoll/Gruber*, Art. 79, Rdnr. 21; Staudinger-*Magnus*, Art. 79, Rdnr. 20.

207 Herber/Czerwenka, Art. 79, Rdnr. 13; MünchKomm-HGB-*Benicke*, Art. 79, Rdnr. 29 f.; Piltz, Int. KaufR, § 4, Rdnr. 230; Staudinger-*Magnus*, Art. 79, Rdnr. 20; einschränkend: Schlechtriem/Schwenzer-*Stoll/Gruber*, Art. 79, Rdnr. 33 ff.

208 MünchKomm-HGB-*Benicke*, Art. 79, Rdnr. 29 f.; Schlechtriem/Schwenzer-*Stoll/Gruber*, Art. 79, Rdnr. 14; Staudinger-*Magnus*, Art. 79, Rdnr. 20; einschränkend: Soergel- *Lüderitz/Dettmeier*, Art. 79, Rdnr. 5.

209 Bamberger/Roth-*Saenger*, Art. 79, Rdnr. 4; Bianca/Bonell-*Tallon*, Art. 79, Bem. 2.6.7.; Schlechtriem/Schwenzer-*Stoll/Gruber*, Art. 79, Rdnr. 14; Soergel-*Lüderitz/Dettmeier*, Art. 79, Rdnr. 8; Staudinger-*Magnus*, Art. 79, Rdnr. 27.

210 Staudinger-*Magnus*, Art. 79, Rdnr. 28; Schlechtriem/Schwenzer-*Stoll/Gruber*, Art. 79, Rdnr. 14; Pilitz, Int. KaufR, § 4, Rdnr. 229; MünchKomm-HGB-*Benicke*, Art. 79, Rdnr. 34.

b) Unvorhersehbarkeit

Als weitere Voraussetzung einer Haftungsbefreiung benennt Art. 79 Abs. 1 CISG, dass der Hinderungsgrund für den Schuldner zum Zeitpunkt des Vertragsschlusses objektiv nicht vorhersehbar war. Wenn also ein unbeherrschbarer Hinderungsgrund die vertragsgemäße Erfüllung verhindert, ein verständiger Schuldner diesen Hinderungsgrund aber zum Zeitpunkt des Vertragsschlusses hätte voraussehen können, bleibt dem Schuldner eine Haftungsbefreiung daher verwehrt.[211]

c) Unabwendbarkeit

Auch bei fehlender Vorhersehbarkeit des Hinderungsgrundes ist eine Entlastung des Schuldners gemäß Art. 79 Abs. 1 CISG dann ausgeschlossen, wenn der Schuldner bei Eintritt des Hinderungsgrundes die Möglichkeit hatte, diesen durch die Einleitung entsprechender Maßnahmen zu überwinden oder die drohenden negativen Folgen für die Vertragsdurchführung abzuwenden.

2. Wirkung der Haftungsbefreiung

Art. 79 Abs. 1 CISG legt fest, dass der Schuldner bei Vorliegen der zuvor dargestellten Voraussetzungen für die Nichterfüllung einer Pflicht nicht einzustehen hat. Dabei betrifft die Entlastung des Schuldners lediglich die nicht erfüllte Vertragspflicht, berührt aber nicht den Bestand des Vertrages als solches.[212] Betrifft der Hinderungsgrund nur einen Teil der Leistungspflicht des Schuldners, so ist die Befreiung auf diesen verhinderten Teil beschränkt.[213] Im Falle eines vorübergehenden Hinderungsgrundes erfolgt die Entlastung des Schuldners gemäß Art. 79 Abs. 3 CISG zudem nur bis zu dessen Behebung.

Wie Art. 79 Abs. 5 CISG klarstellt, beschränkt sich die Haftungsbefreiung, entgegen der weiten Formulierung des Art. 79 Abs. 1 CISG, auf einen Ausschluss der Schadensersatzhaftung. Dies bedeutet, dass auch im Falle einer Haftungsbefreiung nach Art. 79 CISG der Gläubiger berechtigt ist, andere Rechtsbehelfe

211 Staudinger-*Magnus*, Art. 79, Rdnr. 32; Schlechtriem/Schwenzer-*Stoll/Gruber*, Art. 79, Rdnr. 22; Witz/Salger/Lorenz-*Salger*, Art. 79, Rdnr. 5; Herber/Czerwenka, Art. 79, Rdnr. 11; MünchKomm-HGB-*Benicke*, Art. 79, Rdnr. 39.

212 Bridge, Sale of Goods, Rdnr. 3.57 ff.; Schlechtriem/Schwenzer-*Stoll/Gruber*, Art. 79, Rdnr. 43.

213 Bianca/Bonell-*Tallon*, Art. 79, Bem. 2.10.3.; Schlechtriem/Schwenzer-*Stoll/Gruber*, Art. 79, Rdnr. 43; Staudinger-*Magnus*, Art. 79, Rdnr. 51.

auszuüben.[214] Der Gläubiger kann daher beispielsweise die Aufhebung des Vertrages erklären (vgl. Art. 49 CISG bzw. Art. 64 CISG) oder seinen Erfüllungsanspruch geltend machen (vgl. Art. 46 Abs. 1 CISG bzw. Art. 62 CISG). Es besteht aber dahingehende Einigkeit, dass ein Anspruch auf Erfüllung ausgeschlossen ist, wenn diese objektiv unmöglich ist.[215]

II. Internationale Handelsklausel „Höhere Gewalt vorbehalten"

Die in Teil 5 vorgenommene Auswertung der nationalen und internationalen Rechtsprechung und Literatur hat ergeben, dass bei Vereinbarung der Befreiungsklausel „höhere Gewalt vorbehalten" der Verkäufer bei Eintritt eines unvorhersehbaren Ereignisses, welches die Erfüllung des Vertrages unmöglich macht und dessen Eintritt er nicht zu vertreten hat, von seiner Leistungspflicht und einer etwaigen Schadensersatzpflicht befreit ist. Auf Tatbestandsebene stellt die Klausel „höhere Gewalt vorbehalten" damit grundsätzlich auf ein Erfüllungshindernis ab, dessen Ursache außerhalb des Verantwortungs- und Einflussbereichs des Verkäufers liegt. Insoweit besteht daher grundsätzlich eine inhaltliche Übereinstimmung mit Art. 79 Abs. 1 CISG.

Wie in Teil 5 dargestellt, tendieren die Vertragsparteien bei Vereinbarung der Befreiungsklausel „höhere Gewalt vorbehalten" dazu, bestimmte Hinderungsgründe ausdrücklich als Fälle höherer Gewalt zu benennen. Findet die Klausel „höhere Gewalt vorbehalten" in dieser Form in einem den Bestimmungen des CISG unterliegenden Vertragsverhältnis Verwendung, kann dies zu Abweichungen von der Regelung des Art. 79 Abs. 1 CISG führen. Definieren die Parteien solche Hinderungsgründe als Fälle höherer Gewalt, die bei objektiver Betrachtung der Risikosphäre des Verkäufers zuzurechnen sind, ist der Anwendungsbereich der Klausel „höhere Gewalt vorbehalten" weiter als derjenige des Art. 79 Abs. 1 CISG. Nehmen die Parteien hingegen bestimmte Hinderungsgründe ausdrücklich vom Anwendungsbereich der Klausel „höhere Gewalt vorbehalten" aus, die bei objektiver Betrachtung nicht der Risikosphäre des Verkäufers zuzurechnen sind, wird die Entlastungsmöglichkeit des Verkäufers im Vergleich zur

---

214 Bamberger/Roth-*Saenger*, Art. 79, Rdnr. 10; Bund, Force Majeure, S. 386; Lautenbach, Haftungsbefereiung, S. 70; MünchKomm-HGB-Benicke, Art. 79, Rdnr. 5; Piltz, Int. KaufR, § 4, Rdnr. 242; Schlechtriem/Schwenzer-*Stoll/Gruber*, Art. 79, Rdnr. 43; Staudinger-*Magnus*, Art. 79, Rdnr. 51.

215 MünchKomm-HGB-*Benicke*, Art. 79, Rdnr. 8 f.; Schlechtriem/Schwenzer-*Stoll/Gruber*, Art. 79, Rdnr. 48; Soergel- *Lüderitz/Dettmeier*, Art. 79, Rdnr. 11; Staudinger-*Magnus*, Art. 79, Rdnr. 58.

Rechtslage bei unveränderter Anwendung des CISG eingeschränkt. Durch Auslegung ist zu ermitteln, ob in einem solchen Fall ein Rückgriff auf Art. 79 CISG und mithin eine Befreiung des Verkäufers möglich ist, oder ob dem ausdrücklichen Ausschluss des betreffenden Hinderungsgrundes insoweit auch ein Ausschluss des Art. 79 CISG zu entnehmen ist.[216]

Auf Rechtsfolgenseite befreit die Klausel „höhere Gewalt vorbehalten", wie die in Teil 5 vorgenommene Auswertung von Rechtsprechung und Literatur ergeben hat, den Verkäufer von seiner Leistungspflicht und schließt einen Schadensersatzanspruch des Käufers wegen Nichterfüllung aus. Vereinbaren die Parteien die Klausel „höhere Gewalt vorbehalten" in einem Vertrag, auf den das CISG Anwendung findet, geht die Befreiung des Verkäufers damit grundsätzlich weiter als nach den Regelungen des CISG, da dort der Käufer gemäß Art. 79 Abs. 5 CISG berechtigt ist, seinen Erfüllungsanspruch nach Art. 46 Abs. 1 CISG geltend zu machen. Ist dem Verkäufer die Erfüllung jedoch objektiv unmöglich, ist auch bei unveränderter Anwendung des CISG der Erfüllungsanspruch des Käufers ausgeschlossen, so dass die Vereinbarung der Klausel „höhere Gewalt vorbehalten" in diesen Fällen auf Rechtsfolgenseite zu keinen Veränderungen führt.

M. Aufrechnung

Bestehen gegenseitige Geldforderungen der Vertragsparteien, stellt sich regelmäßig die Frage, ob die Möglichkeit einer Aufrechnung besteht. Im folgenden Abschnitt wird zunächst erörtert, welche Regelungen sich dem CISG hinsichtlich dieser Frage entnehmen lassen. Anschließend wird untersucht, welche Auswirkungen insoweit die Vereinbarung ausgewählter internationaler Handelsklauseln hat.

I. CISG

Das CISG enthält bezüglich der Aufrechnung von gegenseitigen Geldforderungen der Parteien keine ausdrücklichen Regelungen. In der einschlägigen Rechtsprechung[217] und Literatur[218] besteht dahingehende Einigkeit, dass sich jedenfalls

---

216 Vgl. dazu: Bund, Force Majeure, S. 405.

217 OLG Hamm, IPRax 1996, 269 (270); OLG Stuttgart, RIW 1995, 943 (944); LG Hagen, CISG-Online Nr. 311; LG Mönchengladbach, IHR 2003, 229 (230); AG Duisburg, IHR 2001, 114 (115).

hinsichtlich der Aufrechnung von Forderungen, die nicht beide einem dem CISG unterliegenden Vertragsverhältnis entstammen, keine Regelung im Wege einer internen Lückenfüllung (Art. 7 Abs. 2 CISG) bilden lässt. Die Möglichkeit einer Aufrechnung richtet sich insoweit daher nach dem vom Internationalen Privatrecht zur Anwendung berufenen nationalen unvereinheitlichten Recht.

Uneinheitlich wird hingegen die Aufrechnung von konventionsinternen Forderungen, d.h. von Forderungen, die aus einem dem CISG unterliegenden Vertragsverhältnis herrühren, behandelt. Teilweise wird vertreten, auch insoweit sei auf das nach dem vom Internationalen Privatrecht zur Anwendung berufene nationale unvereinheitlichte Recht zurückzugreifen.[219] Diese Ansicht übersieht jedoch, dass die hinsichtlich der Aufrechnung konventionsinterner Forderungen bestehende Regelungslücke gemäß Art. 7 Abs. 2 CISG primär durch einen Rückgriff auf die allgemeinen Grundsätze der Konvention zu schließen ist und sich Anhaltspunkte für eine Lückenfüllung in den Bestimmungen des CISG erkennen lassen: Zunächst lässt sich feststellen, dass dem CISG die Verknüpfung gegenseitiger Ansprüche der Vertragsparteien, die ihre Grundlage in den Regelungen des CISG haben, nicht unbekannt ist. Beispielsweise sieht Art. 58 Abs. 1 und Abs. 2 CISG vor, dass der Lieferanspruch des Käufers und der Zahlungsanspruch des Verkäufers grundsätzlich Zug um Zug zu erfüllen sind. Auch die Rückgabe der ausgetauschten Leistungen in Folge einer Vertragsaufhebung hat gemäß Art. 81 Abs. 2 S. 2 CISG Zug um Zug zu erfolgen. In den benannten Fällen stehen die Ansprüche und Leistungspflichten der Vertragsparteien damit nicht isoliert nebeneinander, sondern sind miteinander verknüpft; sie beeinflussen und bedingen sich gegenseitig. Ganz konkret weist zudem Art. 88 Abs. 3 CISG darauf hin, dass im Falle eines Selbsthilfeverkaufs die veräußernde Partei die ihr entstandenen Kosten der Erhaltung und des Verkaufs mit dem erzielten Verkaufserlös direkt verrechnen kann.

Dem gemeinsamen Grundgedanken der benannten Bestimmungen des CISG lässt sich entnehmen, dass in Fällen, in denen sich konventionsinterne Forderungen gegenüberstehen, eine Aufrechnung ohne Rückgriff auf das vom Internationalen

---

218 Schlechtriem/Schwenzer-*Ferrari*, Art. 4, Rdnr. 39; Soergel- *Lüderitz/Fenge*, Art. 4, Rdnr. 10; Staudinger-*Magnus*, Art. 4, Rdnr. 46; Witz/Salger/Lorenz-*Lorenz*, Art. 4, Rdnr. 29.

219 OLG Düsseldorf, CISG-online Nr. 201; OLG Hamm, CISG-online Nr. 146; OLG Koblenz, CISG-online Nr. 91; LG Duisburg CISG-online Nr. 186; AG München CISG-online Nr. 368; RB Middelburg, CISG-online Nr. 374; RB Arnhem, CISG-online Nr. 98; Tribunale di Pasedova, IHR 2005, 31 (33); Tribunale di Vigevano, IHR 2001, 72 (76); Witz/Salger/Lorenz-*Lorenz*, Art. 4, Rdnr. 29.

Privatrecht zur Anwendung berufene nationale unvereinheitlichte Recht zulässig sein muss.[220]

Dies bedeutet, dass im Rahmen eines dem CISG unterliegenden Vertragsverhältnisses beispielsweise der Käufer, dem aufgrund einer Vertragsverletzung des Verkäufers ein Schadensersatzanspruch zusteht, mit der Kaufpreisforderung aufrechnen kann.[221]

II. Internationale Handelsklauseln

1. Kassa-Klauseln

Die in Teil 5 vorgenommene Auswertung der einschlägigen Rechtsprechung und Literatur hat gezeigt, dass das Wort „Kasse" bei den Zahlungsklauseln „Vorkasse", „netto Kasse", „Kasse gegen Faktura", und „Kasse gegen Dokumente" im internationalen Handelsverkehr die Bedeutung von Bargeld hat und die Zahlung des Kaufpreises daher grundsätzlich in bar bzw. durch Überweisung oder mittels eines diesen Zahlungsformen gleichgestellten gedeckten Schecks zu erfolgen hat. Primäre Funktion des Barzahlungsversprechens ist es, dem Verkäufer die sofortige Verfügungsmöglichkeit über den Kaufpreis zu geben. Den Kassa-Klauseln wird daher ein Ausschluss des Rechts zur Aufrechnung mit einer Gegenforderung entnommen. Vereinbaren die Parteien eines dem CISG unterliegenden Vertragsverhältnisses eine der benannten Kassa-Klauseln, wird damit die Möglichkeit einer Aufrechnung konventionsinterner Forderungen ausgeschlossen.

2. „Lieferung gegen Nachnahme"

Die in Teil 5 vorgenommene Auswertung der nationalen und internationalen Rechtsprechung und Literatur hat gezeigt, dass die Klausel „Lieferung gegen Nachnahme" als Sonderform einer Kassa-Klausel anzusehen ist. Auch dieser

---

220 So auch: OLG Düsseldorf, NJW-RR 1994, 506 (507); OLG Hamburg, CISG-online Nr. 515; OLG München, RIW 1994, 595 (596); LG Baden-Baden, RIW 1992, 62 (63); LG Landshut, Urteil v. 05.04.1995, unveröffentlicht; LG München, IPRax 1996, 31 (33); LG Oldenburg, Urteil v. 15.02.1995, unveröffentlicht, AG Duisburg, CISG-online Nr. 659; Rb Roermond, CISG-online Nr. 454.; Achilles, Art. 4, Rdnr. 10; Enderlein/Maskow/Strohbach-*Maskow*, Art. 84, Bem. 1; Honsell-*Siehr*, Art. 4, Rdnr. 20; Janert, Aufrechnung, S. 82.; Magnus, Fragen und Probleme, S. 831; Magnus, Auferchnung, S. 220 ff.; Piltz, Int. KaufR, § 5, Rdnr. 291; Schlechtriem/Schwenzer-*Hornung*, Art. 81, Rdnr. 16; Staudinger-*Magnus*, Art. 4, Rdnr. 47.

221 Magnus, Fragen und Probleme, S. 831.

Zahlungsklausel ist daher eine Barzahlungsabrede zu entnehmen. Wie bei den bereits dargestellten anderen Kassa-Klauseln ist der Barzahlungsabrede ein Ausschluss des Rechts zur Aufrechnung mit einer Gegenforderung zu entnehmen. Vereinbaren die Parteien die Zahlungsklausel „Lieferung gegen Nachnahme“ in einem Vertrag, auf den das CISG Anwendung findet, ist eine Aufrechnung konventionsinterner Forderungen daher ebenfalls ausgeschlossen.

N. Kostentragung

Einen erheblichen Teil des Warenwerts machen bei Verträgen des internationalen Handelsverkehrs regelmäßig die im Rahmen des Transports der Ware anfallenden Kosten aus. Der folgende Abschnitt widmet sich daher der Frage, welche Vertragspartei mit den verschiedenen Kostenpositionen belastet wird. Dabei werden neben den Kosten für den Transport der Ware, für die Verpackung und die Transportversicherung auch die anfallenden Zölle, Steuern und anderen Abgaben erörtert.

I. Transportkosten

Im Folgenden wird zunächst dargestellt, welche Regelungen sich bezüglich der Verteilung der Transportkosten dem CISG entnehmen lassen. Anschließend wird untersucht, welche Auswirkungen diesbezüglich die Vereinbarung ausgewählter internationaler Handelsklauseln hat.

1. CISG

Das CISG enthält keine ausdrücklichen Bestimmungen hinsichtlich der Verteilung der Kosten für den Transport der veräußerten Ware. Es ist jedoch als ein allgemeiner Grundsatz im Sinne des Art. 7 Abs. 2 CISG anzusehen, dass jede Partei grundsätzlich die Kosten der von ihr geschuldeten Leistung zu tragen hat.[222] Dies bedeutet, dass der Verkäufer für die Transportkosten bis zum Lieferort aufkommen muss, während der Käufer die Transportkosten ab dem Lieferort tragen muss.[223]

---

222 Bamberger/Roth-*Saenger*, Art. 31, Rdnr. 20; Piltz, Int. KaufR, § 4 Rdnr. 47 und 111; Schlechtriem/Schwenzer-*Huber/Widmer*, Art. 31, Rdnr. 83; Staudinger-*Magnus*, Art. 31, Rdnr. 30.

223 Achilles, Art. 31, Rdnr. 17; MünchKomm-HGB-*Benicke*, Art. 31, Rdnr. 32 f.; Staudinger-*Magnus*, Art. 31, Rdnr. 30.

Im Falle einer Schickschuld des Verkäufers, bedeutet dies, dass der Käufer alle Transportkosten ab Übergabe der Ware an den Beförderer tragen muss. Der Verkäufer ist daher berechtigt, die Ware unfrei zu versenden bzw. etwaige von ihm geleistete Frachtkosten dem Käufer in Rechnung zu stellen.[224] Wurde von den Parteien eine Holschuld vereinbart, bedeutet dies, dass der Käufer die Kosten des Warentransports vom Ort der Warenbereitstellung durch den Verkäufer bis zum Bestimmungsort zu tragen hat.[225]

2. Internationale Handelsklauseln

a) „Franko/frei… (benannter Bestimmungsort)"

Die Lieferklausel „franko/frei… (benannter Bestimmungsort)" legt, wie die in Teil 5 vorgenommene Auswertung der Rechtsprechung und Literatur ergeben hat, dem Verkäufer die Kosten des Transports der Ware bis zum benannten Bestimmungsort auf. Hinsichtlich des Tragens der Transportkosten führt die Vereinbarung dieser Klausel damit zu einer Abweichung von der Rechtslage bei alleiniger Anwendung des CISG.

Wie zuvor dargestellt, hat der Verkäufer bei unveränderter Anwendung des CISG die Transportkosten bis zum Lieferort zu tragen. Da die Lieferklausel „franko/frei… (benannter Bestimmungsort)", wie bereits erläutert, in Fällen eines Versendungskaufs vereinbart wird, ist der Lieferort regelmäßig der Ort der Warenübergabe vom Verkäufer an den Beförderer. Hinsichtlich der Transportkosten verpflichtet die betreffende Lieferklausel den Verkäufer jedoch zur Tragung der Kosten für die Beförderung der Ware bis zum benannten Bestimmungsort. Folglich führt die Vereinbarung der Klausel „franko/frei… (benannter Bestimmungsort)" in einem Vertrag, auf den das CISG Anwendung findet, hinsichtlich der Transportkosten zu einer Mehrbelastung des Verkäufers.

b) „Frei Haus"

Der Lieferklausel „frei Haus" wird, wie die in Teil 5 vorgenommene Untersuchung der einschlägigen Rechtsprechung und Literatur ergeben hat, eine Verpflichtung des Verkäufers zur Tragung der Transportkosten bis zur Ablieferung der Ware beim Käufer entnommen. Der Verkäufer trägt folglich die Transportkosten bis zum Lieferort. Die Vereinbarung der Lieferklausel „frei Haus" in einem Vertragsverhältnis, das den Bestimmungen des CISG unterliegt, führt damit

---

224 Schlechtriem/Schwenzer-*Huber/Widmer*, Art. 31, Rdnr. 83

225 So auch: Schlechtriem/Schwenzer-*Huber/Widmer*, Art. 31, Rdnr. 83

hinsichtlich der Verteilung der Transportkosten zu keiner Abweichung von dem im Rahmen des CISG entwickelten Grundsatz.

c) Incoterms 2000

Die Verteilung der Transportkosten wird bei den einzelnen Klauseln der Incoterms 2000 unter den Ordnungspunkten A3 lit. a bzw. B3 lit. a und A6 bzw. B6 behandelt.

aa) EXW, F-Klauseln, D-Klauseln

Bei Vereinbarung der Klausel EXW, einer F-Klausel oder einer D-Klausel trägt der Verkäufer die Kosten des Warentransports bis zu dem Ort an dem er die Ware liefern muss, der Käufer trägt die Kosten für den weiteren Transport. Dies bedeutet im Fall der Klausel EXW, dass der Käufer die Kosten des Warentransports von der Niederlassung des Verkäufers an tragen muss.[226] Vereinbaren die Parteien die Klausel FCA, ist der Käufer verpflichtet, die Kosten des Warentransports ab der Übergabe der Ware an den Frachtführer zu tragen.[227] Gilt die Klausel FAS oder FOB, trägt der Käufer die Kosten des Transports der Ware ab dem Verschiffungshafen.[228] Im Fall der Klausel DAF trägt der Verkäufer die Transportkosten bis zur Ankunft der Ware am benannten Grenzort.[229] Vereinbaren die Parteien die Klausel DES, DEQ, DDU oder DDP, muss der Verkäufer für die Kosten des Warentransports bis zum Bestimmungshafen bzw. -ort aufkommen.[230] Die Pflicht zur Tragung der Transportkosten geht also mit Erreichen des Lieferorts vom Verkäufer auf den Käufer über. Diese Regelung entspricht derjenigen bei unveränderter Anwendung des CISG.
Die Vereinbarung der Klausel EXW, der F-Klauseln oder der D-Klauseln in einem Vertrag, auf den das CISG Anwendung findet, führt damit hinsichtlich der Verteilung der Transportkosten zu keiner Abweichung.

bb) C-Klauseln

Die C-Klauseln verpflichten den Verkäufer, die Kosten des Warentransports bis zum vereinbarten Bestimmungsort bzw. -hafen zu tragen.[231] Da der Lieferort bei

---

226 Vgl. EXW B6.
227 Vgl. FCA B3 lit. a.
228 Vgl. FAS B3 lit. a, FOB B3 lit. a.
229 Vgl. DAF A3 lit. a Abs. 1.
230 Vgl. DES A3 lit. a, DEQ A3 lit. a, DDU A3 lit. a, DDP A3 lit. a.
231 Vgl. C-Klauseln A3 lit. a.

den Klauseln CFR und CIF der Verschiffungshafen und bei den Klauseln CPT und CIP der Ort der Warenübergabe an den Frachtführer ist, geht die Pflicht zur Tragung der Transportkosten bei den C-Klauseln daher nicht bereits mit Erreichen des Lieferorts vom Verkäufer auf den Käufer über. Insoweit besteht ein Unterschied zu der im Rahmen des CISG entwickelten Regel, dass die Last der Transportkosten am Lieferort wechselt.
Die Vereinbarung einer C-Klausel in einem Vertrag, der den Bestimmungen des CISG unterliegt, führt damit hinsichtlich der Transportkosten zu einer Mehrbelastung des Verkäufers.

II. Verpackungskosten

Im Folgenden wird dargestellt, welche Regelungen sich bezüglich der Verteilung der Verpackungskosten dem CISG entnehmen lassen. Anschließend wird untersucht, welche Auswirkungen diesbezüglich die Vereinbarung ausgewählter internationaler Handelsklauseln zeigt.

1. CISG

Wie zuvor bereits dargestellt, ist der Verkäufer gemäß Art. 35 Abs. 2 lit. d CISG verpflichtet, für eine Verpackung der veräußerten Ware zu sorgen, die einen Transport zum Bestimmungsort ermöglicht und die Ware vor Schäden schützt. Dabei besteht die Verpackungspflicht des Verkäufers unabhängig davon, ob der Verkäufer verpflichtet ist, die veräußerte Ware an den Käufer zu versenden, oder ob der Käufer verpflichtet ist, die Ware an der Niederlassung des Verkäufers abzuholen.[232] Das CISG normiert damit eine Verpflichtung des Verkäufers, für eine angemessene Verpackung der Ware zu sorgen, bestimmt hingegen nicht ausdrücklich, welche Partei für die Kosten der Verpackung aufkommen muss. Es besteht jedoch dahingehende Einigkeit, dass der Verkäufer diese Kosten tragen muss.[233]

232 Bamberger/Roth-*Saenger*, Art. 35, Rdnr. 10; Bianca/Bonell-*Bianca*, Art. 35, Bem. 2.7.1.; Schlechtriem/Schwenzer-*Schwenzer*, Art. 35, Rdnr. 30; Staudinger-Magnus, Art. 35, Rdnr. 42.

233 Kock, S. 150; Piltz, Int. KaufR, § 4, Rdnr. 112; Schlechtriem/Schwenzer-*Huber/Widmer*, Art. 31, Rdnr. 83; Staudinger-*Magnus*, Art. 35, Rdnr. 45.

2. Internationale Handelsklauseln

a) „Franko/frei... (benannter Bestimmungsort)", „Frei Haus"

Wie in Teil 5 dargestellt, ist der Verkäufer bei Vereinbarung der Klausel „franko/frei... (benannter Bestimmungsort)" oder der Klausel „frei Haus" verpflichtet, auf seine Kosten für eine transportgerechte Verpackung der veräußerten Ware zu sorgen.
Die Vereinbarung der Lieferklauseln „franko/frei... (benannter Bestimmungsort)" und „frei Haus" führt damit bezüglich der Tragung der Transportkosten nicht zu einer Abweichung von der zuvor dargestellten Rechtslage bei unveränderter Anwendung des CISG.

b) Incoterms 2000

Alle Klauseln der Incoterms 2000 legen die Kosten der Warenverpackung gemäß Ordnungspunkt A9 dem Verkäufer auf, sofern die Transportmodalitäten eine Verpackung erfordern und der Verkäufer hiervon vor Vertragsschluss Kenntnis hatte. Den Verkäufer trifft damit zwar die Kostenlast, er hat jedoch die Möglichkeit, die zusätzlichen Aufwendungen in seine Angebotskalkulation einzubeziehen.[234]
Die Vereinbarung einer Klausel der Incoterms 2000 in einem Vertragsverhältnis, auf das das CISG Anwendung findet, führt damit hinsichtlich der Verteilung der Verpackungskosten zu keiner Abweichung von der Regelung des Art. 35 Abs. 2 lit. d CISG.

III. Kosten einer Transportversicherung

Im Folgenden wird dargestellt, welche Regelungen sich bezüglich der Verteilung der Kosten einer Transportversicherung dem CISG entnehmen lassen. Anschließend wird untersucht, welche Auswirkungen insoweit die Vereinbarung ausgewählter internationaler Handelsklauseln hat.

1. CISG

Das CISG enthält, wie zuvor erläutert, keine Regelungen hinsichtlich der Frage, in welchen Fällen der Abschluss einer Transportversicherung erforderlich ist.

---

234 Vgl. dazu Bredow/Seiffert, Incoterms 2000, EXW, Rdnr. 31.

Dementsprechend finden sich im CISG auch keine ausdrücklichen Bestimmungen hinsichtlich der Verteilung der Kosten einer solchen Transportversicherung. Den Parteien steht es selbstverständlich frei, eine Verpflichtung zum Abschluss einer Transportversicherung durch eine entsprechende vertragliche Vereinbarung zu begründen.
Machen die Parteien von dieser Möglichkeit Gebrauch, stellt sich die Frage der Kostentragung, sofern sich dem Vertrag diesbezüglich keine eindeutige Regelung entnehmen lässt. Wie zuvor dargestellt, besteht im Rahmen des CISG ein allgemeiner Grundsatz im Sinne des Art. 7 Abs. 2 CISG, wonach jede Partei grundsätzlich die Kosten der von ihr geschuldeten Leistung zu tragen hat.[235] Diesem Grundsatz folgend sind die Kosten einer Transportversicherung von der vertraglich zu ihrem Abschluss verpflichteten Partei zu tragen.

2. Internationale Handelsklauseln

a) „Franko/frei… (benannter Bestimmungsort)", „Frei Haus"

Wie bereits dargestellt, kann den Lieferklauseln „franko/frei… (benannter Bestimmungsort)" und „frei Haus" keine Verpflichtung einer Partei zum Abschluss einer Transportversicherung entnommen werden. Dementsprechend enthalten diese Lieferklauseln auch keine Regelung hinsichtlich der Verteilung der Kosten einer solchen Transportversicherung.
Die Vereinbarung einer dieser Klauseln in einem Vertrag, auf den das CISG Anwendung findet, hat damit keine Auswirkung hinsichtlich der Verteilung der Kosten einer Transportversicherung.

b) Incoterms 2000

Die Verteilung der Kosten einer Transportversicherung wird bei den Klauseln der Incoterms 2000 unter den Ordnungspunkten A3 lit. b bzw. B3 lit. b und A6 bzw. B6 behandelt.

aa) EXW, F-Klauseln, CFR, CPT, D-Klauseln

Die Klausel EXW, die F-Klauseln, die Klauseln CFR und CPT sowie die D-Klauseln begründen keine Verpflichtung einer der Vertragsparteien zum Ab-

235 Bamberger/Roth-*Saenger*, Art. 31, Rdnr. 20; Piltz, Int. KaufR, § 4 Rdnr. 47 und 111; Schlechtriem/Schwenzer-*Huber/Widmer*, Art. 31, Rdnr. 83; Staudinger-*Magnus*, Art. 31, Rdnr. 30.

schluss einer Transportversicherung.[236] Dementsprechend enthalten diese Klauseln auch keine Regelung hinsichtlich der Frage, welche Partei die Kosten einer Transportversicherung tragen muss.
Die Vereinbarung der Klausel EXW, der F-Klauseln, der Klauseln CFR und CPT sowie der D-Klauseln in einem Vertrag, auf den das CISG Anwendung findet, hat damit keine Auswirkungen hinsichtlich der Verteilung der Kosten einer Transportversicherung.

bb) CIF, CIP

Die Klauseln CIF und CIP verpflichten den Verkäufer zum Abschluss einer Mindestversicherung zur Abdeckung der Transportgefahren[237] und legen ihm auch die Kosten dieser Transportversicherung auf[238]. Insoweit besteht damit eine inhaltliche Übereinstimmung mit dem im Rahmen des CISG entwickelten Grundsatz, wonach diejenige Partei die Kosten der Transportversicherung tragen muss, die zum Abschluss dieser Versicherung verpflichtet ist.
Die Vereinbarung der Klauseln CIF und CIP in einem Vertrag, auf den das CISG Anwendung findet, führt damit hinsichtlich der Verteilung der Kosten der Transportversicherung zu keiner Abweichung.

IV. Zölle, Steuern und anderer Abgaben

Im Folgenden wird dargestellt, welche Regelungen sich dem CISG bezüglich der Verteilung der im Rahmen des Warentransports anfallenden Zölle, Steuern und anderen Abgaben entnehmen lassen. Anschließend wird untersucht, welche Auswirkungen diesbezüglich die Vereinbarung ausgewählter internationaler Handelsklauseln zeigt.

1. CISG

Da das CISG keine ausdrücklichen Bestimmungen darüber enthält, welche Vertragspartei die beim Warentransport anfallenden Zölle, Steuern und anderen Abgaben zu tragen hat, ist die bestehende Regelungslücke daher durch einen Rückgriff auf den allgemeinen Grundsatz im Sinne des Art. 7 Abs. 2 CISG zu

236 Vgl. EXW A3 lit. b und B3 lit. b, F-Klauseln A3 lit. b und B3 lit. b, CFR A3 lit. b und B3 lit. b, CPT A3 lit. b und B3 lit. b, D-Klauseln A3 lit. b und B3 lit. b.
237 Vgl. CIF A3 lit. b, CIP A3 lit. b.
238 Vgl. CIF A6, CIP A6.

schließen, wonach jede Partei grundsätzlich die bei Erfüllung der von ihr geschuldeten Leistung anfallenden Kosten zu tragen hat. Dementsprechend ist davon auszugehen, dass der Verkäufer die im Rahmen des Transports der Ware zum Lieferort anfallenden Zölle, Steuern und anderen Abgaben tragen muss, der Käufer diejenigen, die beim Weitertransports der Ware vom Lieferort bis zum endgültigen Bestimmungsort zu leisten sind.[239]

2. Internationale Handelsklauseln

a) „Franko/frei… (benannter Bestimmungsort)"

Die in Teil 5 vorgenommene Untersuchung der einschlägigen Rechtsprechung und Literatur hat ergeben, dass der Klausel „franko/frei… (benannter Bestimmungsort)" keine Regelung hinsichtlich der Verteilung der anfallenden Zölle, Steuern und anderen Abgaben auf die Parteien entnommen werden kann.
Wird diese Lieferklausel in einem Vertrag vereinbart, auf den das CISG Anwendung findet, ist diesbezüglich daher auf den im Rahmen des CISG entwickelten Grundsatz zurückzugreifen, wonach der Verkäufer die anfallenden Zölle, Steuern und anderen Abgaben bis zum Lieferort trägt, der Käufer die während des weiteren Warentransports anfallenden. Da die Klausel „franko/frei… (benannter Bestimmungsort)", wie zuvor bereits erläutert, grundsätzlich in Fällen eines Versendungskaufs Verwendung findet, ist der Verkäufer verpflichtet, die bis zum Erreichen des Orts der Warenübergabe an den Beförderer anfallenden Zölle, Steuern und anderen Abgaben zu tragen, der Käufer alle weiteren.

b) „Frei Haus"

Wie die in Teil 5 vorgenommene Untersuchung der einschlägigen Rechtsprechung und Literatur ergeben hat, kann der Klausel „frei Haus" keine Regelung hinsichtlich der Frage entnommen werden, welche Partei die im Rahmen des Warentransports anfallenden Steuern, Zölle und anderen Abgaben zu tragen hat.
Haben die Vertragsparteien diesbezüglich nicht durch Beifügung der Klauselergänzungen „verzollt und versteuert" oder „unversteuert und unverzollt" eine ausdrückliche Regelung getroffen, dann ist, sofern auf das Vertragsverhältnis das CISG Anwendung findet, auf den im Rahmen des CISG entwickelten Grundsatz zurückzugreifen, wonach die Verpflichtung zur Tragung der anfallenden Abga-

---

239 Herber/Czerwenka, Art. 30, Rdnr. 9; MünchKomm-BGB-*Gruber*, Art. 31, Rdnr. 25; Piltz, Int. KaufR, § 4, Rdnr. 48; Schackmar, Rdnr. 535; Staudinger-*Magnus*, Art. 31, 30.

ben am Lieferort wechselt. Da sich bei Vereinbarung der Klausel „frei Haus", wie in Teil 5 dargstellt, der Lieferort an der Niederlassung des Käufers befindet, ist der Verkäufer demnach verpflichtet, alle während des Warentransports anfallenden Steuern, Zölle und anderen Abgaben zu tragen.

c) Incoterms 2000

Die Frage, welche Partei die bei Ausfuhr, Durchfuhr und Einfuhr der veräußerten Ware anfallenden Zölle, Steuern und anderen Abgaben tragen muss, wird bei den Klauseln der Incoterms 2000 unter den Ordnungspunkten A6 und B6 behandelt.

aa) EXW, DAF, DDP

Im Fall der Klausel EXW hat der Käufer alle beim Warentransport anfallenden Zölle, Steuern und anderen Abgaben zu tragen.[240] Vereinbaren die Vertragsparteien die Klausel DAF, trägt der Verkäufer die bei Ausfuhr und für die Durchfuhr bis zum benannten Grenzort anfallenden Zölle, Steuern und anderen Abgaben[241], der Käufer die Kosten für die Wareneinfuhr[242]. Im Fall der Klausel DDP hat der Verkäufer alle beim Transport der Ware zum vereinbarten Bestimmungsort anfallenden Zölle, Steuern und anderen Abgaben zu tragen.[243] Bei Vereinbarung einer der Klauseln EXW, DAF oder DDP stimmt der Ort, bis zu dem der Verkäufer bzw. ab dem der Käufer die anfallenden Zölle, Steuern und anderen Abgaben tragen muss, mit dem jeweiligen Lieferort der betreffenden Klauseln überein. Damit besteht eine inhaltliche Übereinstimmung mit dem im Rahmen des CISG entwickelten Grundsatz, wonach die Verpflichtung zur Tragung der anfallenden Zölle, Steuern und anderen Abgaben am Lieferort wechselt. Die Vereinbarung der Klauseln EXW, DAF und DDP in einem Vertrag, der den Bestimmungen des CISG unterliegt, führt damit hinsichtlich der Verteilung der anfallenden Zölle, Steuern und anderen Abgaben zu keiner Abweichung von dem im Rahmen des CISG entwickelten Grundsatz.

bb) F-Klauseln, C-Klauseln

Vereinbaren die Parteien eine F-Klausel oder eine C-Klausel, ist der Verkäufer verpflichtet, die bei Ausfuhr der veräußerten Ware anfallenden Zölle, Steuern

---

240 Vgl. EXW B6.
241 Vgl. DAF A6.
242 Vgl. DAF B6.
243 Vgl. DDP A6.

und anderen Abgaben zu tragen.[244] Der Käufer trägt die bei Durchfuhr und Einfuhr anfallenden Zölle, Steuern und anderen Abgaben.[245]
Vor diesem Hintergrund ergibt sich im Vergleich zur Rechtslage bei unveränderter Anwendung des CISG damit folgendes Bild: Wie zuvor dargestellt, ist bei alleiniger Anwendung des CISG der Lieferort der maßgebliche Anknüpfungspunkt für die Frage, welche Partei die anfallenden Zölle, Steuern und anderen Abgaben zu tragen hat. Bei den Klauseln FCA, CPT und CIP befindet sich der Lieferort am Ort der Warenübergabe an den Frachtführer.[246] Im Fall der Klauseln FAS, FOB, CFR und CIF befindet sich der Lieferort im Verschiffungshafen.[247] Liegt der Ort der Warenübergabe an den Frachtführer bzw. der Verschiffungshafen im Verkäuferstaat, passiert die Ware beim Transport zum Lieferort keine Außengrenze.
Nach dem im Rahmen des CISG entwickelten Grundsatz, wonach die Verpflichtung zur Tragung der anfallenden Zölle, Steuern und anderen Abgaben am Lieferort wechselt, ist der Verkäufer daher nicht verpflichtet, die Ausfuhrabgaben zu tragen. In dieser Fallkonstellation führt die Vereinbarung einer F- oder C-Klausel in einem Vertrag, auf den das CISG Anwendung findet, hinsichtlich der Verteilung der anfallenden Abgaben zu einer Mehrbelastung des Verkäufers.

Befindet sich der Ort der Warenübergabe an den Frachtführer bzw. der Verschiffungshafen hingegen in einem anderen Staat, ist der Verkäufer nach dem im Rahmen des CISG entwickelten Grundsatz verpflichtet, die bei der Ausfuhr der Ware aus dem Verkäuferstaat anfallenden Zölle, Steuern und anderen Abgaben zu tragen. In dieser Fallkonstellation besteht damit eine inhaltliche Übereinstimmung zwischen den diesbezüglichen Regelungen der F- bzw. C-Klauseln und der Rechtslage bei unveränderter Anwendung des CISG.

cc) DES, DEQ, DDU

Vereinbaren die Vertragsparteien eine der Klauseln DES, DEQ oder DDU, trägt der Verkäufer die bei Ausfuhr und für die Durchfuhr bis zum vereinbarten Be-

---

244 Vgl. F-Klauseln A6, C-Klauseln A6.

245 Vgl. F-Klauseln B6, C-Klauseln B6. Die Erläuterungen der C-Klauseln weisen zudem darauf hin, dass die bei der Durchfuhr anfallenden Zölle, Steuern und anderen Abgaben gegebenenfalls bereits in den Kosten des Beförderungsvertrages enthalten sein können, die bei Vereinbarung einer C-Klausel vom Verkäufer zu tragen sind.

246 Vgl. FCA A4, CPT A4, CIP A4.

247 Vgl. FAS A4, FOB A4, CFR A4, CIF A4.

stimmungsort anfallenden Zölle, Steuern und anderen Abgaben.[248] Die bei der Wareneinfuhr anfallenden Abgaben sind vom Käufer zu tragen.[249]
Vor diesem Hintergrund ergibt sich im Vergleich zur Rechtslage bei unveränderter Anwendung des CISG damit folgendes Bild: Im Fall der Klauseln DES, DEQ und DDU befindet sich der Lieferort im Bestimmungshafen bzw. am Bestimmungsort. Nach dem im Rahmen des CISG entwickelten Grundsatz hätte der Verkäufer demnach alle anfallenden Zölle, Steuern und anderen Abgaben zu tragen. Im Gegensatz dazu legen die Klauseln DES, DEQ und DDU dem Verkäufer nur die die bei Ausfuhr und Durchfuhr bis zum vereinbarten Bestimmungsort anfallenden Zölle, Steuern und anderen Abgaben auf.
Vereinbaren die Parteien die Klauseln DES, DEQ oder DDU in einem Vertrag, auf den das CISG Anwendung findet, führt dies damit hinsichtlich der Verteilung der anfallenden Zölle, Steuern und anderen Abgaben zu einer Entlastung des Verkäufers.

248 Vgl. DES A6, DEQ A6, DDU A6.
249 Vgl. DES B6, DEQ B6, DDU B6.

Teil 7: Zusammenfassung

Internationale Handelsklauseln sind ihrer Rechtsnatur nach als Parteivereinbarungen zu qualifizieren. Vereinbaren die Parteien eine internationale Handelsklausel in einem Vertrag, auf den das CISG Anwendung findet, stellt dies einen Fall materiellrechtlicher Parteiautonomie dar, durch den lediglich einzelne Bestimmungen des CISG verändert oder ausgeschlossen werden. Dabei ergibt sich aus dem im Rahmen des CISG geltenden Grundsatz des Vorrangs individueller Parteiabreden, dass die mit der Vereinbarung einer Handelsklausel getroffenen Regelungen grundsätzlich vorgehen gegenüber den Bestimmungen des CISG.

Bei der Auslegung internationaler Handelsklauseln ist zu differenzieren zwischen unvereinheitlichten Handelsklauseln und solchen, die in einem vereinheitlichten Klauselkatalog enthalten sind. Wird eine unvereinheitlichte Handelsklausel in einem Vertrag vereinbart, auf den das CISG Anwendung findet, erfolgt die Auslegung nach Art. 8 CISG. Dabei sind über Art. 9 CISG insbesondere auch etwaige interpretierende Handelsbräuche zu berücksichtigen. Vereinbaren die Parteien eine vereinheitlichte Handelsklausel, ist für die Auslegung auf den jeweiligen Klauselkatalog zurückzugreifen, in dem die vereinbarte Handelsklausel verzeichnet ist, sofern die Parteien ausdrücklich oder stillschweigend die Anwendbarkeit dieses Klauselkatalogs erklärt haben.

Durch die Auswertung nationaler und internationaler Rechtsprechung sowie nationaler und internationaler Literatur wurde der Regelungsinhalt folgender Handelsklauseln ermittelt: „Franko/Frei… (benannter Bestimmungsort)“, „Frei Haus“, „Circa“, „Telle quelle“, „Fix“, „Prompt“, „Vorkasse“, „Netto Kasse“, „Kasse gegen Faktura“, „Lieferung gegen Nachnahme“, „Kasse gegen Dokumente“, „Dokumente gegen Akzept“, „Dokumente gegen Akkreditiv“, „Höhere Gewalt vorbehalten“. Aufgrund der besonderen Bedeutung, die den Incoterms im internationalen Handelsverkehr zukommt, wurden die 13 Klauseln dieses vereinheitlichten Klauselwerks in die Untersuchung einbezogen und ihr Regelungsinhalt und ihr systematische Aufbau erläutert.
Die Vereinbarung einer der vorstehenden unvereinheitlichten Handelsklauseln oder einer Klausel der Incoterms 2000 in einem Vertrag, auf den das CISG Anwendung findet, wirkt sich hinsichtlich Umfang und Intensität sehr unterschiedlich aus. Während aus der Vereinbarung einiger Klauseln insbesondere eine

Konkretisierung der bereits nach den Regelungen des CISG bestehenden Vertragspflichten folgt, begründen andere Handelsklauseln neue zentrale Pflichten der Parteien – beispielhaft sei auf die Zahlungsklausel „Kasse gegen Akkreditiv" verwiesen, die den Käufer dazu verpflichtet, eine Bank mit der Stellung und Durchführung eines Dokumentenakkreditivs zu beauftragen – oder schließen nach den Bestimmungen des CISG bestehende Rechte der Vertragsparteien aus – beispielhaft sei insoweit verwiesen auf die Zahlungsklausel „Kasse gegen Dokumente", deren Vereinbarung zu einem Ausschluss des Untersuchungsrechts des Käufers aus Art. 58 Abs. 3 CISG führt.

Zur Auswahl einer geeigneten Handelsklausel und für die Beurteilung, ob eine bestimmte Handelsklausel für den Käufer oder den Verkäufer günstig ist, bedarf es einer genauen Kenntnis der Auswirkungen der Vereinbarung der betreffenden Klausel auf die Bestimmungen des dem Vertrag zugrunde liegenden Rechts. Die vorliegende Untersuchung zeigt die Auswirkung der Vereinbarung typischer internationaler Handelsklauseln in einem Vertrag, der den Bestimmungen des CISG unterliegt, und kann für diese Fälle damit eine Hilfestellung bei der Auswahl einer internationalen Handelsklausel sein.

Literaturverzeichnis

Achilles, Wilhelm-Albrecht	Kommentar zum UN-Kaufrechtsübereinkommen (CISG), Neuwied 2000, zit.: Achilles
Audit, Bernard	La vente internationale de marchandises – Convention des Nations Unies du 11 avril 1980, Paris 1990, zit.: Audit, Vente internationale
Aue, Joachim	Mängelgewährleistung im UN-Kaufrecht unter besonderer Berücksichtigung stillschweigender Zusicherungen, Frankfurt a.M. 1989, zit.: Aue, Mängelgewährleistung
Axmann, Peter	Preisfaktoren, Zahlungsbedingungen und Zahlungssicherung im Außenhandel, DB 1973, Beilage Nr. 8, S. 1–15, zit.: Axmann
Ballhaus, Werner (Hrsg.)	Das Bürgerliche Gesetzbuch – mit besonderer Berücksichtigung der Rechtssprechung des Reichsgerichts und des Bundesgerichtshofes, Band 2, 2. Teil, 12. Auflage, Berlin 1974, zit.: RGRK-*Bearbeiter*
Bamberger, Heinz Georg / Roth, Herbert	Kommentar zum Bürgerlichen Gesetzbuch, Band 1, München 2003, Band 3, München 2003, zit.: Bamberger/Roth-*Bearbeiter*
Basedow, Jürgen	Die INCOTERMS und der Container oder wie man kodifizierte Usancen reformiert, RabelsZ 43 (1979), S. 116–146, zit.: Basedow, Incoterms

Baumbach, Adolf / Hopt, Klaus J. / Merkt, Hanno	Handelsgesetzbuch, 32. Auflage, München 2006, zit.: Baumbach/Hopt/Merkt-*Bearbeiter*
Beater, Axel	Die Skontoabrede: Eine besondere Form des Zusammenspiels von Vorleistung und Gegenleistung, AcP 191 (1991), S. 346–363, zit.: Beater
Bellmer, Wilhelm	Die Klausel „Tel Quel", Hamburg, Univ., Diss. 1930, zit.: Bellmer, Tel Quel
Benfield, Marion W. / Hawkland, William D.	Sales – Cases and Materials, 4. Auflage, New York 2004, zit.: Benfield/Hawkland, Sales
Bernstorff, Christoph Graf v.	Rechtsprobleme im Auslandsgeschäft, 3. Auflage, Frankfurt a.M. 1992, zit.: Graf v. Bernstorff, Auslandsgeschäft
Bernstorff, Christoph Graf v.	Vertragsgestaltung im Auslandsgeschäft, 3. Auflage, Frankfurt a.M. 1994, zit.: Graf v. Bernstorff, Vertragsgestaltung
Bianca, Cesare Massimo / Bonell, Michael Joachim	Commentary on the International Sales Law, The 1980 Vienna Sales Convention, Milan 1987, zit.: Bianca/Bonell-*Barbeiter*
Böckstiegel, Karl-Heinz	Vertragsklauseln über nicht zu vertretende Risiken im internationalen Wirtschaftsverkehr, RIW 1984, S. 1–9, zit.: Böckstiegel
Bonell, Michael Joachim	Die Bedeutung der Handelsbräuche im Wiener Kaufrechtsübereinkommen von 1980, östJBl 1985, S. 385–394, zit.: Bonell, Handelsbräuche

Booysen, Hercules International Transactions and the International Law Merchant, Pretoria 1995,
zit.: Booysen, Law Merchant

Bredow, Jens INCOTERMS 2000, TranspR 1999, Beilage Nr. 4, S. 45–47,
zit.: Bredow, Incoterms 2000

Bredow, Jens / Bodo Seiffert Incoterms 2000 – Kommentar, Bonn 2000,
zit.: Bredow/Seiffert, Incoterms 2000

Bridge, Michael The International Sale of Goods, New York 1999,
zit.: Bridge, Sale of Goods

Brüggemann, Max Die Banktechnik des Auslandgeschäftes, 3. Auflage, Stuttgart 1969,
zit.: Brüggemann

Bund, Jennifer M. Force Majeure Clauses: Drafting Advice for the CISG Practitioner, 17 (1998) J.L. & Com., S. 381–413,
zit.: Bund, Force Majeure

Burger, G. Die Gestaltung der Zahlungsbedingungen im Ausfuhrgeschäft, AWD 1962, S. 305–308,
zit.: Burger

Calamari, John D. / Perillo, Joseph M. The Law of Contracts, 3. Auflage, St. Paul 1987,
zit.: Calamari/Perillo, Law of Contracts

Casel, Jean-Gabriel (Hrsg.) The Canadian Law and practice of international trade, 2. Auflage, Toronto 1997,
zit.: Casel, International Trade

Czerwenka, Beate Rechtsanwendungsprobleme im internationalen Kaufrecht, Berlin 1988,
zit.: Czerwenka

D'Arcy, Leo / Murray, Carole / Cleave, Barbara Schmitthoff's Export Trade – the law and practice of international trade, 10. Auflage, London 2000,
zit.: D'Arcy/Murray/Cleave, Int. Trade

Dasser, Felix Internationale Schiedsgerichte und lex mercatoria – Rechtsvergleichender Beitrag zur Diskussion über ein nicht-staatliches Handelsrecht, Zürich 1989,
zit.: Dasser

Dauses, Manfred Die rechtliche Bedeutung der kaufmännischen Rechnung, DB 1972, S. 2145–2151,
zit.: Dauses

Day, D. Michael The Law of International Trade, London 1981,
zit.: Day, Int. Trade

Deckert, Martina R. Der Vertrag im internationalen Handelsverkehr, JURA 1997, S. 288–297,
zit.: Deckert, Int. Handelsverkehr

Deutscher Wirtschaftsdienst Die Klausel tel quell, Köln 1953,
zit.: Dt. Wirtschaftsdienst, tel quel

DiMatteo, Larry A. The Law of International Contracting, Den Haag 2000,
zit.: DiMatteo, Int. Contracting

Dobson, Paul / Schmitthoff, Clive Maximillian Business Law, 15. Auflage, London 1991,
zit.: Dobson/Schmitthoff, Business Law

Döser, Wulf Heinrich Einführung in die Gestaltung internationaler Wirtschaftsverträge, JuS 2000, S. 246–254,
zit.: Döser, Int. Wirtschaftsverträge

Döser, Wulf Heinrich Vertragsgestaltung im internationalen Wirtschaftsrecht, München 2001,
zit.: Döser, Vertragsgestaltung

Ebenroth, Carsten Thomas / Bader, Tom O. Vertragliche Vorsorge gegen Ereignisse höherer Gewalt im Wirtschaftsverkehr mit sozialistischen Staaten am Beispiel der UdSSR, ROW 1990, S. 353–360,
zit.: Ebenroth/Bader

Eberth, Rolf Die deutsche Rechtsprechung zum Dokumenten-Akkreditiv von 1970 bis 1976, AWD 1977, S. 522–528,
zit.: Eberth, Dokumentenakkreditiv

Eisemann, Frédéric Die „Incoterms" – zur Klauselpraxis des internationalen Warenhandels, Wien 1976,
zit.: Eisemann, Incoterms

Eisemann, Frédéric Die Incoterms im internationalen Warenkaufrecht – Wesen und Geltungsgrund, Mainz, Univ., Diss. 1966,
zit.: Eisemann, Wesen und Geltungsgrund

Elsaesser, Martin Zur Auslegung handelsüblicher Vertragsformeln – Bemerkung zum Urteil des Oberlandesgerichts München vom 19.12.1957, AWD 1958, S. 166–167,
zit.: Elsaesser

Enderlein, Fritz / Maskow, Dietrich / Strohbach, Heinz Internationales Kaufrecht, Berlin 1991,
zit.: Enderlein/Maskow/Strohbach-*Bearbeiter*

Ensthaler, Jürgen (Hrsg.) Gemeinschaftskommentar zum Handelsgesetzbuch, 6. Auflage, Neuwied 1999,
zit.: GK-*Bearbeiter*

Erman, Walter Bürgerliches Gesetzbuch, Band 1, Westermann, Harm Peter (Hrsg.), 11. Auflage, Köln 2004,
zit.: Erman-*Bearbeiter*

Esser, Michael J. Die letzte Glocke zum Geleit – Kaufmännisches Bestätigungsschreiben im Internationalen Handel, ZfRvgl. 29 (1988), S. 167–193, zit.: Esser, Internationaler Handel

Farnsworth, E. Allan Cases and Materials on Commercial Papers, New York 1968, zit.: Farnsworth, Commercial Papers

Ferrari, Franco Zum vertraglichen Ausschluss des UN-Kaufrechts, ZEuP 2002, S. 737–746, zit.: Ferrari, Vertraglicher Ausschluss

Ficker, Hans G. Incoterms 1953, RabelsZ 21 (1956), S. 364–368, zit.: Ficker, Incoterms

Finke, Karin Die Bedeutung der internationalen Handelsklauseln für den Gefahrübergang nach deutschem und US-amerikanischem Recht, Frankfurt a.M. 1984, zit.: Finke

Fogt, Morten M. Die Vereinbarung und Auslegung von FRANCO-Lieferklauseln beim CISG-Kauf, EurLF 2003, S. 61–70, zit.: Fogt, Franco-Klauseln

Fountoulakis, Christiana Anmerkung zu Kantonsgericht Zug, Urteil vom 11.12.2003, IHR 2005, S. 122–124, zit.: Fountoulakis

Fremuth, Fritz Anmerkung zu OLG Düsseldorf, Urteil v. 17.11.2004, TranspR 2005, S. 211–212, zit.: Fremuth

Gaus, Werner Die praktische Bedeutung des UN-Kaufrechts für die Vertragsgestaltung und Abwicklung von internationalen Handelskäufen, WiB 1995, S. 273–279, zit.: Gaus, UN-Kaufrecht

Gesang, Jochen Force-majeure und ähnliche Entlastungsgründe im Rahmen der Lieferungsverträge von Gattungsware, Athenäum 1980,
zit.: Gesang, Force Majeure

Gillette, Clayton P. / Walt, Steven D. Sales Law – Domestic and International, New York 2002,
zit.: Gillette/Walt, Sales Law

Goecke, Klaus Der internationale Warenkauf, MDR 2000, S. 63–68,
zit.: Goecke, Internationaler Warenkauf

Grimm, Walter Anmerkung zu OLG Hamburg, Urteil v. 24.11.1961, AWD 1962, S. 53–54,
zit.: Grimm

Guest, Anthony Gordon (Hrsg.) Benjamin's Sale of Goods, 4. Auflage, London 1992,
zit.: Guest, Sale of Goods

Haage, Hans Das Abladegschäft, 4. Auflage, Hamburg 1958,
zit.: Haage, Abladegeschäft

Häberle, Siegfried Georg Handbuch für Kaufrecht, Rechtsdurchsetzung und Zahlungssicherung im Außenhandel, München 2002,
zit.: Häberle, Außenhandel

Heidelberger Kommentar Handelsgesetzbuch, 6. Auflage, München 2002,
zit.: Heidelberger-Kommentar-*Bearbeiter*

Heilmann, Jan Mängelgewährleistung im UN-Kaufrecht, Berlin 1994,
zit.: Heilmann, Mängelgewährleistung

Hellner, Thorwald / Schröter, Jürgen / Steuer, Stephan / Weber, Ahrend Bankrecht und Bankpraxis, Band 3, Auslandsgeschäft, Köln 1979,
zit.: Hellner/Schröter/Steuer/Weber-*Bearbeiter*

Hennemann, Marc Samuel AGB-Kontrolle im UN-Kaufrecht aus deutscher und französischer Sicht, Tübingen, Univ., Diss. 2001,
zit.: Hennemann, AGB

Herber, Rolf Das UN-Übereinkommen über internationale Kaufverträge, RIW 1980, S. 601–608,
zit.: Herber, CISG

Herber, Rolf Die Arbeit des Ausschusses der vereinten Nationen für internationals Handelsrecht (UNCITRAL), RIW 1974, S. 577–584,
zit.: Herber, UNCITRAL

Herber, Rolf / Czerwenka, Beate Internationales Kaufrecht – Kommentar zu dem Übereinkommen der Vereinten Nationen vom 11. April 1980 über Verträge über den internationalen Warenkauf, München 1991,
zit.: Herber/Czerwenka, UN-Kaufrecht

Heuzé, Vincent La vente internationale de marchandises – Droit uniforme, Paris 1992,
zit.: Heuzé, Droit uniforme

Heymann, Ernst / Horn, Norbert Handelsgesetzbuch, Band 4, 2. Auflage, Berlin 2005,
zit.: Heymann-*Bearbeiter*

Hiddemann, Hans Joachim Die Rechtsprechung des Bundesgerichtshofs zum Kaufrecht, WM 1977, S. 1242–1255,
zit.: Hiddemann

Hinkelman, Edward G. Internationale Zahlungen vereinbaren und abwickeln – vom dokumentären Auslandsgeschäft bis zum Internet, Köln 2000,
zit.: Hinkelman

Hoeren, Thomas / Florian, Ulrich Rechtsfragen des internationalen Dokumentenakkreditivs und -inkassos unter besonderer Berücksichtigung der ICC-Richtlinie vom 1.1.1996,

Berlin 1996,
zit.: Hoeren/Florian

Hoffmann v., Bernd Zur Auslegung von Formularbedingungen des internationalen Handelsverkehrs, RIW 1970, S. 247–253,
zit.: Hoffmann, Int. Handelsverkehr

Holl, Volker H. / Keßler, Oliver „Selbstgeschaffenes Recht der Wirtschaft" und Einheitsrecht – Die Stellung der Handelsbräuche und Gepflogenheiten im Wiener UN-Kaufrecht, RIW 1995, S. 457–460,
zit.: Holl/Keßler, Handelsbräuche

Hondius, Ewoud Kaufen ohne Risiko: der europäische Richtlinienentwurf zum Verbraucherkauf und zur Verbrauchergarantie, ZEuP 1997, S. 130–140,
zit.: Hondius

Honsell, Heinrich (Hrsg.) Kommentar zum UN-Kaufrecht, Berlin 1997,
zit.: Honsell-*Bearbeiter*

Hooper, Gloria The Law of International Trade in a Nutshell, London 1970,
zit.: Hooper, International Trade

Houtte van, Hans The Law of International Trade, London 1995,
zit.: v. Houtte, Int. Trade

Hoyningen-Huene v., Gerrick Der Handelskauf, JURA 1982, S. 8–18,
zit.: v. Hoyningen-Huene

Huber, Edgar / Schäfer, Hanspeter Dokumentengeschäft und Zahlungsverkehr im Außenhandel, 3. Auflage, Frankfurt a.M. 1995,
zit.: Huber/Schäfer

Huber, Peter / Kröll, Stefan Deutsche Rechtsprechung zum UN-Kaufrecht in den Jahren 2001/2002, IPRax 2003, S. 309–317.
zit.: Huber/Kröll, UN-Kaufrecht

Hüffer, Uwe
Rechtsfragen des Handelskaufs (2. Teil), JA 1981, S. 143–151,
zit.: Hüffer, Handelskauf

Janert, Ingo
Die Aufrechnung im internationalen Vertragsrecht, Frankfurt a.M. 2002,
zit.: Janert, Aufrechnung

Jung, Christian
Das Ende des Nachnahmeversands?, NJW 1999, S. 2950–2951,
zit.: Jung

Karollus, Martin
Anmerkung zu OHG Urteil vom 12. Februar 1998, östJbl. 121 (1999), S. 56–60,
zit.: Karollus, Anmerkung

Karollus, Martin
UN-Kaufrecht – eine systematische Darstellung für Studium und Praxis, Wien 1991,
zit.: Karollus, UN-Kaufrecht

Keil, Andreas
Die Haftungsbefreiung des Schuldners im UN-Kaufrecht im Vergleich mit dem deutschen und US-amerikanischen Recht, Frankfurt a.M. 1993,
zit.: Keil, Haftungsbefreiung

Kemmer, Helmut T. / Rädlinger, Karl
Technik der Außenhandelsfinanzierung, 4. Auflage, Frankfurt a.M. 1979,
zit.: Kemmer/Rädlinger

Koch, Harald / Magnus, Ulrich / Winkler v. Mohrenfels, Peter
IPR und Rechtsvergleichung, 3. Auflage, München 2004,
zit.: Koch/Magnus/Winkler v. Mohrenfels

Koch, Robert
Wider den formularmäßigen Ausschluss des UN-Kaufrechts, NJW 2000, S. 910–915,
zit.: Koch, UN-Kaufrecht

Kock, Annette
Nebenpflichten im UN-Kaufrecht, Hamburg, Univ., Diss. 1995,
zit.: Kock, UN-Kaufrecht

Koller, Ingo	Bedeutung der Klausel „cash against documents“ (Kasse gegen Dokumente) im internationalen Handelsverkehr, IPRax 1990, S. 301–303, zit.: Koller, „cash against documents“
Koller, Ingo / Roth, Wulf-Henning / Morck, Winfried	Handelsgesetzbuch, 5. Auflage, München 2005, zit.: Koller/Roth/Morck-*Bearbeiter*
Kolter, Martin	Zur rechtlichen Einordnung typischer Handelsklauseln unter besonderer Berücksichtigung des EAG, EKG und UN-Kaufrechts, Marburg, Univ., Diss. 1991, zit.: Kolter, Handelsklauseln
Kropholler, Jan	Internationales Privatrecht, 5. Auflage, Tübingen 2004, zit.: Kropholler
Lautenbach, Boris R.	Die Haftungsbefreiung im internationalen Warenkauf nach dem UN-Kaufrecht und dem schweizerischen Kaufrecht, Zürich, Univ., Diss. 1990, zit.: Lautenbach, Haftungsbefereiung
Lebuhn, Jürgen	Zur Auslegung der Zahlungsklausel „cash against documents“, IPRax 1989, S. 87–89, zit.: Lebuhn, Zahlungsklausel
Lebuhn, Jürgen	Zur Bedeutung der Klausel „c.o.d.“, IPRax 1986, S. 19–19, zit.: Lebuhn, Cash on delivery
Lehr, Wolfgang	Die neuen Incoterms 2000, VersR 2000, S. 548–557, zit.: Lehr, Incoterms 2000
Leistritz, Hans Carl	Kleines Klausel Lexikon: die Kaufmannsklauseln für Offerte, Vertragsabschluss, Zahlung, Zielvereinbarung, Termin, Gewicht, Qualität,

Fracht, Skonto im Binnen- und Außenhandel, Frankfurt a.M. 1958,
zit.: Leistritz, Kleines Klausellexikon

Liesecke, Rudolf Die neuere Rechtsprechung, insbesondere des Bundesgerichtshofes, auf dem Gebiet des Überseekaufs, WM 1966, S. 174–183,
zit.: Liesecke, Überseekauf

Liesecke, Rudolf Die neurer Rechtsprechung, insbesondere des Bundesgerichtshofes, zum Dokumentenakkreditiv WM 1966, S. 458–470,
zit.: Liesecke, Dokumentenakkreditiv

Liesecke, Rudolf Die typischen Klauseln des internationalen Handelsverkehrs in der neuern Praxis, WM 1978, Sonderbeilage Nr. 15, S. 1–47,
zit.: Liesecke, Int. Handelsklauseln

Liesecke, Rudolf Neuere Theorie und Praxis des Dokumentenakkreditivs, WM 1976, S. 258–269,
zit.: Liesecke, Theorie und Praxis

Limbach, Jutta Die Feststellung von Handelsbräuchen, in: Festschrift für Ernst E. Hirsch, S. 77–98, Berlin 1968,
zit.: Limbach, Handelsbräuche

Lowe, Robert Commercial Law, 4. Auflage, London 1973,
zit.: Lowe, Commercial Law

Lurger, Brigitta Die wesentliche Vertragsverletzung nach Art. 25 CISG, IHR 2001, S. 91–102,
zit.: Lurger

Magnus, Ulrich Das UN-Kaufrecht – aktuelle Entwicklungen und Rechtsprechungspraxis, ZEuP 2002, S. 523–541,
zit.: Magnus, UN-Kaufrecht 2002

Magnus, Ulrich Das UN-Kaufrecht: Fragen und Probleme seiner praktischen Bewährung, ZEuP 1997, S. 823–846,
zit.: Magnus, Fragen und Probleme

Magnus, Ulrich Die allgemeinen Grundsätze im UN-Kaufrecht, RabelsZ 59 (1995), S. 469–494,
Magnus, allgem. Grundsätze

Magnus, Ulrich Internationale Aufrechnung, in: Leible, Stefan (Hrsg.), Das Grünbuch zum Internationalen Vertragsrecht, München 2004, S. 209–233,
zit.: Magnus, Aufrechnung

Magnus, Ulrich Stand und Entwicklung des UN-Kaufrechts, ZEuP 1995, S. 202–215,
zit.: Magnus, Stand und Entwicklung

Magnus, Ulrich Wesentliche Fragen des UN-Kaufrechts, ZEuP 1999, S. 642–662,
zit.: Magnus, wesentliche Fragen

Meyer, Justus UN-Kaufrecht in der deutschen Anwaltspraxis, RabelsZ 69 (2005), S. 457–496,
zit.: Meyer, UN-Kaufrecht

Meyer, Wilhelm Klauseln beim Handelskauf, Erlangen, Univ., Diss. 1928,
zit.: Meyer, Handelsklauseln

Mindach, Christel Vertragsabschluß nach dem neuen russischen Zivilrecht, ROW 1995, S. 159–164,
zit.: Mindach, Neues Russisches Zivilrecht

Mühlhaupt, L. Begriff und Wesen des Barzahlungsskontos, DB 1963, S. 921–923,
zit.: Mühlhaupt

Münchener Kommentar Kommentar zum Bürgerlichen Gesetzbuch, Band 3, Krüger, Wolfgang / Westerman, Harm Peter (Hrsg.), 4. Auflage, München 2004, zit.: MünchKomm-BGB-*Bearbeiter*

Münchener Kommentar Kommentar zum Handelsgesetzbuch, Band 5, Schmidt, Karsten (Hrsg.), München 2001, Band 6, Schmid, Karsten (Hrsg.), München 2004, zit.: MünchKomm-HGB-*Bearbeiter*

Najork, Eike Nikolai Treu und Glauben im CISG, Köln, Univ., Diss. 2000, zit.: Najork

Neumayer, Karl H. / Ming, Catherine Convention de Vienne sur les contrats de vente internationale de marchandises, Lausanne 1993, zit.: Neumayer/Ming

Nielsen, Jens Auswirkungen der Transportrechtsreform auf die Andienungsfähigkeit von Transportdokumenten bei der Im- und Exportfinanzierung, TranspR 1999, S. 424–432, zit.: Nielsen, Transportdokumente

Nolting, Ekkehard Hoheitliche Eingriffe als Force Majeure bei internationalen Wirtschaftsverträgen mit Staatsunternehmen, RIW 1988, 511–521, zit.: Nolting, Force Majeure

Ohling, Jochen Handbuch Export – Import – Spedition, 10. Auflage, Wiesbaden 1986, zit.: Ohling

Otto, Dirk Produkthaftung im UN-Kaufrecht, MDR 1992, S. 533–538, zit.: Otto, UN-Kaufrecht

Palandt Bürgerliches Gesetzbuch, 64. Auflage, München 2005,
zit.: Palandt-*Bearbeiter*

Paulusch, Bernd-A. Die Rechtsprechung des Bundesgerichtshofs zum Kaufrecht, WM 1991, Sonderbeilage Nr. 9, S. 1–48,
zit.: Paulusch, Rechtsprechungsreport 1991

Pfeiffer, Thomas (Hrsg.) Handbuch der Handelsgeschäfte, Köln 1999,
zit.: Pfeiffer-*Bearbeiter*

Piltz, Burghard Gestaltung von Exportverträgen, RIW 1999, S. 897–902,
zit.: Piltz, Exportverträge

Piltz, Burghard INCOTERMS 2000 – ein Praxisüberblick, RIW 2000, S. 485–489,
zit.: Piltz, Incoterms 2000

Piltz, Burghard Internationales Kaufrecht, NJW 1989, S. 615–621,
zit.: Piltz, Int. KaufR

Piltz, Burghard Internationales Kaufrecht, München 1993,
zit.: Piltz, UN-KaufR

Piltz, Burghard Neue Entwicklungen im UN-Kaufrecht, NJW 2000, S. 553–560,
zit.: Piltz, Neue Entwicklungen 2000

Piltz, Burghard Neue Entwicklungen im UN-Kaufrecht, NJW 2003, S. 2056–2063,
zit.: Piltz, Neue Entwicklungen 2003

Piltz, Burghard UN-Kaufrecht – Gestaltung von Export- und Importverträgen, 3. Auflage, Heidelberg 2001,
zit.: Piltz, Vertragsgestaltung

Posch, Willibald Pflichten des Käufers, Rechtsbehelfe des Verkäufers, Gefahrübergang und Schadensersatz, in: Doralt, Peter (Hrsg.), Das UNCITRAL – Kaufrecht im Vergleich zum österreichischen Recht, S. 152–183, Wien 1985,
zit.: Posch

Posch, Willibald/ Petz, Thomas Austrian Cases on the UN Convention on Contracts for the International Sale of Goods (CISG), VJ 2002, Sonderheft 1, S. 1–24,
zit.: Posch/Petz, Austrian Cases on CISG

Pottschmidt, Günter / Rohr, Ulrich Privatrecht für den Kaufmann, 10. Auflage, München 1994,
zit.: Pottschmidt/Rohr

Quittnat, Joachim Das Recht der Außenhandelsverträge, Heidelberg 1988,
zit.: Quittnat

Rabel, Ernst Rapport sur le droit compare en matière de vente par l'«Institut für Ausländisches und Internationales Privatrecht» de Berlin, in: Leser, Hans Georg (Hrsg.), Ernst Rabel gesammelte Aufsätze, Band 3, Tübingen 1967, S. 381–484,
zit.: Rabel, Rapport

Ramberg, Jan ICC Guide to Incoterms 2000, Paris 1999,
zit.: Ramberg, Incoterms 2000

Rathjen, Peter Haftungsentlastung des Verkäufers oder Käufers nach Art. 79, 80 CISG, RIW 1999, S. 561–565,
zit.: Rathjen, Haftungsentlastung

Reinhart, Gert UN-Kaufrecht – Kommentar, Heidelberg 1991,
zit.: Reinhart

Reithmann, Christoph / Martiny, Dieter Internationales Vertragsrecht, 6. Auflage, Köln 2004,
zit.: Reithmann/Martiny-*Bearbeiter*

Renck, Andreas W. — Der Einfluß der Incoterms 1990 auf das UN-Kaufrecht, Hamburg, Univ., Diss. 1995,
zit.: Renck, Incoterms

Riese, Otto — Die Haager Konferenz über die internationale Vereinheitlichung des Kaufrechts vom 2. bis 25. April 1964, RabelsZ 29 (1965), S. 1–223,
zit.: Riese, Haager Konferenz

Röhricht, Volker / Westphalen, Friedrich Graf v. — Handelsgesetzbuch, 2. Auflage, Köln 2001.
zit.: Röhricht/Graf v. Westphalen-*Bearbeiter*

Ross, Lester — Force Majeure and Related Doctrines of Excuse in Contract Law of the People's Republic of China, 5 (1991) J. Chinese L., S. 58–106,
zit.: Ross, Force Majeure

Rudolph, Helga — Kaufrecht der Export- und Importverträge – Kommentierung des UN-Übereinkommens über internationale Warenkaufverträge mit Hinweisen für die Vertragspraxis, Freiburg 1996,
zit.: Rudolph

Sassoon, David M. — C.I.F. and F.O.B. Contracts, 2. Auflage, London 1975,
zit.: Sassoon, Contracts

Schackmar, Rainer — Die Lieferpflicht des Verkäufers in internationalen Kaufverträgen, Bielefeld, Univ., Diss. 1999,
zit.: Schackmar, Lieferpflicht

Schinnerer, Erich — Um ein Rechts des Internationalen Handels, ZfRV 1968, S. 185–213,
zit.: Schinnerer, Int. Handel

Schlechtriem, Peter — Bemerkungen zur Geschichte des Einheitskaufrechts, in: Einheitliches Kaufrecht und nationales Obligationenrecht, Baden-Baden 1987, Schlechtriem, Peter (Hrsg.)

zit: Schlechtriem, Geschichte des Einheitskaufrechts

Schlechtriem, Peter Einheitliches UN-Kaufrecht, JZ 1988, 1037–1048,
zit.: Schlechtriem, Einheitliches UN-Kaufrecht

Schlechtriem, Peter Einleitung zur Online-Konferenz "UN-Kaufrecht – 20 Jahre" (11. und 26. April 2000), http://www.20jahre.cisg-library.org/schlechtriem.html.
zit.: Schlechtriem, Einleitung

Schlechtriem, Peter International Einheitliches Kaufrecht und neues Schuldrecht, in: Dauner-Lieb/Konzen/Schmidt (Hrsg.), Das neue Schuldrecht in der Praxis, Köln 2002, S. 71–86,
zit.: Schlechtriem, Neues Schuldrecht

Schlechtriem, Peter Internationales UN-Kaufrecht, 3. Auflage, Tübingen 2005.
zit.: Schlechtriem, Int. UN-KaufR

Schlechtriem, Peter Noch einmal: Vertragsgemäße Beschaffenheit der Ware bei divergierenden öffentlich-rechtlichen Qualitätsvorgaben, IPRax 2001, S. 161–163,
zit.: Schlechtriem, Beschaffenheit

Schlechtriem, Peter Verbraucherkaufverträge – ein neuer Richtlinienentwurf, JZ 1997, S. 441–446,
zit.: Schlechtriem, Verbraucherkaufverträge

Schlechtriem, Peter / Schwenzer, Ingeborg Kommentar zum Einheitlichen UN-Kaufrecht, 4. Auflage, München 2004,
zit.: Schlechtriem/Schwenzer-*Bearbeiter*

Schlegelberger, Franz Handelsgesetzbuch,
Band 4, Geßler, Ernst (Hrsg.), 5. Auflage,

München 1976,
zit.: Schlegelberger-*Bearbeiter*

Schmidt, Karsten Handelsrecht, 5. Auflage, Köln 1999,
zit.: Schmidt, Handelsrecht

Schmidt-Kessel, Martin Einbeziehung von Allgemeinen Geschäftsbedingungen unter UN-Kaufrecht, NJW 2002, S. 3444–3446,
zit.: Schmidt-Kessel, AGB

Schneider, Hartmut Incoterms 1990, RIW 1991, S. 89–96,
zit.: Schneider, Incoterms

Schüssler, Christoph M. Die Incoterms – Internationale Regeln für die Auslegung der handelsüblichen Vertragsformeln, DB 1986, S. 1161–1166,
zit.: Schüssler, Incoterms

Schütze, Rolf A. Das Dokumentenakkreditiv im internationalen Handelsverkehr, 5. Auflage, Heidelberg 1999,
zit.: Schütze

Soergel, Hans Theodor Bürgerliches Gesetzbuch,
Band 3, Mertens, Hans-Joachim (Hrsg.),
12. Auflage, Stuttgart 1991, Band 13, Stein, Ursula (Hrsg.), 13. Auflage, Stuttgart 2000,
zit.: Soergel-*Bearbeiter*

Sonnenberger, Hans Jürgen / Dammann, Reinhard Französisches Handels- und Wirtschaftsrecht, 2. Auflage, Heidelberg 1991,
zit.: Sonnenberger/Dammann, Franz. HandelsR

Sprengel, Erich Die Franko-Klauseln beim Handelskauf, Hamburg, Univ., Diss. 1928,
zit.: Sprengel

Stadie, Volker / Nietzer, Wolf M. CISG – Das UN-Kaufrecht in der Anwaltspraxis, MDR 2002, S. 428–433,
zit.: Stadie/Nietzer, Int. Vertragsrecht

Stapel, Babett

Die einheitlichen Richtlinien und Gebräuche für Dokumentenakkreditive der Internationalen Handelskammer in der Fassung von 1993 – Vergleichende Darstellung ihrer Anwendung in Deutschland, Großbritannien, Kanada und den Vereinigten Staaten von Amerika, Neuwied 1998,
zit.: Stapel

Staub, Hermann

Handelsgesetzbuch: Großkommentar,
Band 3, 1. Halbbd., Brüggemann, Dieter (Hrsg.), Berlin 1978, Band 3, 3. Halbbd., Canaris, Claus-Wilhelm (Hrsg.), 2. Auflage, Berlin 1981, Band 4, Canaris, Claus-Wilhelm (Hrsg.), 4. Auflage, Berlin 2004,
zit.: Großkommentar-*Bearbeiter*

Staudinger, Julius von

Kommentar zum Bürgerlichen Gesetzbuch mit Einführungsgesetz und Nebengesetzen,
Buch 2: §§ 433 – 487, Martinek, Michael (Hrsg.), Berlin 2004,
Wiener UN-Kaufrecht (CISG), Magnus, Ulrich (Bearb.), Berlin 2005,
zit.: Staudinger-*Bearbeiter*

Steimel, Christof

Die Einwirkung von Kriegen und Krisen auf Verträge, Frankfurt a.M. 1084,
zit.: Steimel

Stoll, Hans

Internationalprivatrechtliche Fragen bei der landesrechtlichen Ergänzung des Einheitlichen Kaufrechts, in: Heldrich, Andreas (Hrsg.) Festschrift für Murad Ferid, Farnkfurt a.M. 1988, S. 495–518,
zit.: Stoll, Internationalprivatrechtliche Fragen

Stoll, Hans

Regelungslücken im Einheitlichen Kaufrecht und IPR, IPRax 1993, S. 75–79,
zit.: Stoll, Regelungslücken

Tesmar v., Heino Zahlungsbedingungen und Zahlungsrisiko beim Vertrieb von Industrieanlagen, Berlin Univ., Diss. 1964,
zit.: v. Tesmar

Thamm, Manfred Der Inhalt der „circa“-Klausel, DB 1982, S. 417–419,
zit.: Thamm, Circa-Klausel

Thiele, Clemens Anmerkung zu OGH, Urteil vom 29.06.1999, IHR 1999, S. 50–51,
zit.: Thiele

Timmermann, Franz Hubert INCOTERMS 1990, Hamburg 1992,
zit.: Timmermann, Incoterms

Todd, Paul Cases and materials on international trade law, London 2003,
zit.: Todd, International Trade Law

Treitel, Guenter H. Frustration and Force Majeure, London 1994,
zit.: Treitel, Force Majeure

Treitel, Guenter H. The Law of Contract, 11. Auflage, London 2003,
zit.: Treitel, Contract Law

Trnka, Jan-Peter Zur Bedeutung des UN-Kaufrechts für den deutsch-tschechischen Warenverkehr, WiRO 2003, S. 331–337,
zit.: Trnka, UN-Kaufrecht

UNCITRAL (Hrsg.) Analysis of replies and comments by governments on the Hague Conventions of 1964, in: Yearbook of the United Nations Commission on International Trade Law, 1970, Volume I, S. 159–176,
zit.: UNCITRAL-Yearbook

Westermann, Harm Peter Zum Anwendungsbereich des UN-Kaufrechts bei internationalen Kaufverträgen, DZWiR 1995, S. 1–10,
zit.: Westermann, UN-KaufR

Westphalen, Friedrich Graf v. Rechtsprobleme der Exportfinanzierung, 3. Auflage, Heidelberg 1987,
zit.: Graf v. Westphalen, Exportfinanzierung

Witz, Wolfgang / Salger, Hanns-Christian / Lorenz, Manuel International Einheitliches Kaufrecht – Praktiker-Kommentar und Vertragsgestaltung zum CISG, Heidelberg 2000,
zit.: Witz/Salger/Lorenz-*Bearbeiter*

Wörlen, Rainer / Metzler-Müller, Karin Handelsklauseln im nationalen und internationalen Warenverkehr, Boorberg 1997,
zit.: Wörlen/Metzler-Müller, Handelsklauseln

Wörlen, Rainer / Metzler-Müller, Karin Handelsrecht mit Gesellschaftsrecht, 6. Auflage, München 2003,
zit.: Wörlen/Metzler-Müller, Handelsrecht

Zwernemann, Dieter / Sutorius, Claudia Die Schuldrechtsreform, Auswirkungen für den Außenhandel, Berlin 2002,
zit.: Zwernemann/Sutorius

Rechtsprechungsverzeichnis

Belgien

Rb van Koophandel Hasselt, Urteil v. 02.06.1999, Az.: A.R. 1079/99, CISG-online Nr. 762.

Dänemark

Højesteret, Urteil v. 15.02.2001, CISG-online Nr. 601.

Deutschland

BGH, Urteil v. 05.10.2005, Az.: ZR 276/02, unveröffentlicht.
BGH, Urteil v. 24.03.1999, Az.: VIII ZR 121/98, BGHZ 141, 129.
BGH, Urteil v. 25.11.1998, Az.: VIII ZR 259/97, NJW 1999, 1259.
BGH, Urteil v. 08.07.1998, Az.: VIII ZR 1/98, BGHZ 139, 190.
BGH, Urteil v. 07.05.1997, Az.: VIII ZR 253/96, NJW 1997, 3164.
BGH, Urteil v. 05.03.1997, Az.: VIII ZR 118/96, BGHZ 135, 39.
BGH, Urteil v. 11.12.1996, Az.: VIII ZR 154/95, NJW 1997, 870 = BGHZ 134, 201.
BGH, Urteil v. 27.04.1995, Az.: X ZR 60/93, NJW-RR 1995, 936.
BGH, Urteil v. 08.02.1995, Az.: VIII ZR 159/94, NJW 1995, 2099.
BGH, Urteil v. 06.07.1994, Az.: XII ZR 136/93, NJW 1994, 2752.
BGH, Urteil v. 25.04.1991, Az.: III ZR 74/90, NJW 1991, 2638.
BGH, Urteil v. 17.01.1990, Az.: VIII ZR 292/88, BGHZ 110, 88.
BGH, Urteil v. 18.04.1989, Az.: X ZR 85/88, NJW-RR 1989, 1373.
BGH, Urteil v. 27.06.1988, Az.: II ZR 283/87, RIW 1988, 814.
BGH, Urteil v. 20.04.1988, Az.: VIII ZR 1/87, NJW 1988, 2608.
BGH, Urteil v. 03.03.1988, Az.: I ZR 33/86, WM 1988, 1134.
BGH, Urteil v. 16.03.1987, Az.: II ZR 127/86, BGHZ 101, 85.
BGH, Urteil v. 21.01.1987, Az.: VIII ZR 26/86, NJW 1987, 2435 = WM 1987, 503 = RIW 1987, 386 = IPRax 1989, 100.
BGH, Urteil v. 24.09.1986, Az.: VIII ZR 320/85, NJW 1987, 592.

BGH, Urteil v. 07.03.1985, Az.: I ZR 182/82, BGHZ 94, 71.
BGH, Urteil v. 19.09.1984, Az.: VIII ZR 108/83, NJW 1985, 550 = ZIP 1984, 1497.
BGH, Urteil v. 02.07.1984, Az.: II ZR 160/83, NJW 1985, 550.
BGH, Urteil v. 19.09.1983, Az.: VIII ZR 195/81, NJW 1984, 567.
BGH, Urteil v. 27.10.1982, Az.: VIII ZR 190/81, ZIP 1982, 1444.
BGH, Urteil v. 24.09.1981, Az.: IX ZR 93/80, NJW 1982, 96.
BGH, Urteil v. 07.11.1979, Az.: VIII ZR 223/78, NJW 1980, 449.
BGH, Urteil v. 18.12.1975, Az.: III ZR 103/73, NJW 1976, 852 = WM 1976, 331.
BGH, Urteil v. 18.06.1975, Az.: VIII ZR 34/74, RIW 1975, 578.
BGH, Urteil v. 21.03.1973, Az.: VIII ZR 228/71, BGHZ 60, 262.
BGH, Urteil v. 21.02.1973, Az.: VIII ZR 212/71, NJW 1973, 698.
BGH, Urteil v. 21.06.1972, Az.: VIII ZR 96/71, WM 1972, 1092.
BGH, Urteil v. 17.02.1971, Az.: VIII ZR 4/70, BGHZ 55, 340.
BGH, Urteil v. 23.03.1964, Az.: VIII ZR 287/62, BGHZ 41, 215 = WM 1964, 507.
BGH, Urteil v. 20.10.1960, Az.: II ZR 141/59, WM 1960, 1321.
BGH, Urteil v. 18.09.1958, Az.: VII ZR 170/57, BGHZ 28, 129 = JZ 1959, 361.
BGH, Urteil v. 22.01.1957, Az.: VIII ZR 72/56, BGHZ 23, 131.
BGH, Urteil v. 15.06.1954, Az.: I ZR 6/53, BGHZ 14, 61.
BGH, Urteil v. 18.12.1953, Az.: I ZR 109/52, NJW 1954, 385 = BB 1954, 116.
BGH, Urteil v. 07.10.1952, Az.: I ZR 11/52, BB 1952, 903.
BFH, Urteil v. 23.03.1999, Az.: VII R 16/98, RIW 1999, 544.
OLG Bremen, Urteil v. 21.12.1967, Az.: 2 U 127/67, NJW 1968, 1139.
OLG Dresden, Urteil v. 09.07.1998, Az.: 7 U 720/98, IHR 2001, 18.
OLG Düsseldorf, Urteil v. 17.11.2004, Az.: I–18 U 125/04, TranspR 2005, 209.
OLG Düsseldorf, Urteil v. 26.10.1999, Az.: 21 U 48/99, unveröffentlicht.
OLG Düsseldorf, Urteil v. 11.07.1996, Az.: 6 U 152/95, CISG-online Nr. 201.
OLG Düsseldorf, Urteil v. 04.05.1995, Az.: 6 U 12/94, NJW-RR 1996, 115.
OLG Düsseldorf, Urteil v. 10.02.1994, Az.: 6 U 119/93, NJW-RR, 506.
OLG Düsseldorf, Urteil v. 08.11.1990, Az.: 6 U 40/90, NJW-RR 1991, 679.
OLG Düsseldorf, Urteil v. 25.04.1973, Az.: 19 U 95/72, DB 1973, 2294.
OLG Frankfurt a.M., Urteil v. 17.09.1991, Az.: 5 U 164/90, NJW 1992, 633.
OLG Frankfurt a.M., Urteil v. 27.01.1989, Az.: 5 U 193/87, NJW-RR 1990, 101.
OLG Hamburg, Urteil v. 18.05.2001, Az.: 1 U 111/00, MDR 2001, 1306.
OLG Hamburg, Urteil v. 26.11.1999, Az.: 1 U 31/99; CISG-online Nr. 515.
OLG Hamburg, Urteil v. 05.10.1998, Az.: 12 U 62/97, IHR 1999, 37.
OLG Hamburg, Urteil v. 16.07.1987, Az.: 6 U 254/86, VersR 1987, 1008.
OLG Hamburg, Urteil v. 12.11.1985, Az.: 6 W 75/85, NJW-RR 1986, 118.

OLG Hamburg, Urteil v. 09.07.1980, Az.: 5 U 122/80, RIW 1981, 262.
OLG Hamburg, Urteil v. 02.09.1974, Az.: 8 U 189/73, MDR 1975, 845.
OLG Hamburg, Urteil v. 30.10.1952, Az.: 6 U 186/52, MDR 1953, 240.
OLG Hamm, Urteil v. 09.06.1995, Az.: 11 U 191/94, CISG-online Nr. 146.
OLG Hamm, Urteil v. 09.06.1995, Az.: 11 U 191/94, IPRax 1996, 269.
OLG Hamm, Urteil v. 22.02.1990, Az.: 18 U 96/89,unveröffentlicht.
OLG Karlsruhe, Urteil v. 06.05.2003, Az.: 12 U 26/03, unveröffentlicht.
OLG Karlsruhe, Urteil v. 19.12.2002, Az.: 19 U 8/02, IHR 2003, 125.
OLG Karlsruhe, Urteil v. 20.11.1992, Az.: 15 U 29/92, NJW-RR 1993, 1316.
OLG Karlsruhe, Urteil v. 05.04.1979, Az.: 4 U 114/78, WRP 1979, 571.
OLG Karlsruhe, Urteil v. 30.03.1979, Az.: 15 U 153/78, RIW 1979, 642.
OLG Koblenz, Urteil v. 04.10.2002, Az.: 8 U 1909/01, CISG-online Nr. 716.
OLG Koblenz, Urteil v. 17.09.1993, Az.: 2 U 1230/91, CISG-online Nr. 91.
OLG Koblenz, Urteil v. 07.07.1989, Az.: 2 U 1176/85, RIW 1989, 815.
OLG Köln, Urteil v. 16.07.2001, Az.: 16 U 22/01, IHR 2002, 66.
OLG Köln, Urteil v. 08.01.1997, Az.: 27 U 58/96, CISG-online-nr. 217.
OLG Köln, Urteil v. 17.09.1993, Az.: 2 U 1230/91, RIW 1994, 970.
OLG München, Urteil v. 02.03.1994, Az.: 7 U 4419/93, RIW 1994, 595.
OLG München, Urteil v. 16.02.1994, Az.: 7 U 5659/92, NJW-RR 1994, 886.
OLG München, Urteil v. 19.12.1957, Az.: 6 U 1548/57, NJW 1958, 426.
OLG Nürnberg, Urteil v. 18.04.1995, Az.: 3 U 114/95, NJW-RR 1995, 1437.
OLG Saarbrücken, Urteil v. 13.10.1999, Az.: 1 U 190/99 – 37, NJW 2000, 670.
OLG Stuttgart, Urteil v. 28.02.2000, Az.: 5 U 118/99, IHR 2001, 65.
OLG Stuttgart, Urteil v. 21.08.1995, Az.: 5 U 195/94, RIW 1995, 943.
OLG Zweibrücken, Urteil v. 31.03.1998, Az.: 8 U 46/97, CISG-online Nr. 481.
KG, Urteil v. 10.10.1959, Az.: 10 U 1141/59, NJW 1960, 632.
LG Aachen, Urteil v. 14.05.1993, Az.: 43 O 136/92, RIW 1993, 760.
LG Baden-Baden, Urteil v. 14.08.1991, Az.: O 113/90, RIW 1992, 62.
LG Berlin, Urteil v. 04.08.1977, Az.: 16 O 219/77, WRP 1977, 671.
LG Duisburg, Urteil v. 17.04.1996, Az.: 45 O 80/94, CISG-online Nr. 186.
LG Düsseldorf, Urteil v. 11.10.1995, Az.: 2 O 506/94, CISG-online Nr. 180.
LG Essen, Urteil v. 05.02.1999, Az.: 43 O 131/98, NJW-RR 2000, 503.
LG Hagen, Urteil v. 15.10.1997, Az.: 22 O 90/97, CISG-online Nr. 311.
LG Hamburg, Urteil v. 06.09.1965, 21 O 295/64, MDR 1966, 57.
LG Karlsruhe, Urteil v. 29.04.1992, Az.: O 7/91 KfH II, NJW-RR 1993, 311.
LG Landshut, Urteil v. 05.04.1995, Az.: 54 O 644/94, unveröffentlicht.
LG Mönchengladbach, Urteil v. 15.07.2003, Az.: 7 O 221/02, IHR 2003, 229.
LG München, Urteil v. 20.03.1995, Az.: 10 HKO 23750/94, IPRax 1996, 31.
LG Nürnberg-Fürth, Urteil v. 02.09.1998, Az.: 3 O 10351/96, VuR 1999, 94.

LG Nürnberg-Fürth, Urteil v. 24.10.1995, Az.: 5 HK O 3447/95, TranspR 1996, 290.
LG Nürnberg-Fürth, Urteil v. 22.12.1972, Az.: 11 S 322/72, BB 1973, 818.
LG Oldenburg, Urteil v. 15.02.1995, Az.: 12 O 2028/93, unveröffentlicht.
AG Duisburg, Urteil v. 13.04.2000, Az.: 49 C 502/00, CISG-online Nr. 659 = IHR 2001, 114.
AG Gütersloh, Urteil v. 11.02.1982, Az.: 4 C 488/81, TranspR 1982, 18.
AG München, Urteil v. 23.06.1995, Az.: 271 C 18968/94, CISG-online Nr. 368.
RG, Urteil v. 21.04.1931, Az.: II 241/30, RGZ 132, 305.
RG, Urteil v. 10.01.1922, Az.: II 299/21, RGZ 103, 376.
RG, Urteil v. 30.06.1908, Az.: II 27/08, RGZ 69, 125.

Frankreich

Cour de Cassation, Urteil v. 07.01.2004, Az.: 01–02572, www.legifrance.gouv.fr.
Cour de Cassation, Urteil v. 20.03.2001, Az.: 98–23053, www.legifrance.gouv.fr.
Cour de Cassation, Urteil v. 05.12.2000, Az.: 97–18045, www.legifrance.gouv.fr.
Cour de Cassation, Urteil v. 27.10.1998, Az.: 96–20158, www.legifrance.gouv.fr.
Cour de Cassation, Urteil v. 23.06.1998, Az.: 96–17171, www.legifrance.gouv.fr.
Cour de Cassation, Urteil v. 17.12.1996, Az.: Y 95–20.273, CISG-online Nr. 220.
Cour de Cassation, Urteil v. 09.04.1996, Az.: 94–20407, www.legifrance.gouv.fr.
Cour de Cassation, Urteil v. 10.10.1995, Az.: 93–17383, www.legifrance.gouv.fr.
Cour de Cassation, Urteil v. 31.01.1995, Az.: 93–10096, www.legifrance.gouv.fr.
Cour de Cassation, Urteil v. 29.11.1994, Az.: 92–15175, www.legifrance.gouv.fr.
Cour de Cassation, Urteil v. 18.06.1991, Az.: 89–18795, www.legifrance.gouv.fr.
Cour de Cassation, Urteil v. 19.03.1991, Az.: 89–16313, www.legifrance.gouv.fr.
Cour de Cassation, Urteil v. 20.11.1990, Az.: 89–10057, www.legifrance.gouv.fr.
Cour de Cassation, Urteil v. 08.01.1985, Az.: 83–11414, www.legifrance.gouv.fr.
Cour de Cassation, Urteil v. 06.07.1983, Az.: 82–10046, www.legifrance.gouv.fr.
Cour de Cassation, Urteil v. 17.05.1983, Az.: 82–10187, www.legifrance.gouv.fr.
Cour d'appel de Colmar, Urteil v. 24.10.2000, Az.: 00–00617 CISG-online Nr. 578.
Cour d'appel de Grenoble, Urteil v. 04.02.1999, Az.: 98–02700, TranspR-IHR 1999, 43.
Cour d'appel d'Orléans, Urteil v. 29.03.2001, Az.: 00–02909, CISG-online Nr. 611.
Cour d'appel de Paris, Urteil v. 10.09.2003, Az.: 02–02304, CISG-online Nr. 788.

Cour d'appel de Paris, Urteil v. 06.02.2002, Az.: 01–15839, www.legifrance.gouv.fr

Großbritannien

A/s Awilco v. Fulvia S.P.A. di Navigazione, (The "Chikuma"), Urteil v. 19.02.1981, House of Lords, [1981] 1 Lloyd's Rep. 371.

B.P. Exploration Co. (Libya) Ltd. v. Hunt, Urteil v. 04.11.1975, Queen's Bench Division, [1976] 1 Lloyd's Rep. 471.

Badische Anilin und Soda Fabrik v. Henry Johnson & Co. and Basle Chemical Works, Court of Appeal, [1897] 2 Ch. 322.

Baltimex Baltic Import & Export Company, Ltd. v. Metallo Chemical Refining Company, Ltd., Urteil v. 17.11.1955, Queen's Bench Division, [1955] 2 Lloyd's Rep. 438.

Beves & Co., Ltd. v. Farkas, Urteil v. 30.01.1953, Queen's Bench Division, [1953] 1 Lloyd's Rep. 103.

Biddel Brothers v. E. Clemens Horst Company, Urteil v. 21.03.1911, Court of Appeal, [1911] 1 KB 934.

Bishop & Baxter v. Anglo-Eastern Trading & Industrial Company, Ltd., Urteil v. 25.10.1943, Court of Appeal, [1944] 77 Lloyd's Rep. 83.

Brauer & Co. (GT. Britain), Ltd. v. James Clark (Brush Materials), Ltd., Urteil v. 21.07.1952, Court of Appeal, [1952] 2 Lloyd's Rep. 147.

Bremer Handelsgesellschaft mbH v. Vanden Avenne Izegem P.V.B.A., Urteil v. 18.05.1978, House of Lords, [1978] 2 Lloyd's Rep. 109.

Carapanayoti & Co. Ltd. v. E. T. Green Ltd., Urteil v. 18.07.1958, Queen's Bench Division, [1959] 1 Q.B. 131.

Czarnikow Ltd. v. Centrala Handlu Zagranicznego 'Rolimpex', Urteil v. 06.07.1978, House of Lords, [1978] 2 Lloyd's Rep. 305.

Denbigh, Cowan & Co. v. R. Atcherley & Co., 28.02.1921, Court of Appeal, [1921] 6 Lloyd's Rep. 383.

Eastern Kayam Carpets Ltd. v. Eastern United Fright Ltd., Urteil v. 06.12.1983, Queen's Bench Division, unveröffentlicht.

Edward Owen Engineering Ltd. v. Barclays Bank International Ltd., Urteil v. 20.07.1977, Court of Appeal, [1978] 1 Lloyd's Rep. 166.

Equitable Trust Company of New York v. Dawson Partners, Ltd., Urteil v. 20.01.1927, House of Lords, [1927] 27 Lloyd's Rep. 49.

Evergreen Marine Corporation v Alsgate Warehouse (Wholesale) Ltd., Urteil v. 28.03.2003, Queen's Bench Division, [2003] 2 Lloyd's Rep 597.

G. C. Dobell & Co., Ltd. v. Barber & Garratt, Urteil v. 17.11.1930, Court of Appeal, [1930] 38 Lloyd's Rep. 115.

Golodetz & Co. Inc. v. Czarnikow-Rionda Co. Inc., (The "Galatia"), Urteil v. 20.11.1978, Queen's Bench Division, [1979] 2 Lloyd's Rep. 450.

Hamzeh Malas & Sons v. British Imex Industries Ltd., Urteil v. 10.12.1957, Court of Appeal, [1958] 2 Lloyd's Rep. 549.

Hardwick Game Farm v. Suffolk Agricultural and Poultry Producers' Association, Ltd., et. al., Urteil v. 08.05.1968, House of Lords, [1968] 1 Lloyd's Rep. 547.

Hedges v. Phillips & Drew, Urteil v. 15.10.1974, Industrial tribunal London, [1975] IRLR 15.

J. H. Rayner & Co., Ltd., and the Oilseeds Trading Company Ltd. v. Hambros Bank, Ltd., Urteil v. 23.10.1942, Court of Appeal, [1942] 74 Lloyd's Rep. 10.

J. Lauritzen A.S. v. Wijsmuller B.V., (The "Super Servant Two"), Urteil v. 12.10.1989, Court of Appeal, [1990] 1 Lloyd's Rep. 1.

Jensen v. Hollis Bros. & Co., Ltd., Urteil v. 05.02.1936, King's Bench Division, [1936] 54 Lloyd's Rep. 133.

Jindal Iron and Steel Co. Ltd. and Others v. Islamic Solidarity Shipping Co. Jordan Inc., House of Lords, [2005] 1 Lloyd's Rep. 57.

Johann Plischke & Sohne, G.M.B.H. v. Allison Brothers, Ltd., King's Bench Division, [1936] 55 Lloyd's Rep. 262.

Jones and Another v. Just, Urteil v. 17.02.1868, Queen's Bench Division, [1867–68] L.R. 3 Q.B. 197.

Joseph Cowden & Co. v. Corn Products Company, Ltd., Urteil v. 08.12.1919, Court of Appeal, [1919] 1 Lloyd's Rep. 425.

Keighley, Maxsted & Co. v. Bryan, Durant & Co., Urteil v. 30.11.1892, Court of Appeal, [1894] 70 L.T. 155.

Korea Exchange Bank v. Debenhams (Central Buying) Ltd., Urteil v. 14.02.1979, Court of Appeal, [1979] Lloyd's Rep 548.

Laurie & Morewood v. Dudin & Sons, Urteil v. 20.11.1925, Court of Appeal, [1925] 23 Lloyd's Rep. 177.

Lebeaupin v. Richard Crispin and Company, Urteil v. 18.06.1920, King's Bench Division, [1920] 2 K.B. 714.

Louis Dreyfus & Cie. v. Parnaso Cia. Naviera S.A., Urteil v. 13.02.1959, Queen's Bench Division, [1959] 1 Q.B. 498.

Margaronis Navigation Agency Ltd. v. Henry W. Peabody & Co. of London Ltd., Urteil v. 28.02.1964, Queen's Bench Division, [1964] 3 All E.R. 333.

Matsoukis v. Priestman & Co., Urteil v. 03.02.1915, King's Bench Division, [1915] 1 K.B. 681.

Moralice (London), Ltd. v. E. D. & F. Man., Urteil v. 22.11.1954, Queen's Bench Division, [1954] 2 Lloyd's Rep. 526.

N. V. Kunstmesthandel Voorheen L. Ten Cate and Another v. Diamond Fertiliser & Chemical Company, Ltd., Urteil v. 06.05.1938, King's Bench Division, [1938] 61 Lloyd's Rep 59.

Navrom v. Callitsis Ship Management S.A., Urteil v. 28.06.1988, Court of Appeal, [1988] 2 Lloyd's Rep. 416.

Payne & Routh v. William Lillico & Son (London), Urteil v. 29.04.1920, King's Bench Division, [1920] 3 Lloyd's Rep 110.

Peter Dixon & Sons, Ltd. v. Henderson, Craig & Co., Ltd., Urteil v. 20.02.1919, Court of Appeal, [1919] 2 K.B. 778.

Power Curber International Ltd. v. National Bank of Kuwait S.A.K., Court of Appeal, Urteil v. 17.06.1981, [1981] 2 Lloyd's Rep. 394.

Ritu Minerals Industries Private and another v. Assicurazioni Generali SPA, Urteil v. 02.07.1990, Queen's Bench Division, unveröffentlicht.

Ronaasen & Son v. Arcos, Ltd., Urteil v. 13.04.1932, Court of Appeal, [1932] 43 Lloyd's Rep 1.

Sbraci v. Beckman & Sons, King's Bench Division, [1932] 42 Lloyd's Rep. 71.

Shipton, Anderson & Co. v. Weil Brothers & Co., Urteil v. 22.02.1912, King's Bench Division, [1912] 1 K.B. 574.

Soag Machine Tools, Ltd. v. Gillette Industries, Ltd., King's Bench Division, [1939] 63 Lloyd's Rep. 216.

Societa Anonima Angèlo Castelletti v. Transmaritime, Ltd., Queen's Bench Division, [1953] 2 Lloyd's Rep. 440.

Sonat Offshore S.A. v. Amerada Hess Development Ltd. and Texaco (Britain) Ltd., Urteil v. 15.05.1987, Court of Appeal, [1988] 1 Lloyd's Rep. 145.

Soproma S.p.A. v. Marine & Animal BY-Products Corporation, Urteil v. 04.02.1966, Queen's Bench Division, [1966] 1 Lloyd's Rep 367.

T. M. Duche & Sons v. Henry Milner & Co., Urteil v. 16.12.1919, King's Bench Division, [1919] 1 Lloyd's Rep. 639.

Tancred, Arrol & Co. v. The Steel Company of Scotland, Limited, Urteil v. 07.03.1890, House of Lords, [1890] L.R. 15 App.Cas. 125.

Thomas Borthwick (Glasgow), Ltd. v. Faure Fairclough, Ltd., Urteil v. 18.10.1967, Queen's Bench Division, [1968] 1 Lloyd's Rep. 16.

Thornett & Fehr v. Yuillis Ltd., Urteil v. 19.10.1920, King's Bench Division, [1920] 5 Lloyd's Rep. 47.

Toprak Mahsulleri Ofisi v. Finagrain Compagnie Commerciale Agricole et Financiere S.A., Urteil v. 26.021979, Court of Appeal, [1979] 2 Lloyd's Rep. 98.

Torquay Hotel Co. Ltd. v. Cousins and Others, Urteil v. 17.12.1968, Court of Appeal, [1969] 2 Ch. 106.
Tradax Export S.A. v. Andre & Cie. S.A., Urteil v. 25.11.1975, Court of Appeal, [1976] 1 Lloyd's Rep. 416.
Tsakiroglou & Co., Ltd. v. Noblee & Thorl, GmbH, Urteil v. 28.03.1961, House of Lords, [1961] 1 Lloyd's Rep. 329.
United City Merchants (Investments) Ltd. and Glass Fibres and Equipments Ltd. v. Royal Bank of Canada, Vitrorefuerzos S.A. and Banco Continental S.A., Urteil v. 20.05.1982, House of Lords, [1982] 2 Lloyd's Rep. 1.
Zinc Corporation, Limited v. Hirsch and others, Urteil v. 21.12.1915, Court of Appeal, [1916] 1 K.B. 541.

Italien

Tribunale di Pasedova, Urteil v. 25.02.2004, Nr. 40552, IHR 2005, 31.
Tribunale di Vigevano, Urteil v. 12.07.2000, Nr. 405, IHR 2001, 72.

Niederlande

Hoge Raad, Urteil v. 08.10.2004, Az.: 38.481, www.rechtspraak.nl.
Hoge Raad, Urteil v. 13.08.2004, Az.: 38.369, www.rechtspraak.nl.
Gerechtshof 's-Hertogenbosch, Urteil v. 29.03.2005, Az.: C0200935/HE, www.rechtspraak.nl.
Gerechtshof Amsterdam, Urteil v. 30.06.2003, Az.: 02/04293, www.rechtspraak.nl.
Gerechtshof Arnhem, Urteil v. 03.05.2002, Az.: 01/00897, www.rechtspraak.nl.
Rb Arnhem, Urteil v. 25.02.1993, Az.: 1992/182, CISG-online Nr. 98.
Rb Middelburg, Urteil v. 25.01.1995, Az.: 300/94, CISG-online Nr. 374.
Rb Roermond, Urteil v. 06.05.1993, Az.: 920159, CISG-online Nr. 454.
Rb Zutphen, Urteil v. 29.05.1997, Az.: 1242 HAZA 95/934, CISG-online Nr. 546.

Österreich

OGH, Urteil v. 22.12.2004, Az.: 7 Ob 203/04k, www.ris.bka.gv.at/jus.
OGH, Urteil v. 29.03.2004, Az.: 5 Ob 313/03w, ZfRV 2004, 156.
OGH, Urteil v. 16.12.2003, Az.: 4 Ob 147/03a, www.ris.bka.gv.at/jus.

OGH, Urteil v. 23.01.2003, Az.: 8 Ob 239/02h, www.ris.bka.gv.at/jus.
OGH, Urteil v. 22.10.2001, Az.: I Ob 77/0Ig, IHR 2002, 24.
OGH, Urteil v. 07.09.2000, Az.: 8 Ob 22/00v, IHR 2001, 42.
OGH, Urteil v. 21.3.2000, Az.: 10 Ob 344/99g, CISG-online Nr. 641.
OGH, Urteil v. 05.08.1999, Az.: 1 Ob 110/99d, www.ris.bka.gv.at/jus.
OGH, Urteil v. 29.06.1999, Az.: 1 Ob 74/99k, CISG-online Nr. 483.
OGH, Urteil v. 15.10.1998, Az.: 2 Ob 191/98x, CISG-online Nr. 380.
OGH, Urteil v. 10.09.1998, Az.: 2 Ob 208/98x, www.ris.bka.gv.at/jus.
OGH, Urteil v. 10.09.1998, Az.: 2 Ob 221/98h, JBl 1999, 333 = CISG-online Nr. 409.
OGH, Urteil v. 12.2.1998, Az.: 2 Ob 328/97t, östJBl. 121 (1999), 54.
OGH, Urteil v. 24.04.1997, Az.: 6 Ob 36/97f, www.ris.bka.gv.at/jus.
OGH, Urteil v. 28.01.1997, Az.: 1 Ob 2305/96v, www.ris.bka.gv.at/jus.
OGH, Urteil v. 31.01.1995, Az.: 4 Ob 1511/95, www.ris.bka.gv.at/jus.
OGH, Urteil v. 10.11.1994, Az.: 2 Ob 547/93, CISG-online Nr. 117.
OGH, Urteil v. 09.10.1990, Az.: 4 Ob 98/90, GRUR Int. 1991, 565.
OGH, Urteil v. 16.11.1989, Az.: 6 Ob 598/88, www.ris.bka.gv.at/jus.
OGH, Urteil v. 27.04.1989, Az.: 7 Ob 536/89, www.ris.bka.gv.at/jus.
OGH, Urteil v. 27.11.1980, Az.: 7 Ob 690/80, www.ris.bka.gv.at/jus.

Schweiz

Handelsgericht des Kantons St. Gallen, Urteil v. 03.12.2002, Az.: HG 1999.82, CISG-online Nr. 727.
Handelsgericht des Kantons Zürich, Urteil v. 10.02.1999, Az.: HG 970238.1, CISG-online Nr. 488.
Kantonsgericht Zug, Urteil v. 11.12.2003, Az.: A2 02 93, IHR 2005, 119.

USA

Acme-Evans Company v. Oscar L. Hunter and John Doe, Urteil v. 10.1915, Appellate Court of Illinois, unveröffentlicht.
Appalachian Power Company v. John Stewart Walker Inc., Urteil v. 14.01.1974, Supreme Court of Virginia, 201 S.E.2d 758.
Aquila Southwest Pipeline, Inc., v. Harmony Exploration, Inc., Urteil v. 14.02.2001, Court of Appeals of Texas, San Antonio, 48 S.W.3d 225.
ARB, Inc. v. E-Systems, Inc., Urteil v. 12.12.1980, U.S. Court of Appeals, [1980] 663 F.2d 189.

Beahm, et al. v. Groike, et al., Urteil v. 12.01.1999, United States District Court, E.D. Louisiana, 1999 WL 13939, 1.

Bill Spreen Toyota, Inc. v. Jenquin, Urteil v. 07.09.1982, Court of Appeals of Georgia, 294 S.E.2d 533.

Boston Lumber Co. v. Pendleton Bros., Inc., Urteil v. 30.06.1925, Supreme Court of Errors of Connecticut, 129 A. 782.

BP International Ltd. and BP Exploration & Oil Inc. v. Empressa Estatal Petroleos de Ecuador, et al., Urteil v. 11.06.2003, U.S. Court of Appeals, CISG-online Nr. 730.

Catholic Medical Center and another v. Exectutive Risk Indemnity, Inc., Urteil v. 04.02.2005, Supreme Court of New Hampshire, 151 N.H. 699.

Charles Saden, et al. v. Michael E. Kirby, et al., Urteil v. 05.09.1995, Supreme Court of Louisiana, 660 So.2d 423.

Congar v. The Galena & Chicago Union Railroad Company, Urteil v. 06.1863, Supreme Court of Wisconsin, 17 Wis. 477, 1.

Courtaulds North America, Inc. v. North Carolina National Bank, Urteil v. 30.12.1975, United States Court of Appeals, 528 F.2d 802.

Curtis & Freeman v. Parham, Urteil v. 17.04.1914, Supreme Court of Montana, 49 Mont. 140, 511.

De Stefano v. Associated Fruit Co., Urteil v. 28.10.1925, Supreme Court of Illinois, 149 N.E. 284.

Dessaleng Beyene and Jean M. Hanson v. Irving Trust Company, Urteil v. 01.05.1985, United States Court of Appeals, 762 F.2d 4.

Esplanade Oil & Gas, Inc., v. Templeton Energy Income Corporation, Urteil v. 06.12.1989, United States Court of Appeals, 889 F.2d 621.

F. J. Miceli and Slonim Development Corporation v. Mary W. Dierberg, Urteil v. 16.05.1989, Missouri Court of Appeals, 773 S.W.2d 154.

Farris v. Ferguson et. al., Urteil v. 15.07.1922, Supreme Court of Tennessee, 242 S.W. 873.

Glidden Co. v. Hellenic Lines Ltd., Urteil v. 26.02.1960, U.S. Court of Appeals, 275 F.2d 253.

Hibernia Bank & Trust Co. v. J. Aron & Co., Inc., Urteil v. 31.05.1928, Supreme Court, New York, 233 N.Y.S. 486.

Hughes Lumber Company v. Madisonville Saw & Planing Mill, Urteil v. 06.1926, Court of Appeal of Louisiana, unveröffentlicht.

Idaho Power Company v. Cogeneration, Inc., Urteil v. 13.07.2000, Supreme Court of Idaho, 9 P.3d 1204.

Imperial Products Co., Inc. v. Capitol Chemical Co., Urteil v. 05.05.1919, Supreme Court of New York, 176 N.Y.S. 49.

Industrial Rayon Corporation v. Clifton Yarn Mills, Inc., Urteil v. 16.01.1933, Supreme Court of Pennsylvania, 310 Pa. 322.

Kelley-Clarke Co. v. Leslie Et Al, Urteil v. 05.04.1923, District Court of Appeal California, 61 Cal.App. 559.

Kreglinger & Fernau (New Zealand) Ltd. v. Charles J. Webb Sons Co., Inc., Urteil v. 01.08.1957, United States District Court E.D. Pennsylvania, 162 F.Supp. 695.

Lowenschuss v. W. J. Kane, Urteil v. 25.07.1973, United States District Court, S.D. New York, 367 F.Supp. 911.

Manganaro Corporation v. Hitt Contracting, Inc., Urteil v. 22.01.2002, United States District Court of Columbia, 193 F.Supp.2d 88.

Moran Et Al. v. Thurmna-Davis Grain Co., Urteil v. 16.12.1920, Springfield Court of Appeals, 226 S.W. 84.

Nelson v. Imperial Trading Co., Urteil v. 14.08.1912, Supreme Court of Washington, 69 Wash. 442.

Noble v. Logan-Dees Chevrolet-Buick, Inc., Urteil v. 08.04.1974, Supreme Court of Missisipi, [1974] 293 So.2d 14.

Paul Guardian Insurance Company et al. v. Neuromed Medical Systems & Support et al., Urteil v. 26.03.2002, U.S. District Court, S.D. New York, CISG-online Nr. 615.

Phibro Energy, Inc. v. Empresa De Polimeros De Sines Sarl, Urteil v. 28.08.1989, United States District Court, S.D. New York, 720 F.Supp. 312.

Richards et al. v. Combest et al., Urteil v. 25.09.1947, Court of Civil Appeals of Texas, 208 S.W.2d 392.

Salinas Valley Lumber Co. v. Magne-Silica Co., Urteil v. 07.01.1911, Supreme Court of California, 159 Cal. 182.

Samuel v. Sota, Urteil v. 20.10.1909, Superior Court of Pennsylvania, 41 Pa.Super. 630.

Schenck v. Capri Construction Co., Inc., Urteil v. 09.01.1967, Court of Appeal of Louisiana, 194 So.2d 378.

St. Charles Ventures, L.L.C. v. Albertsons, Inc., Urteil v. 25.02.2003, United States District Court, E.D. Louisiana, 265 F.Supp.2d 682.

Stallman v. Francis A. Cundill & Co., Urteil v. 29.05.1922, District Court, S.D. New York, 288 F. 644.

Steel Industries, Inc. v. Interlink Metals And Chemicals, Inc., et al., Urteil v. 11.07.1997, United States District Court, E.D. Michigan, 969 F.Supp. 1046.

Stephens et al. v. Weyl-Zuckerman & Co., Urteil v. 02.05.1917, District Court of Appeal, California, 33 Cal. App. 566.

Tara B. Owen v. Sidney Kessler, Urteil v. 15.11.2002, Appeals Court of Massachusetts, 778 N.E.2d 953.

The Cheston L. Eshelman Company v. Sidney M. Friedberg et al., Urteil v. 25.06.1957, Court of Appeals of Maryland, 133 A.2d 68.

Transatlantic Financing Corp. v. United States, Urteil v. 27.05.1966, United States Court of Appeals District of Columbia Circuit, 363 F.2d 312.

United Bank Limited et al. v. Cambridge Sporting Goods Corp., Urteil v. 28.12.1976, Court of Appeals of New York, 392 N.Y.S.2d 265.

Urban Archaeology Ltd., et al. v. Dencorp Investments Inc., et al., Urteil v. 05.10.2004, Supreme Court of New York, 783 N.Y.S.2d 330.

Viterbo v. Friedlander and another, Urteil v. 07.03.1887, Supreme Court of the United States, 120 U.S. 707.

Williams et al. v. Shamrock Oil & Gas Co. et al., Urteil v. 15.07.1936, Commission of Appeals of Texas, 95 S.W.2d 1292.

Beiträge zum UN-Kaufrecht

Herausgegeben von Ulrich Magnus

Band 1 Alexander Mittmann: Einheitliches UN-Kaufrecht und europäische Verbrauchsgüterkauf-Richtlinie. Konkurrenz- und Auslegungsprobleme. 2004.

Band 2 Nicolas Hagge: Das einheitliche Kaufrecht der OHADA (Organisation pour l'Harmonisation en Afrique du Droit des Affaires). 2004

Band 3 Urs Verweyen: Die Käuferrechtsbehelfe des UN-Kaufrechts im Vergleich zu denen des neuen internen deutschen Handelskaufrechts aus Sicht eines deutschen Warenexporteurs. 2005.

Band 4 Christopher Niemann: Einheitliche Anwendung des UN-Kaufrechts in italienischer und deutscher Rechtsprechung und Lehre. Eine Untersuchung zur einheitlichen Auslegung unbestimmter Rechtsbegriffe und interner Lückenfüllung im CISG. 2006.

Band 5 Martin W. Brölsch: Schadensersatz und CISG. 2007.

Band 6 Martin F. Köhler: Das UN-Kaufrecht (CISG) und sein Anwendungsausschluss – unter besonderer Berücksichtigung der Benutzung Allgemeiner Geschäftsbedingungen und der internationalen Rechtsprechung zum stillschweigenden Ausschluss. 2007.

Band 7 Martin P. Lögering: CISG und internationale Handelsklauseln. 2008.

www.peterlang.de

Peter Lang · Internationaler Verlag der Wissenschaften

Martin W. Brölsch

Schadensersatz und CISG

Frankfurt am Main, Berlin, Bern, Bruxelles, New York, Oxford, Wien, 2007.
XXIII, 136 S.
Beiträge zum UN-Kaufrecht. Herausgegeben von Ulrich Magnus. Bd. 5
ISBN 978-3-631-55756-3 · br. € 36.20*

Diese Arbeit unternimmt den Versuch der notwendigen Fortschreibung im Hinblick auf die aufgetretenen Probleme und Herausforderungen sowie die Rechtspraxis, die sich seit Inkrafttreten des CISG im Jahre 1991 im Bereich des Schadensersatzes entwickelt hat. Dabei wird auf die „klassische" Rechtsvergleichung im Sinne eines Ländervergleiches bewusst verzichtet und der Schwerpunkt auf die Darstellung der Regelungen im CISG selbst gelegt.

Aus dem Inhalt: Schadensersatz · UN-Kaufrecht · CISG · Internationaler Warenkauf · Wiener Kaufrecht · Rechtsvergleichung · UNIDROIT-Principles

Frankfurt am Main · Berlin · Bern · Bruxelles · New York · Oxford · Wien
Auslieferung: Verlag Peter Lang AG
Moosstr. 1, CH-2542 Pieterlen
Telefax 00 41 (0) 32 / 376 17 27

*inklusive der in Deutschland gültigen Mehrwertsteuer
Preisänderungen vorbehalten

Homepage http://www.peterlang.de

FSC
www.fsc.org
MIX
Papier | Fördert
gute Waldnutzung
FSC® C083411

Kolibri 360 GmbH
Ferdinand-Jühlke-Straße 7
99095 Erfurt, Deutschland
produktsicherheit@kolibri360.de

Druck:
CPI Druckdienstleistungen GmbH
im Auftrag der
Kolibri 360 GmbH
Ferdinand-Jühlke-Str. 7
99095 Erfurt